私たちはなぜこんなに貧しくなったのか

荻原博子
Hiroko Ogiwara

文藝春秋

私たちはなぜこんなに貧しくなったのか

目次

第3章 なぜ、みんな「シティバンク」に騙されたのか？……143

Bの社員だった！／みんなが行列をつくった「最大2％金利上乗せキャンペーン」／断トツに低い(?)、「シティバンク」の金利の謎／銀行は、「平成」のはじめまで国の統制下にあった!?／「同一金利」という国策を逆手に取った「シティバンク」／銀行では、〝MOF担〟が出世した／「捏造」としか思えない、「シティバンク」への称賛記事／広告のカラクリを読み解ける人は、ほぼいない／欲しい時に欲しいだけ、預金が集められるのは「シティバンク」だけ／日本の金持ちを「カモ」にし放題で、最後は日本から撤退する／呆れかえる、3度の業務停止命令／「シティバンク」に代わり、日本の銀行が「金融海賊」になる／ソニー「盛田昭夫」が見た、モノづくりを忘れたアメリカ

世界を震撼させた「ブラックマンデー」「アジア通貨危機」「ITバブル」「リーマンショック」

アメリカを悩ませた、「財政赤字」と「貿易赤字」／失敗した「元祖アベノミクス」？と「プラザ合意」／ソロスが負けてダリオが勝った／「アベノミクス」では1000億円を稼ぎ出したジョージ・ソロス／「冷戦」が終結し、マネーの大海を「ヘッジファンド」が跋扈する／「ヘッジファンド」の群れに狙い撃ちにされた、タイのバーツ／IMFによる改革で、韓国は「ミニ・アメリカ」になった？／韓国では、急激なインフレなのに「預金」が強かった!?／巨大ヘッジファンドの破綻で、あわや世界恐慌／「平成元年」は、世界的には「インターネット元年」／アメリカ同時多発テロで、株価も同時に崩れ落ちる／金融機関にとって「金の卵」だった、サブプライムローン／金融工学が編み出した、「証券化」と「レバレッジ」という魔法の

杖／実態がわからなくなってしまった「サブプライムローン」という毒／本家の「シティバンク」は、日本の国家予算の2倍の損失に／「金融海賊」の時代が終わり、GAFAMの時代がやってきた

第4章 日本が「劣化」した平成という時代

「平成」は、昭和天皇の崩御と「第二の真珠湾攻撃」で始まった／バブル期は大蔵省の絶頂期だった／銀行が、個人の犯罪を組織ぐるみで隠蔽する／「護送船団」維持のため、犯罪に手を染めた「大蔵省」／アメリカでの免許を剝奪され、追放された大和銀行／「預金封鎖」という、驚天動地の政策をひねり出した「大蔵省」／「護送船団方式」で、間接金融を支える／「プラザ合意」の円高に、「大蔵省」が防波堤／円高不況を、急激な金利引き下げで乗り越える／ルイ・ヴィトンのバッグは、OLのランドセル／自由化に舵を切りきれなかった「大蔵省」／他行への競争心から、無意味な「最速ATM」に無駄金を使う／銀行が、「どんぶり勘定」だった⁉／情報公開の法定化は、なんと平成10年！／「土地」という「物差し」から、脱しきれなかった日本の銀行／「時価会計」が、資産や土地下落に拍車をかける／「株式持ち合い」の崩壊で、日本企業が買いまくられる／「株式持ち合い」の解消で、外資系企業は大喜び／「ノーパンしゃぶしゃぶ」で息の根を止められた「大蔵省」と「護送船団」

私たちはなぜこんなに貧しくなったのか

帯写真　志水　隆
装　幀　城井文平

はじめに

「平成」という時代は、戦後から昭和末期にかけて日本人が血のにじむ思いでゼロから築き上げた栄光が、まるで時計の針を逆回転させるかのように再び壊れていった時代でした。

つらい戦争を経て、それでも全力で世界第二の経済大国にまで登り詰めた日本ですが、「平成」になり、すでにそれが劣化し坂を転げ落ちていることに気付いている方も多いでしょう。

明るい老後を約束してくれたはずの「年金」が、なぜ老後不安を掻《か》き立てるものになってしまったのか。社会保障を充実させるということで「平成元年」に導入された「消費税」が、なぜ30年間ものあいだ庶民を騙《だま》し続けることになってしまったのか。

「平成」では、ありえないはずのことが次々と起きました。

安全なはずの日本の原発神話が崩れ、政・官・財の癒着で成り立っていた原子力ムラの実態が明らかになり、破綻しないはずの銀行、保険会社が次々と破綻し、耐震偽装マンションが乱立し、さらには、庶民から絶対的な信頼を集めていた「郵便局」が組織的に客を騙す詐欺事件までも引き起こしました。

日本はなぜ、これほどまでに劣化してしまったのか。
私たちはなぜ、こんなに貧しくなってしまったのか。

かつて、「ジャパン・アズ・ナンバーワン」ともてはやされ、世界から賞賛され、ひときわ大きな奇跡の輝きを放っていた日本。けれど、「平成」になってその経済成長は止まり、国際競争力もつるべ落としに下がり、信じがたい凋落《ちょうらく》ぶりを示しています。

国民の平均的な豊かさを示す「1人当たり名目GDP（IMF統計）」は、2000年の世界2位から下がり続けて、20年には23位までなりました。この名目GDPから、物価上昇率を引いた1人当たりの実質GDP（IMF統計）は28位、実質GDP成長率は、平成になってデフレが続いていることもあって、現在なんと世界で105位にまで落ちています。

それでも日本は、教育水準だけは高いと、少し前まではみんなが胸を張っていました。ところが、OECDの国際学力調査では全科目が中国以下となり、人材も育たずに、世界的に評価の高いスイスのIMDの「世界人材ランキング」では、なんと63カ国中48位。この同じIMDが出している「世界競争力ランキング2020」では34位で、人材もいなければ競争力もない国ということになっています。

なぜ、こんなことになったのかといえば、人材育成に国がお金を出してこなかったから。日本はOECD34カ国中で最も高等教育（小学校から大学までの教育機関に対する公的支出）にお金を出さない最悪な国となり、英国の高等教育情報誌「タイムズ・ハイアー・エデュケーション」の世界大学ランキングでは、東京大学でさえ36位、京都大学などは54位。留学したい国の世界ランキングで見ると、8位と人気がない。

教育費にお金をかけるどころか大学の研究費などを大幅に削ってきたため、優秀な研究者が海外流出し、新型コロナ禍ではワクチンも自前では間に合わない国になってしまいました。

こんな数字を引き合いに出すまでもなく、すでにみなさんも、日本がどんどん貧しい国になっていることは、実生活の中で実感しているのではないでしょうか。

1997年には471万円だった平均給与は2009年には421万円にまで下がり、その後は増えたものの2019年時点でも436万円と、20年前に比べて約35万円も低い状況です。

給料が下がる中で、平成元年に3%で導入された消費税は令和元年には10%となり、社会保険料なども毎年のように上がり続けています。平成のあいだに、2人以上の勤労世帯の税金と社会保険料負担率は20・6%から25・7%にアップしました。仮に年収500万円の家庭だったら、税金と社会保険料だけで約26万円も出費が増えているのです。

しかも、電気、ガス、水道といった生活インフラ料金も右肩上がりに上がり、大学の授業料も約1・6倍に上がりました。

劣化したのは、経済や暮らしだけではありません。

敗戦後、灰の中から立ち上がり国家の礎《いしずえ》を築いてきたはずの政治家や官僚も劣化し、嘘《うそ》と誤《ご》魔《ま》化《か》しがあたりまえな国になりました。国のトップである総理大臣が、国会で堂々と100回以上も嘘の答弁を繰り返すなどという前代未聞の状況ですから、何をか言わんやです。

本書では、皆さんの生活に最も密接した「年金」と「消費税」が、なぜこれほどまでに〝インチキ〟を重ね、多くの人を欺いてきたのか。なぜ、日本経済のエンジンとも言える財務省が、公文書改ざんなどという官僚としてありえない犯罪に手を染める組織にまで落ちてしまったのか――。日本経済の栄光と衰退を軸に、「平成」という時代を見てみましょう。

スタートしたばかりの令和を襲った新型コロナ禍は、東日本大震災に肩を並べる死者を出しました。

死者、重症者の中には、政府が東京五輪開催のためか、入国規制を徹底しなかったことで蔓《まん》延《えん》した新型の変異ウイルスに感染した人も多くいて、失政の謗《そし》りは免れないのに、そうした声がない。

昭和の首相で「人命は地球より重い」とおっしゃられた方がいましたが、今や五輪よりも人命のほうが軽くなってしまった気がするのは、私だけでしょうか。

なぜ、私たちは、今、こんな絶望的な状況に置かれているのか。どうすればいいのか。救いはどこにあるのか。

こうした疑問符を胸に、「平成」という時代をもう一度、辿《たど》ってみたいと思います。

第1章

危うくなった年金

粉飾？「年金2倍以上あげます」４つのカラクリ

「公的年金」は、本当に払った額以上にもらえるのか？

「平成時代」、私たちが最も驚愕《きょうがく》したのは、「公的年金」の劣化だったのではないでしょうか。

「年金って、払わないと、ソンするんですか？」

若い方から、よく聞かれます。

そういう時には、「年金というのは、働く人がリタイアした人を支える助け合いのシステムで、日本ではみんなに加入する義務があるので、ソントクではないですよ」。

そう答えることにしています。

ただ、そう言いながらも、なんとなく若い人が損をしているという気持ちがあるので、自分でもいつも釈然としません。

今の「年金」のことを知れば知るほど、若い世代が知らないところで、インチキがまかり通ってきたという思いがあるからです。

厚生年金（基礎年金を含む）の世代間における給付と負担の関係

	1940年生まれ（2010年70歳）【2005年度時点で換算】	1950年生まれ（2010年60歳）【2015年度時点で換算】	1960年生まれ（2010年50歳）【2025年度時点で換算】	1970年生まれ（2010年40歳）【2035年度時点で換算】	1980年生まれ（2010年30歳）【2045年度時点で換算】	1990年生まれ（2010年20歳）【2055年度時点で換算】	2000年生まれ（2010年10歳）【2065年度時点で換算】	2010年生まれ（2010年0歳）【2075年度時点で換算】
保険料負担額	900万円	1,300万円	2,200万円	3,200万円	4,500万円	5,900万円	7,700万円	9,800万円
年金給付額（65歳以降分）	5,500万円 4,300万円	5,200万円 4,600万円	6,200万円 6,100万円	8,000万円	10,400万円	13,600万円	17,600万円	22,500万円
負担給付比率（65歳以降分）	6.5倍 5.1倍	3.9倍 3.4倍	2.9倍 2.8倍	2.5倍	2.3倍	2.3倍	2.3倍	2.3倍

※平成24年版「厚生労働白書」より

５年ほど前、上のような表を若い方に見せられて、「ホントに、私たち世代は、支払った保険料の２・３倍もらえるのですか」と聞かれて、言葉に詰まったことがありました。

なぜ、言葉に詰まってしまったかといえば、今の20代は、払った保険料の２・３倍なんてもらえないし、厚生労働省が出したこの表は、ほとんどフィクションだからです。

この表は、１９４０年生まれは、支払った保険料の６・５倍の年金をもらえるけれど、１９８０年生まれ以降は支払った保険料の額の２・３倍しかもらえないという、世代間格差を示すためのもの。

ところが、いまやこの表が一人歩きし、「若い人でも、払った額の２倍以上の年金がもらえるのだから、年金には入った方がいいですよ」というＰＲに使われています。

特に若い世代には、「私たちの世代は、年金なんてもらえない」と思う人が増えていて、そうした世代を「そうじゃない」と説得するために、この表は使われてきました。

年金が「もらえない」と思われ始めたのは、「平成」になってからです。それ以前は、みんな「公的年金」を信じていました。

私たちの「公的年金」は、「昭和」のあいだ、将来のことも考えずに無計画に使われてきました。そして、「平成」になると、いきなりそのツケを払うことになっただけでなく、政治家や官僚が数々の不祥事を引き起こし、年金不信を引き起こしました。

さらに、このまま誤魔化しを続けていけば、「令和」では確実に信用を失い、若い人たちに見放されてしまうことでしょう。


ここでは、年金の危うい実態を見ていきたいと思いますが、今の年金の問題点が凝縮されたような見本が、この「2・3倍はもらえます」という説明のカラクリにあります。

誰もがわかる、4つの数字かさ上げのカラクリ

なぜ、若い方が、自分が支払った保険料の2・3倍の年金をもらうことができないのか。

この表には、「言われてみればそうだ」とわかる、年金の数字をかさ上げする4つのカラクリが隠されています。

その4つとは、次のようなものです。

(1)ありえない、モデル世帯!

（2）会社が払っている年金保険料は無視
（3）年金には国の「税金」も投入されている
（4）70歳給付目前なのに、計算は65歳給付

まず、1つ目のカラクリから見てみましょう。

■カラクリ・その1
ありえない、モデル世帯！

1つ目のカラクリは、この試算で使われている、「モデル世帯」の設定です。

「モデル世帯」と聞くと、多くの人は、世の中に最も多くある一般的な世帯のことだと思うのではないでしょうか。なぜなら、皆さんがよく知っている〝モデルケース〟という言葉は、どこにでも当てはまりそうな〝標準的な事例〟として使われているからです。

ですから、「モデル世帯」と言われたら、どこにでもありそうな、最も〝標準的な世帯〟だと思ってしまう。

けれど、「公的年金」で使われる「モデル世帯」は、いったい日本のどこにこんな世帯があるのかと思わざるをえないような、世の中一般の〝標準的な世帯〟からかけ離れた家族設定

になっています。

その設定は、「同年齢の男性と女性がそれぞれ20歳で結婚して、夫は60歳まで40年間ずっとサラリーマンとして働き、妻は40年間ずっと専業主婦として夫の扶養家族になっている」というものです。


参考までに、文部科学省の「学校基本調査」によると、２０１９年度の大学進学率は、男性51・63％、女性57・77％と、半数以上が大学に進学しています。

たしかに、在学中に20歳同士で結婚するカップルもいないことはないかもしれませんが、かなりのレアケースでしょう。高い学費を出している親としては、「せめて結婚するなら、大学を卒業してからにしなさい」と言うでしょうから、結婚は早い人でも22歳以降ということになるのが普通です。

実際に、厚生労働省の「人口動態調査」（２０１９年）の初婚年齢の平均を見ると、男性は31・2歳、女性は29・6歳となっています。


しかも、今の時代、結婚したらその相手と一生涯連れ添うとは限りません。

２０１９（令和元）年に結婚した夫婦は59万８９６５組ですが、いっぽうで同年に離婚した夫婦は20万８４８９組。この数字だけを見ると、３組に１組が離婚している計算になります。特に、結婚後５年の間、および15年以上に離婚するケースが多いようです。

さらに、伴侶と離婚または死別で別れた後に、違う相手と再婚するケースも増えています。

全婚姻数のうち、男性の19・7％、女性の16・9％が、新しい伴侶を見つけて第2の人生をスタートしています。

加えて、リクルート社が結婚後の女性に、「働く意欲」について調査したところ、結婚後に「働きたくない」という専業主婦願望の強い人はわずか8・2％。ほとんどの女性は、結婚した後でも働きたいという就労願望を持っていて、実際の就業率も40・7％と高い。これは、2013年の調査なので、現在では、もっとバリバリ働く女性が増えていることでしょう。

こうしたデータを総合すると、「同年齢の男性と女性がそれぞれ20歳で結婚して、夫は60歳まで40年間ずっとサラリーマンとして働き、妻は40年間ずっと専業主婦として夫の扶養家族になっている」という世帯は、いまの日本では、かなりのレアケースではないでしょうか。

百歩譲って、かなり高齢なご家庭なら、こうしたケースもあるかもしれません。けれど、この表では現在10歳前後の人にまで、20歳で結婚して40年間連れ添い、夫は60歳までサラリーマンとして働いて、妻は40年間家でずっと専業主婦でいるというケースをあてはめているのです。

厚生労働省は、なぜこんなレアケースの「モデル世帯」を使って、年金の計算をしているのでしょうか。

それは、実は、この「モデル世帯」こそ、払った保険料に対して最もたくさん「公的年金」をもらえる世帯だからなのです。

実態よりも数字重視で「架空の世帯」を作り上げた

１９８６（昭和61）年４月から、サラリーマンの妻で専業主婦（第３号被保険者）は、夫の扶養家族として、自分では一銭も年金保険料を支払わなくても、「国民年金」に加入できることになりました。

国民年金は、40年間入っていれば月６万５１４１円もらえます（２０２０年）。ですから、20歳で結婚して夫が40年間サラリーマンで、妻が40年間専業主婦だったら、妻はその40年間に年金保険料を一銭も支払わなくても、65歳から月６万５１４１円の満額の「老齢基礎年金」をもらうことができます。

ただ、これが30歳で結婚してずっと専業主婦だと、人によっては受給は5万円くらいになってしまいます。また、妻が専業主婦でなく会社員として働いて厚生年金に入っていると、もらえる年金は増えますが、自分で保険料を払わなくてはならないので、差し引きでは専業主婦に比べて負担が大きくなります。

ですから、「モデル世帯」の、夫と妻が20歳で結婚して妻がずっと専業主婦というケースが、最も少なく保険料を払って、その割には多くの年金をもらえるベストな組み合わせなのです。

つまり、最も有利に年金がもらえる夫婦のパターンから逆算して「モデル世帯」をつくりあげているということで、これでは、現実からほど遠いのはあたりまえでしょう。

本来なら、「モデル世帯」などという紛らわしい呼び方をせず、「年金給付額上限世帯」とでもしたほうがわかりやすいのですが、そんな呼び方にしたら「だったら、標準的な世帯で計算し直せ！」などと言われる可能性があります。

そうなると、払った保険料に対してもらえる保険料の倍率が低くなってしまうので都合が悪いのでしょう。

実は、小泉純一郎内閣のもとで行われた平成の「年金の大改革」で、政府は「100年安心」（68ページ以下参照）と約束しました。老後には、最低でも現役世代の給料の50％以上はもらえるという約束をしたのです。

このハードルをクリアするためにも、計算上は最も多く年金がもらえる「モデル世帯」が必要なのでしょう。

■カラクリ・その2 会社が払っている年金保険料は無視

第2のカラクリは、会社が払っている「年金保険料」を、まったく払っていないことにして、計算していることです。

サラリーマンが支払う厚生年金の保険料は、会社と本人が労使折半で払っています。月に4万円の「厚生年金保険料」を給料の中から差し引かれている人については、会社も同額の月4万円の「厚生年金保険料」を負担しています。

ですから、国に納める保険料は、4万円＋4万円で、月に8万円ということになります。

ところが、この表では、会社が支払った保険料の4万円は、ゼロということになっています。本人が支払った4万円の保険料しか、カウントされていないのです。

もし、会社が支払って納めた保険料を計算に入れるとすれば、たとえば1980年生まれなら、9000万円払って1億400万円をもらうことになり、約1・2倍にしかなりません。

これでは、ほとんど支払った保険料の額くらいしかもらえないということになりますから都合が悪い。払った額の2・4倍もらえるようにするためには、会社は、保険料を一銭も払わなかったことにしなくてはならないのでしょう。

こう書くと、「でも、会社が払った保険料は、自分が払ったものではないので除外されてもしかたないのではないか」と思われる方もおられるかもしれません。

けれど、そう考えるのは間違いです。

会社は慈善事業を行っているわけではないので、何の利益にもならない社員の年金保険料を、親切心で負担するようなことはありません。なぜ、会社が保険料を支払うのかといえば、法律で決められているからです。

厚生年金法の第82条には、「事業主は、それぞれ保険料の半額を負担する」と納付の義務が明記されています。個人が50％、会社が50％負担して初めて、１００％の保険料ということになるので、個人が納める50％だけでは、国に保険料を払ったことにはならないのです。

法律で納付の義務がある保険料を支払う分、会社の利益は減ります。ですから、福利厚生をカットしたり、社員の給料を減らして補っているという現状があります。

つまり、会社が負担する保険料については、その分を、社員が別の形で支払わされている可能性があるのです。

「厚生年金法」など無視で、なりふり構わぬ「年金」のかさ上げ

法律に、「事業主は、それぞれ保険料の半額を負担する」とあるのに、事業主が払った保険料をないものにして計算できるという根拠は、いったいどこにあるのでしょうか。

その根拠となるものをあの手この手で探してみたら、とんでもない文章が出てきました。

それは、厚生労働省が出している「公的年金制度に関する考え方」（２００１年９月）の中にありました。

「事業主が負担している保険料の分だけ給料が高くなるという保証は全くない。このことは、

例えば、厚生年金の適用されていない短時間勤務者の給料が、事業主の保険料負担分だけ高くなっているかどうかを考えても理解できる」

これを、1回読んだだけでわかる人はいないでしょう。

年金の説明には、こうしたわからない文章が多いのですが、なぜこの文章がわからないかといえば、支離滅裂で、論拠がないからです。

「事業主が負担している保険料の分だけ給料が高くなるという保証は全くない」という文章を平たくいうと、「会社が保険料を払わなければ、その分、給料にその保険料が上乗せされますか？　そうではないでしょう。だから、会社が払った分の保険料は、本人の負担とはしないのです」と言っているのです。

何がおかしいかといえば、厚生年金の半分は、法律で会社が払うことを定められているのです。なので、「保険料を払わない分だけ、給料に上乗せする」などということは、そもそも法律違反です。

ですから、この前提自体が成り立たないのです。

もし会社が、厚生労働省から「厚生年金保険料を納めなくてもいいとしたら、その分を給料に上乗せするか」と聞かれたら、社員の給料に保険料を上乗せして支払うことを選ぶ会社も、多いはずです。

さらに、「このことは、例えば、厚生年金の適用されていない短時間勤務者の給料が、事業主の保険料負担分だけ高くなっているかどうかを考えても理解できる」と続きますが、厚生年金に加入していないパートに対して、会社は、厚生年金保険料の半分を負担する義務はありません。負担の義務がないのに、わざわざパートの給料に保険料分を上乗せするなんてことは、そもそもありえないでしょう。

ですから、なぜこれが「例えば」になるのか、意味不明と言うしかありません。

繰り返しになりますが、そもそも厚生労働省が受け取る保険料は、会社と社員が半分ずつ払うもので、厚生労働省が受け取る保険料とは、法律で、この2つを合わせたものだと定められているのです。

だとしたら、厚生労働省は、会社と本人の両方からもらう「保険料」に対して、「年金給付」がどれだけになるのかを示すべきでしょう。

これが、天下の厚生労働省の官僚のつくった説明資料かと思うと、ア然を通り越して愕然とします。

これも、とにかくなりふり構わず「あなたは、たくさん年金がもらえます」という数字をつくりたい、苦肉の策なのでしょう。

■カラクリ・その3
年金には国の「税金」も投入されている

3つ目に指摘したいのは、給付される年金には、保険料だけでなく税金も投入されているということです。

1986年に基礎年金制度が導入されて以来（55ページ参照）、基礎年金部分には税金が投入されています。

当初は、基礎年金部分の3分の1が税金でしたが、現在は、これが引き上げられて2分の1になっています。

ちなみに、2017年度で見ると、「公的年金」の給付総額約51兆円のうち、11兆8000億円は税金から出ています。

たとえば、サラリーマン家庭で、夫の年金が16万円、妻の年金が6万円で、2人で22万円の年金をもらっているとします。この夫婦の場合、もらう年金のうちの約6万円は、税金からの補助金です。

だとすれば、もらう「年金額」から、補助金となっている税金を差し引かないと、払った「保険料」に対してのもらえる額にはならないでしょう。

もしくは、「(うち××万円は税金)」とすべきでしょう。

けれど、そうしてないのは、税金込みでざっくり「保険料」として計算したほうが、「年金給付」が大きく見えるからでしょう。

■カラクリ・その4
70歳給付目前なのに、計算は65歳給付

日本中が新型コロナ禍で、株価が大暴落している最中の２０２０年3月に、本人が希望すれば、70歳まで雇うことを会社に努力義務として課した「高年齢者雇用安定法の改正案」が、自民党の賛成多数で成立し、21年4月からスタートしました。

さらに、２０２０年5月、世の中が新型コロナの蔓延で騒然とし、すべての関心事が新型コロナ一色になっている中で、「年金制度改革関連法」が参議院本会議で成立しました。

この改正で、受給開始年齢の上限が、これまでの70歳から75歳に引き上げられ、２０２２年4月から施行されることになっています。

現在、公的年金は基本的には65歳から給付されますが、本人の希望があれば60歳から70歳の間で、1カ月刻みでもらい始める時期を選ぶことができます。

この、70歳だったこれまでの上限を、「年金制度改革関連法」で75歳まで引き上げたのです。

新型コロナで厚生労働省が上を下への大騒ぎになっている中で、わざわざこの改正案を通したのは、近い将来、現在の年金の受給開始年齢65歳を70歳へと引き上げていくための布石なの

ではないでしょうか。

「改革」のたびに悪化している現状には目をつぶる

政府は、「人生１００年時代」を掲げ、「だから、年金も70歳からの受給にする」という方向で、着々と布石を打っています。

冒頭17ページの表の、「払った保険料の6・5倍の年金がもらえる」とされている１９４０年生まれのサラリーマンは、年金を60歳からもらうことができました。

その後、制度が変わって、１９７０年生まれは、65歳からの受給となっています。

ただ現在、政府が着々と布石を打っていることからもわかるように、今後はさらに、年金の受給開始年齢は上がっていくことでしょう。

同表の２０００年生まれの人が年金をもらうようになる時には、70歳受給になっている可能性は極めて高いでしょう。

この計算のベースである65歳受給が70歳に延びたら、そこでますます受け取る年金の総額は減ってしまうことでしょう。

公的年金は、改革のたびに、保険料や受給年齢が上がったり、受給額が削られてきました。この状況は、今後も続くと予想されます。

こうした悪化していく状況が、この表には織り込まれていません。

我が国の「年金」は、働く人が高齢者の年金を負担する仕組みになっています。１９８５年には、６・６人で１人の老人の年金を支えていました。これが２０００年には３・９人で１人を支えるようになり、20年には、２人で１人になり、さらに40年には１・５人で１人の高齢者を支える状況がやってくると予想されています。

ですから、これからますます大変になっていく現実を直視しないと、それこそ、取り返しがつかない状況になっていくのではないかと心配でなりません。

問題は、なぜ天下の厚生労働省が、こんな誰にでもすぐにわかるようなカラクリを使って、あの手この手で、「年金は、払った額の２・３倍以上もらえる」というフィクションを作り出さなくてはならなくなっているのか、ということです。

もちろん、想像を超えて少子高齢化が進んでいることで、年金財政が火の車になっていて、少しでも年金を多くもらえる数字をつくって、保険料を支払う人を増やしたいということはあるのでしょう。

ただ、年金財政が火の車になってしまったのは、少子高齢化のせいだけではありません。

年金を政治利用して〝大盤振る舞い〟して選挙の票田としてきた「昭和」の政治家と、それに便乗して甘い汁を吸ってきた年金官僚がいました。

そのツケは、「平成」になって、多くの国民に〝痛み〟として押し付けられました。

次項では、「平成」という時代の「劣化」の象徴でもある「公的年金」が、どのようにできて、いま、どうなっているのかを見てみましょう。

「昭和」の〝大盤振る舞い〟のツケが、「平成」の〝痛み〟になる

「平成」を揺るがした「老後2000万円問題」

「平成」が終わり、「令和」が始まった2019年、多くの人を老後の不安に陥れたのが、「老後2000万円報告書」でした。「公的年金」をもらっても、それだけでは暮らすことができず、老後に生活費だけで2000万円も不足するというのです。

私のところにも、「2000万円なんてないけれど、どうすればいいのか」という問い合わせが殺到しました。

発端は、金融庁の審議会が、「老後の生活資金は、年金があっても2000万円不足する」という報告書を出したことでした。

みんな薄々は、「年金だけでは、老後は暮らせない」と感じていたのですが、この報告書ではっきり「2000万円」という数字を示されたので、ショックを受けました。

しかも、諮問した張本人でありながら、この騒ぎに驚いた麻生太郎財務相兼金融担当相が、自分が求めた意見書であるにもかかわらず、その受け取りを拒否するという愚行に出たために、火に油を注ぐことになり、ネットで大炎上しました。

実は、この審議会には、証券会社寄りのメンバーが多く、「年金だけでは老後が不安なので、投資が必要」ということを強調したかったのだと思います。けれど、「2000万円」という具体的な数字が出てきたことと、政府が右往左往して、この報告書を受け取らないと言い出したことなどで、不信感に火がつき、日本中が大騒ぎになったのです。

日本の年金は、あまりに仕組みが複雑で、ほとんどの人は、その仕組みを理解できていません。専門家の中にも、実は、よくわかっていない人もいます。

複雑でわかりにくいので不安が広がりやすく、それが、「平成」の最後、「令和」のはじめの年に、「2000万円問題」として、世間を揺るがす大問題となったのです。

では、なぜこれほど「公的年金」は、複雑な制度になってしまったのでしょうか。

「公的年金」は、長い老後を支える生活の糧《かて》ですから、長期的な展望の上に構築される仕組みでなくてはならないはずのものです。

けれど、日本の「公的年金」は長期的な展望がなく、常に行き当たりばったりの御都合主義で、コロコロと「制度」を変えてきました。

それだけでなく、「公的年金」という巨額な利権に群がる政治家や官僚が、これをいいように利用してきました。

加えて、辻褄《つじつま》が合わなくなると、嘘と誤魔化しでその場を凌ぐということが恒常化し、ますます複雑怪奇な制度になってしまったのです。

その変遷を見ていくと、主に次の４つの時期に分けられます。

1　創設から昭和30年頃まで
日本の年金は「積立方式」だった!?

2　昭和30年から昭和の終わりまで
高度成長で巨額になった年金利権に、政治家や官僚が群がった。

3　昭和60年代
「基礎年金」を設立し、日本の年金は1つだというイメージ戦略を展開。

4　平成時代
「統合」「年金一元化」という、新たな枠組みで破綻を回避。

ここからは、この4つの変遷について、詳しく見ていきましょう。

1　創設から昭和30年頃まで日本の年金は「積立方式」だった⁉

若い人と「年金」の話をしていると、「自分が支払った保険料を、自分でもらえるなら納得できるが、払った保険料で高齢者を支える仕組みなので、自分たちが高齢者になったら、支えてくれる人がいなくなるのではないかと不安です。自分が払った保険料を、自分でもらう制度にはできないのですか」と、よく聞かれます。

残念ながら、今の制度ではそれはできません。

なぜなら、日本の「公的年金」は、働く人が高齢者を支える「賦課《ふか》方式」だからです。

みんなが言う、「自分が払った年金を自分でもらう」というのは「積立方式」といいますが、もし今の年金を「積立方式」に変えるなら、その時点で、加入者1人につき1000万円をまとめて支払わなければなりません。

なぜなら、今の「年金」は、すでに「年金」をもらう権利がある人に、その人の一生分の「年金」をあげると、国が約束しているからです。

それをやめるなら、その人に一生分の年金を払ってあげなくてはならず、そのお金は、なんと約700兆円（過去債務）にもなります（「財政再計算」2004年）。

たとえて言うなら、古い家を建て直したいけれど、住宅ローンがまだたくさん残っているので、その家を取り壊すことができないようなもの。まず、借金を清算しないと、古い家を壊して新しい家を建てることができないのです。

そして、私たちの「年金」という今の家が背負っている借金は、700兆円。この700兆円の借金を返すには、現在の年金加入者約7000万人が、1人平均1000万円ずつ支払わなくてはならないということです。

つまり、みんなが1000万円ずつお金を出し合わないと、今の「賦課方式」の年金をやめて、新しく「積立方式」の年金を始めることはできません。

たとえが下品で申し訳ありませんが、昔、吉原などで働く芸妓や娼妓は、前借りの借金があるために、それを清算しなくては吉原から足抜けする（出る）ことができませんでした。これと同じように、年金も、一人ひとりが負っている平均約1000万円の借金（過去債務）を、全員が払わなければ、「賦課方式」から抜け出すことはできないのです。

2009年にできた民主党政権は、自分が払った年金保険料を、将来、自分でもらえる「積立方式」に変えようと努力しました。当時親しかった、「ミスター年金」と呼ばれた長妻昭厚生労働大臣に、「何とかならないのですか」と聞いたら、「いろいろと考えても、この過去債務を処理するのがむずかしくて……」と、悔しそうにおっしゃっていました。

そして、本当にご苦労されたのですが、結局、700兆円の債務の問題がクリアできず、挫折してしまいました。

これで、「賦課方式」から「積立方式」に変えることは、現実的には難しいということがわかっていただけたでしょう。


ところが、ここに、驚くべき事実があります。

それは、日本の「公的年金」は、最初から「賦課方式」だったわけではないということです。

実は、最初は、自分で払ったものを自分でもらう、完全な「積立方式」だったのです。

それがいったい、いつ「賦課方式」になってしまったのか。

このミステリーを追っていくと、皆さんが知らない、驚愕の真実が見えてきます。

日本の年金は、はじめは「積立方式」だった

給与所得者が加入する「厚生年金」は、今から約80年前、第二次世界大戦の最中に誕生した「労働者年金保険」が元になっています。これは、10人以上の会社で、20年以上保険料を納めた男性労働者が、55歳からもらう「公的年金」でした。

「労働者年金」のモデルとなったのは、ナチス・ドイツの年金制度です。

当時、ドイツで台頭したヒットラー率いるナチスは、「民族共同体」を旗印に福祉に力を入れ、老後に現役時代の収入の6割を保証する年金をつくりました。

そこで集められた保険料は、軍事転用され、高速道路（アウトバーン）の建設などに使われました。

日本は、１９４０年に、ドイツ、イタリアと日独伊三国軍事同盟を結び、翌41年に太平洋戦争に突入しました。その翌年、日本にも、ナチスの「年金制度」を真似た「労働者年金保険」が創設されたのです。


当時の金光庸夫《かねみつつねお》厚生大臣は、年金設立の趣旨を、「生産力拡充のために懸命に努力を続けている全労働者に、国家として生活保障を与えること」と説明し、立法の目的にも、「労働者をして後顧の憂いなく、専心職域に奉公せしめまする為め」と書き込みました。

ただ、日本に「公的年金」が創設された１９４２年がどんな年だったかといえば、ミッドウェー海戦で、赤城、加賀、蒼龍、飛龍の4隻の空母と艦載機約３００機を失った年です。

そんな中で、ナチスを真似て、働く人の将来を考えた「年金制度」をつくるというのが、そもそもうさん臭い話でしょう。

さらに、１９４４年10月に、この「労働者年金保険」をバージョンアップして「厚生年金」の保険料徴収が始まりました。女性も制度の対象となり、保険料は、労使折半で月収の11％（炭鉱夫は15％）に定められました。

44年10月には、すでにサイパン、グアムは玉砕し、日本本土にも継続的爆撃が始まっています。そんな最中、「国民の生活の将来保障」などと言われても、説得力はゼロ。集めた保険料の多くは、戦費にまわされたと推察されます。

ちなみに、戦前の厚生年金加入者は８３２万人いたと言われていますが、戦争で死んだり、空襲で名簿が焼けてしまったり、軍需工場の閉鎖で失業者が増大したことで、終戦直後に確認された加入者数は、約半分の４００万人程度でした。

この戦争中にスタートした「厚生年金」は、実は、自分が払った保険料を将来自分でもらう、完全な「積立方式」でした。

では、なぜ最初は完全な「積立方式」でスタートした「公的年金」が、どこから「賦課方式」になってしまったのでしょうか。

「積立方式」は、インフレに勝てない!?

「年金」の「積立方式」が「賦課方式」に変わったのは戦後、１９５４（昭和29）年の年金制度全面改正からです。

戦争の真っただ中にスタートした日本の「年金」は、戦後の凄まじいインフレにさらされました。

日本は戦争のために国債を乱発したので、１９４６年には、ＧＤＰ（国内総生産）約８００億円に対し、なんと１５００億円の「戦時補償債務」がありました。つまり、事実上、国家破綻していたということです。

この破綻した国家財政を立て直すために、国は「預金封鎖」をして、庶民が銀行や郵便局に預けたお金を事実上踏み倒す政策を実施しましたが（詳しくは２２８ページ以下参照）、インフレはひどくなるばかりでした。

戦争直後の１９４６年の国家公務員の給料は４５０円（大卒・一種行政職）でしたが、５年後の51年10月には６５００円（大卒・６級職）と、なんと5年で約15倍になっています。

このインフレのおかげで、国の借金は15分の１に減りましたが、一方で、受け取れる年金の額も15分の１になってしまいました。

当時の年金は、完全な「積立方式」でしたから、15分の１になっては、老後の生活が成り立ちません。これでは、「老後は安心だと言ってみんなを年金に加入させたのに、詐欺だ！」と言われかねない。

もし「年金は詐欺だ！」などという認識が広まってしまったら、「公的年金」の信頼性は失墜し、誰も年金になど加入しなくなってしまいます。

さらに、集めたみんなの年金保険料を、戦争で使ってしまったという疑惑も噴出しかねません。

そこで、十分な年金を支払うために保険料を値上げしようとしたのですが、これには保険料を負担する労使双方が大反対。

しかたなく、１９５４年に、年金の給付年齢を55歳から段階的に60歳に引き上げた（男性のみ）のですが、これも焼け石に水。さらに、給付費の15％を税金で補塡《ほてん》することにしました。

それでも、インフレには勝てませんでした。

「積立方式」から「賦課方式」に変え、「金のなる木」を手に入れる

「公的年金」が、インフレで目減りの袋小路に入ってしまった１９５５年に、右派と左派に分裂していた日本社会党が再統一されて、大政党となりました。

大きくなった社会党は、保守陣営にとっては一大脅威となりました。

労働者の福祉を掲げた社会党に対抗するために、日本民主党と自由党が合同して、自由民主党（以下、自民党）を作りました。

いわゆる、自民党のルーツである「55年体制」ができたのです。

そして、自民党は、労働者の党を標榜する社会党に国民の票が流れないように、対抗措置として「福祉国家構想」を掲げました。

今の「自民党」は、「自助自立」を謳《うた》って、どちらかといえば情け容赦なく福祉を切り捨てる政策を進めていますが、終戦直後は社会主義政党が強かったので、自民党も福祉の政党として、多くの人たちの賛同を得ようと一生懸命でした。「福祉国家を目指す」というスローガン

を掲げた以上、国民から「年金は、詐欺だ！」などと言われては困る。

そこで、政官一体で考え出したのが、なんと「積立方式」の一部を「賦課方式」にしてしまうという、ウルトラCでした。

「賦課方式」なら、保険料の不足分はのちの世代が支払うので、とりあえず今お金がなくても、次の世代へ借金のツケ回しが可能になります。

今、私たちの年金は、「賦課方式」から「積立方式」にするのは、700兆円もの借金（過去債務）があるので難しい。けれど、「積立方式」から「賦課方式」にする時にはこの逆で、借金がないだけでなく、どんどん次世代に借金を付け回ししてしまえばいいのだから簡単です。

つまり、政治家と年金官僚は、年金を「積立方式」から「賦課方式」にすることで、ツケを次世代に回し、どんどん借金ができる「年金」にしたのです。

「福祉国家構想」のもと、政府は、すべての国民を「年金」に加入させると表明し、1961年に「国民年金」ができました。当時、自民党の票田は農村だったので、農家の人も入れる「年金」が必要だったのです。

しかも、次世代に「年金」のツケを回せる「賦課方式」という「金のなる木」を手に入れたので、年金財政は、一気に潤沢になりました。

そして、この潤沢になった「年金」に目をつけたのが、田中角栄でした。

2　昭和30年から昭和の終わりまで高度成長で巨額になった年金利権に、政治家や官僚が群がった。

当時、なぜ年金が「金のなる木」だったのかといえば、人口がどんどん増えていたからです。

戦時中でも「産めよ増やせよ」で年間200万人以上の子供が生まれていたのですが、さらに戦後は、平和になったことで子供の数も増え、第1次ベビーブーム（1947年から49年）には年間約270万人の子供が生まれました。

ちなみに、2019年の我が国の出生数は、わずか約87万人ですから、当時は今の3倍も子供が生まれていたということです。

いっぽう、年金を受け取る人は、戦争で亡くなられたり、加入記録が空襲などで失われたりして、少なくなっていました。

つまり、「公的年金」を「賦課方式」にしたことで、保険料を払う人はどんどん増えるのに、もらう人は少ないのですから、ますます保険料が貯まっていったのです。

田中角栄が作り出した「財政投融資」を使った「伏魔殿」

「公的年金」という「金のなる木」を、最も政治に活用して自らの力の源泉としたのが、田中角栄でした。

1957年、39歳という若さで郵政大臣に就任した田中は、郵便局に積み上げられた巨額な「郵便貯金」と、「賦課方式」になってどんどん入ってくる「公的年金」を、大蔵省資金運用部にあった、「財政投融資」という巨大な資金運用システムを使い、そのお金をもとに、様々な事業を展開していきました。

最終学歴が小学校でありながら、総理大臣にまで上り詰めた田中は、豊臣秀吉になぞらえられて「今太閤」と呼ばれました。彼が提唱した、「日本中を高速道路や新幹線などで結び、地方を工業化して過疎と都心集中の問題を解決する」という「日本列島改造論」に、日本中が沸きましたが、ここに、私たちが支払った「年金」の保険料が、惜しげもなく使われたのです。

左の図は、当時、私たちが支払った年金が、どのようなかたちで使われていったかを示すものです。

私たちが払った保険料は、「年金特別会計」に入り、「大蔵省」の「資金運用部」というところに回され、そこから様々なところに使われていきました。この図もかなり複雑ですが、実際には、ここにさらにいくつもの特殊法人が絡んでいて、特殊法人のあいだでぐるぐるとお金を回して、何がどうなっているのかは、ほとんど誰もわからない状況になってしまっていました。

どんどん入ってくる保険料を原資として、まさに年金の「伏魔殿」ができあがったのです。

民間の「年金制度」では、将来の「年金」の支払いのために積み立てているお金は、責任準備金に繰り入れられるので、会計上の黒字にはなりません。

ところが、「公的年金」の会計の積立金は、「伏魔殿」の複雑なやり取りで、実際の積立金が無くても赤字にならず、帳簿操作ができるようになっていました。

年金福祉事業団の事業概念図

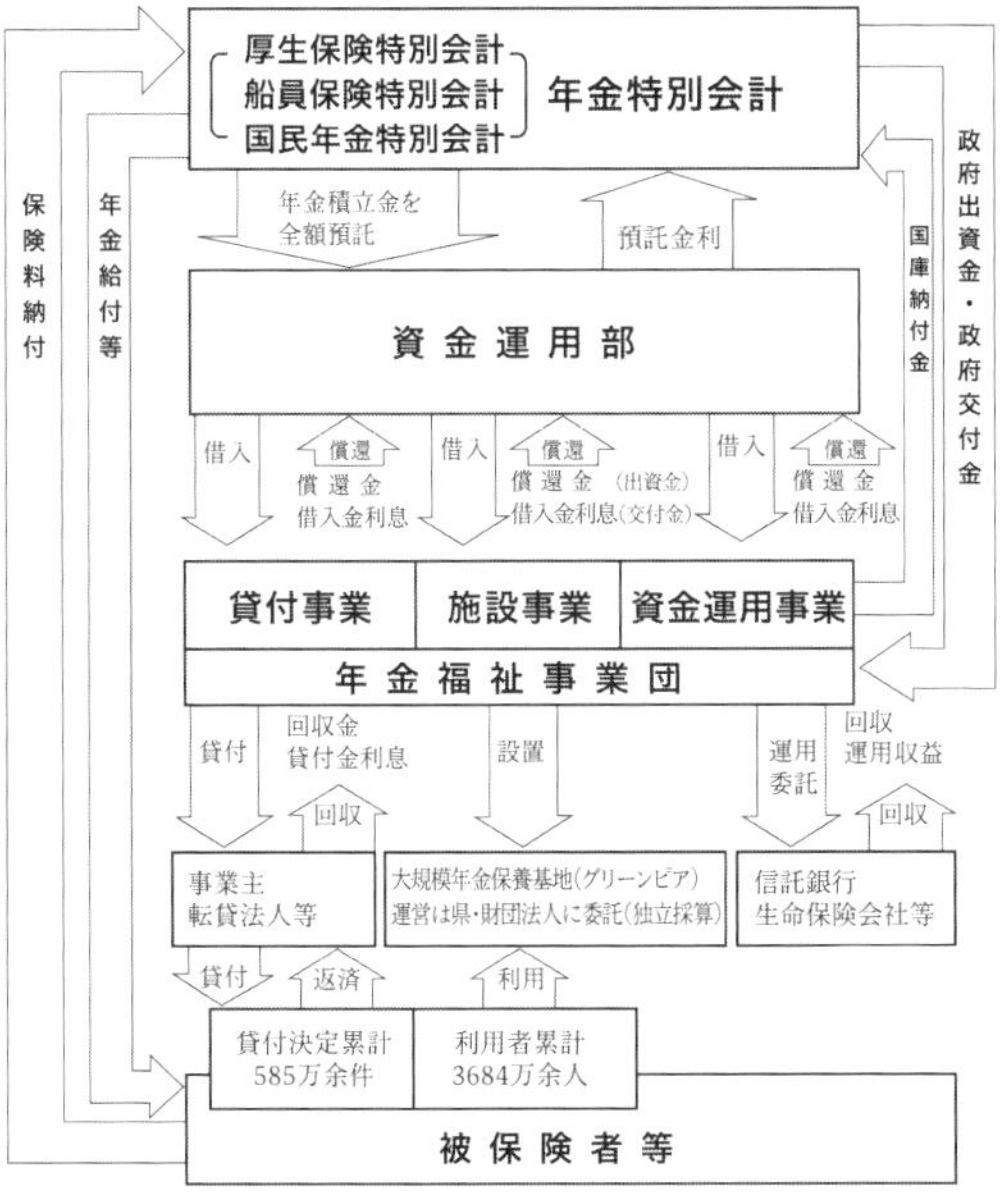

※会計検査院資料より

巨額の年金がつくりあげた、年金保険料利用の複雑な仕組み

つまり、入ってくる保険料をあてにしてできた「金のなる木」は、この「伏魔殿」の中をぐるぐる回っているうちに、お金が出てくる「打ち出の小槌《こづち》」になったのです。

「1万円年金」から「13万円年金」へ

1972年に発表した政策綱領「日本列島改造論」で、田中は日本中に公共事業をばら撒くと同時に、首相に就任した翌73年には「福祉元年予算」を編成しました。

「国民年金」に加入できない高齢者でも、保険料の負担なしでもらえる「老齢福祉年金」の額を2倍にしました。さらに、保険料を5年払えばもらえる「5年年金」を創設するなど、福祉にどんどん予算をつけ、なんと74年の予算では、社会保障関係費用が、国家予算全体の37・6％にもなりました。

それまでも「年金」は、「1万円年金」（1965年）、「2万円年金」（1969年）と物価の上昇に合わせて給付額が増えていったのですが、田中角栄が首相になると、いきなり「5万円年金」が登場。

さらに、物価がどんなに上がっても、そのぶん「年金」も増えるという「物価スライド」が導入されました。そのため、1973年には、物価が年間41％も上昇する第1次オイルショックが起きましたが、年金受給者は、物価上昇に見合う「年金」をもらうことができたので、物価高に苦しむことはありませんでした。

田中角栄内閣のあとの三木武夫内閣では、1976年に「9万円年金」が登場。さらに、80年には「月額13万6050円」となりました。

加えて、1985年からは、サラリーマンの妻で専業主婦なら、自分では年金保険料を一銭も支払わなくても将来年金がもらえる制度（第3号被保険者制度）ができました。

高齢者は、自民党にとっては選挙の票田ですから、人気取りのために配られる「年金」の額はどんどんアップし、大盤振る舞いが続きました。

いっぽう、年金保険料をアップすることは、政治家にとっては不人気な政策だったので、保険料は、〝大盤振る舞い〟の年金給付額に見合うほどの引き上げにはなりませんでした。

実は、この時期、「公的年金」を「金のなる木」から「打ち出の小槌」に変えてどんどん使ったのは、政治家だけではありませんでした。

年金官僚たちも、自分たちの将来の設計に「公的年金」を組み込み、せっせと天下り施設をつくりました。

「グリーンピア」という、厚生官僚の天下り先

厚生労働省の外局に、かつて、社会保険庁という「公的年金」を扱う組織がありました。

社会保険庁は「年金」の積立金で、厚生年金会館やプールのある健康福祉センター（サンピア）、テニスコートのある健康保養センター、老人ホームなど、全部で265施設をつくりました。

この総額が、なんと1兆5000億円。

ところが、全国につくられたこうした施設は、民間並みの会計基準を当てはめると大半が赤字で、「天下りの温床」として世間の非難を集めました。

結果、売却されたのですが、その時点で、なんと1兆円近い損失を出しています。

そのほかにも、社会保険庁は、汚職、着服、個人情報の漏洩、消えた年金問題、年金流用、

不正手続きと、よくもまあこれほど不祥事が起こせるものだと思うほど様々な事件を引き起こし、ついに2009年に廃止されました。

これとは別に、1961（昭和36）年、厚生労働省は、「年金のお金を福祉に使ってほしいという加入者からの要望が多い」という名目で、集めた年金を福祉事業に使う「年金福祉事業団」を設立し、住宅ローンや教育資金の貸付などを始めました。

さらに同事業団は、1980（昭和55）年から88（昭和63）年にかけては、全国13カ所に、直営の健康増進保養所「グリーンピア」を建設しました。

「グリーンピア」は、13施設のうち8施設が歴代の厚生大臣経験者のお膝元に建設されていて、選挙活動に利用したのではないかという疑惑が持たれ、国会でも大問題となりました。

この「グリーンピア」は、建設費そのものは2000億円程度でしたが、利息や修繕費、赤字の補填その他で約4000億円の費用がかかりました。

利息や修繕費、赤字の補填その他で4000億円もかかるというのは通常なら考えられないことですが、これは前述の「財政投融資」で説明したように、お金をグルグル回しているうちにいろいろなところに利益がばら撒かれるようになっていて、実態は、どこにどう消えたのか、わからないものが多かったのです。

利用者が少なく、赤字を垂れ流していたにもかかわらず、厚生労働省の役人の天下り先となっていたことから、これも国会で問題となり、2005年度までに、すべて廃止・売却することになりました。

怒りを通り越してあきれ果ててしまうのは、「年金」の積立金を４０００億円も使ったのに、なんとこの「グリーンピア」の売却費用は、総額わずか約48億円だったこと。

実はこの時期に、九州にあるグリーンピアで施設長をしていた厚生労働省の元官僚にインタビューしたことがあったのですが、オフレコで「みんな、フツーに天下っているので、こんな大騒動になるなんて思わなかった」と驚いていました。

当時は天下りというのは、自分たちの当然の権利だと思っていたようです。

「年金福祉事業団」は、「グリーンピア」で私たちの年金保険料を約４０００億円もいいように使ってドブに捨ててしまっただけでなく、扱っていた住宅ローンや教育ローンの貸付などでも赤字を出していました。

さらに、預かった保険料もこの団体が運用していたのですが、２００１年の運用実績は、国内の株価が下落したこともあって、総合収益額がなんとマイナス１兆４６７１億円という、とんでもないオマケまで残しました。

大切な老後の資金を湯水のように使い、次々と損失を出したことへの国民の怒りは大きく、「年金福祉事業団」は、２００１年3月に解散に追い込まれました。

ところが、あろうことか消滅したはずの「年金福祉事業団」が、名前を変え看板を書き換えて、その4月には、特殊法人「年金資金運用基金」として、何事もなかったかのように再出発したのです。

実は、この「年金資金運用基金」が、さらに看板を書き換え、２００６年4月に設立されたのが「年金積立金管理運用独立行政法人」。今、私たちの年金積立金を株などで運用している「ＧＰＩＦ」です。

「年金福祉事業団」の乱脈ぶりに怒り心頭だった国民も、2度も名称が変わり、5年もたつと、記憶も怒りも薄れてしまうのでしょう。

「グリーンピア」で不動産屋をやっていた「年金福祉事業団」は、2度の看板の掛け替えで、今は「ＧＰＩＦ」と名前を変え、「年金」で株屋をやっています。

一般職員の中にも、年金の〝無駄遣い〟が蔓延する

「鯛は頭から腐る」と言いますが、政治家が「年金」を政治利用し、官僚が自分たちの天下り先の「サンピア」や「グリーンピア」をせっせとつくっているのを見て、一般の年金職員たちの中にも、その恩恵に与かろうという不埒者《ふらちもの》が現れました。

年金職員の方には真面目な方も多いですが、上層部の無責任さが、現場で真面目に年金を扱う人達に紛れていた不埒な職員に伝播し、平成時代になっても不祥事が続出しました。

年金保険料を流用して職員宿舎の整備をしたり、公用車を購入したり、各事業所にマッサージチェアを買うなどの無駄遣いが続々と発覚。さらに、汚職事件や詐欺事件も多数発覚しました。

社会保険庁では、２００4年には、個人情報漏洩問題に端を発した政治家の年金未納問題で大騒ぎになり、07年にはコンピュータの入力ミスで５０００万件の年金が所在不明になって「消えた年金」と言われ、この「消えた年金」が、同年の新語・流行語大賞トップテンに入りました。

その新語・流行語大賞の表彰式に、当事者である舛添要一厚生労働大臣がやってきて、「受賞おめでとう」と言われている光景を写真で見ましたが、この人は、どういう神経をしているのだろうと思いました。

さらに、ここでは書ききれないような様々な不正な接待や資金流用、情報漏洩《ろうえい》などが次々と起きて、２００9年、前述したように社会保険庁は廃止され、その業務は日本年金機構や全国健康保険協会に引き継がれました。

「平成」という時代は、「公的年金」への信頼が著しく毀損《きそん》し、国民が老後に不安を抱くようになっただけでなく、高度成長の陰に隠されてきた「公的年金」の闇が、公然となった時代でもありました。

こうした中で、政府は、この不安を払拭するために組織改革をしましたが、残念ながら社会保険庁が廃止されて日本年金機構ができても、不祥事は続きました。

国民年金保険料未納者の個人情報漏洩や「国民年金」の不正免除、サイバー攻撃での１２５

万人の年金情報の漏洩、年金情報の1万９０００人への誤送、さらには約10万人分の年金データの入力ミスで、年金が約20億円も少なく給付されるという事件も起きています。

3 昭和60年代 「基礎年金」を設立し、日本の年金は1つだというイメージ戦略を展開。

話を「昭和」の終わりに戻します。

戦後に危機を迎えた「公的年金」は、「積立方式」から「賦課方式」に変えて、給付のツケを将来に回すことで、財政面でのピンチを切り抜けました。

ところが、昭和も終わりに近づいて、この「公的年金」には、もうひとつ、頭の痛い問題が起きました。

それは、このままいけば、「国民年金」が破綻するのではないか、という不安が出てきたことです。

１９６１（昭和36）年、自営業者、日雇い労働者などの「厚生年金」に入れない人のための「国民年金」が発足しました。

これで、日本では、誰もが何らかの「年金」に加入する「国民皆年金」となりました。

左の図表を見ていただくとわかるように、１９６１年には、自営業者とサラリーマンの割合はまだ半々でした。

雇用者の増加

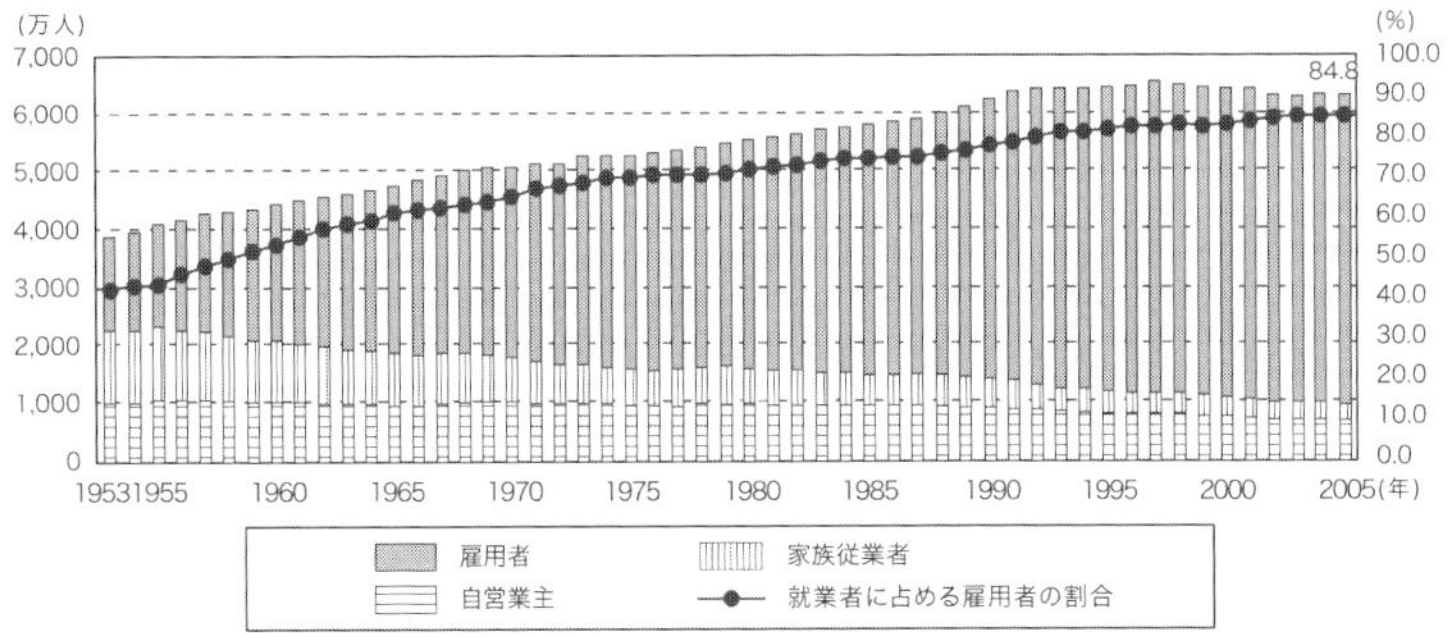

※厚生労働白書（2018）より

その後、日本は、高度成長（1949年から70年）の波に乗って工業が盛んになり、会社で働く人が増えました。

そのため、給料で生活するサラリーマンがどんどん「厚生年金」に加入して、「雇用者」は増えたのですが、逆に「国民年金」に加入する自営業者や家業従事者の数は、急速に減りました。

「国民年金」ができた頃のサラリーマンと自営業者の数はほぼ半々だったのですが、昭和50年代になると、約7割がサラリーマン（厚生年金）になり、「国民年金」を支える自営業者は3割になってしまいました。

しかも、サラリーマンが加入する「厚生年金」は、会社が給料から天引きするので未納者はほとんどいませんが、「国民年金」は自分で保険料をわざわざ納めに行かなくてはならないので、「厚生年金」よりも未納率が高い。

そうなると、「国民年金」を支える人はさらに少なくなるということになります。

この時、すでに日本の年金は、働く人が高齢者を支える「賦課年金」になっていたので、支える人が減っていく「国民年金」は、このままいけば破綻の危機に直面することが明らかでした。

この予期せぬ状況に、年金官僚は、頭を抱えました。

けれど、年金の「積立方式」を「賦課方式」に変えてしまうというウルトラCを考え出して、ピンチを切り抜けた頭のいい人たちです。ここでも、新たなウルトラCを考え出しました。

それは、加入者がどんどん増えているサラリーマンの「厚生年金」に、「国民年金」を支えさせるという方法です。

ただ、直球で、「国民年金がピンチなので、厚生年金からお金を回してください」などと言ったら、「厚生年金」の加入者から、「なんで俺たちが、国民年金を助けなくちゃならないんだ。それは、制度設計を間違えた国の責任でしょう」と反発されかねません。

そこで、みんながわからないように、「厚生年金」からお金を出させる仕組みをつくったのです。

これは、「積立方式」から「賦課方式」への転換に次ぐ、大きなウルトラCの制度改革でした。

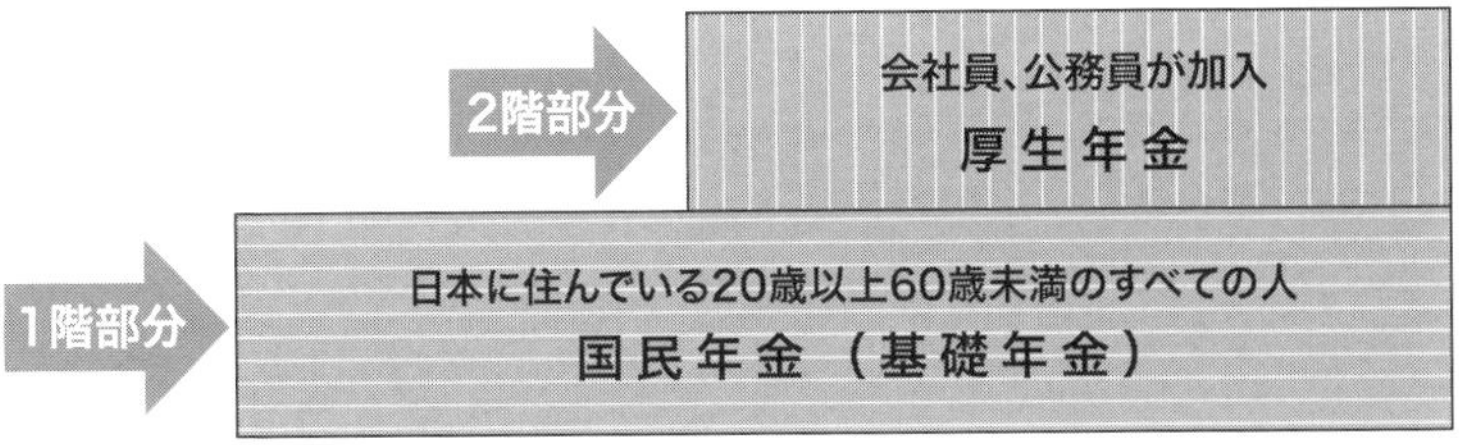

※厚生労働省「いっしょに検証！公的年金」より

発想の転換？　救済策に見えない「制度改革」

厚生労働省には、ピンチをチャンスに変える魔術師がいるのかもしれません。

なぜなら、このままでは「国民年金」が破綻するかもしれないという大変な状況を逆手にとって、逆に「年金がバージョンアップし、より良くなりました」と言えるような「制度」をつくってしまったからです。

それが、「基礎年金制度」です。

１９８６年に、公的年金に「基礎年金」が導入されました。

「公的年金」を説明する時に、必ず出てくるのが、「日本の年金は、1階が共通の『基礎年金』で、その上に『厚生年金』などが乗っている1軒の家」というものです。

しかも、上記のような図が使われているので、この図を見ると、日本人は誰もが１つの「年金」という家に加入しているというイメージを持つことでしょう。

けれど、「公的年金」は、けっして「1軒の家」などではありません。「国民年金」と「厚生年金」という、入口も出口も加入者も違う、別々の家にみんなバラバラに住んでいます。

実は、私も長い間、「日本の年金は1つの家だ」と思い込んでいたので、20年前にある方に言われて、「国民年金」と「厚生年金」が、別々の家なのだと知った時は、本当に驚きました。

その後、仕組みを知れば知るほど、日本の「公的年金」は大きな1軒の家などではなく、平家《ひらや》の「国民年金」と2階建ての「厚生年金」という、別々の家が並んで建っているということがわかりました。

そして、この2軒の別々の家を、あたかも1軒の家であるかのように、外壁だけをリフォームして「基礎年金」という制度をつくったのです。

前述したように、優秀な厚生官僚たちは、「公的年金」の「積立方式」を「賦課方式」に変えてしまうことで、貧乏な「公的年金」を、「金のなる木」に変えました。

これと同じように、破綻しそうな「国民年金」を裕福な「厚生年金」に救済させるために、「基礎年金」というリフォームで、「公的年金」が1軒の家に見えるようにしてしまったのです。

会計は別々の「国民年金」と「厚生年金」

なぜ、「国民年金」と「厚生年金」が、1軒の家でないのかを見てみましょう。それは、私たちが支払った年金保険料の流れを見れば一目瞭然です。

私たちが支払った「年金保険料」は、自営業者なら「国民年金勘定」にプールされ、会社員や公務員なら「厚生年金勘定」にプールされます。つまり、「国民年金」と「厚生年金」は、それぞれ別々の財布になっています。さらに、それぞれに貯金にあたる積立金があり、国から税金の補助もあります。

そして、両方の家から「基礎年金勘定」というところにお金を出し、これが1階と言われる「基礎年金給付」に使われます。そして、これとは別に、「厚生年金勘定」からは、厚生年金として給付されるお金が出ます。

公的年金のお金の入りと出のイメージ

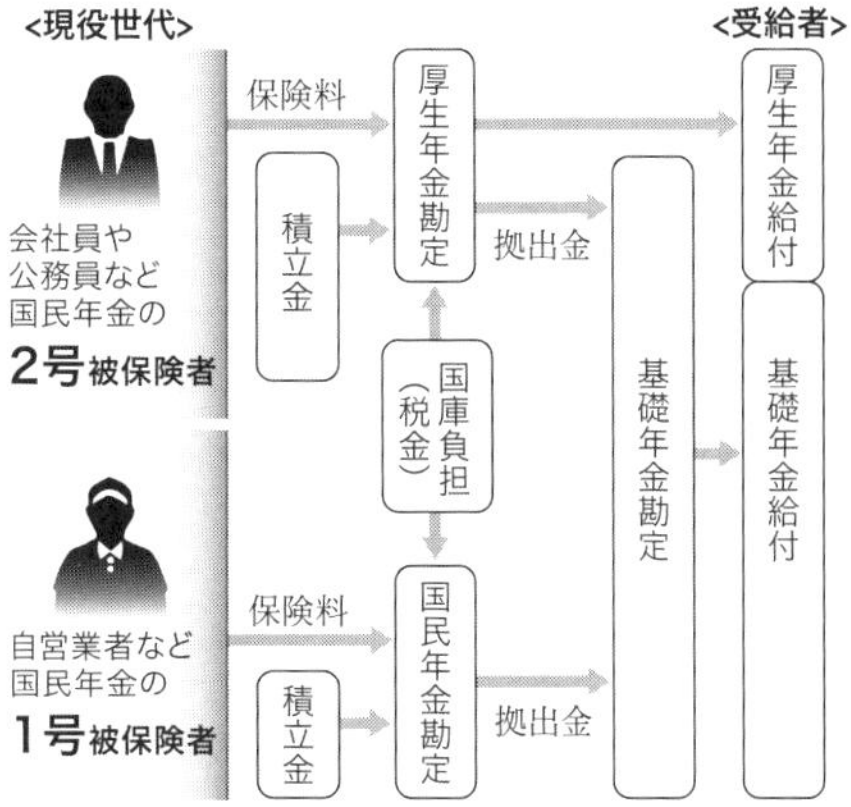

※毎日新聞（2020年1月15日）より

これをもっとわかりやすく言うと、同じ町内に、A家と、B家という、2軒の家があったとします。町内会を維持するには、年間10万円かかるので、これまでこのお金は、A家とB家で5万円ずつ負担してきました。

昔は、A家には5人の稼ぎ手がいて、B家にも5人の稼ぎ手がいたので、それぞれ5万円ずつ払っていれば問題はなかったのです。

ところが、そのうちA家の稼ぎ手が2人に減ってしまい、いっぽうB家は稼ぎ手が8人に増えました。そうなると、稼ぎ手が2人しかいないA家にとって、5万円の負担金は重い。

そこで、これまでの1軒あたり5万円で町内会費を負担するというルールをやめて、「同じ町内に住んでいるのだから」ということで、稼ぎ手1人につき1万円を払うというルールにしたのです。

このルールだと、A家の負担は2万円、B家の負担は8万円ですから、A家の負担はグンと軽くなります。

これは、実際にはB家がA家よりも6万円も多くお金を支払う「A家救済策」です。けれど、「町内会は1つの家族のようなものだから、1人に対して負担が同じになるようにしたほうが公平なんですよ」と言われたら、「そんなもんかなぁー」と思ってしまう人が多いでしょう。

このA家が「国民年金」で、B家が「厚生年金」です。この2軒は、同じ町内という括《くく》りではありますが、それぞれは別々の家計を持った異なる家です。

年金制度は、なぜ複雑なのか

年金が複雑だというのは、ピンチのたびに、制度のつくり変えをしてきたからです。

お金の流れで見ると、「国民年金」と「厚生年金」はまったく違うことがわかります。そして、実際にも、違う制度です。

「国民年金」は1961（昭和36）年に発足し、加入している人は、収入が多くても少なくても関係なく、一律で1万6610円（2021年度）の保険料を払うことになっています。もらえる年金額も、収入には関係なく、加入していた月数に比例してもらえます。

しかも、自分で保険料を役所やコンビニで納付しなくてはなりません（自動引き落としもあります）。

いっぽう、1944年に発足した「厚生年金」は、収入に比例して支払う保険料も、もらう年金額も違ってきます。収入の多い人ほどたくさん保険料を払い、たくさんの「年金」をもらうことになっているのです。

しかも、保険料は、自分で支払いに行くのではなく、あらかじめ給料から天引きされます。加えて、「厚生年金」の場合は、雇い主がこの保険料の半分を負担することになっています。

さらに、「基礎年金」ができた当初は、「国民年金」の受給開始年齢は65歳でしたが、「厚生年金」は60歳からでした。

もし、1軒の家なら、家の中で行き来もできるはずです。

ところが、1階は共通だと言われますが、入口も出口も別々です。会社を辞めて「厚生年金」から「国民年金」になるときは、いったん「厚生年金」という家から出る手続きをしてから、新たに「国民年金」に入る手続きをしなくてはなりません。

別々の家なので、2階から階段で降りて共通の1階に住むということはできないのです。

日本の年金は「賦課方式」というのに、なぜ「積立金」があれほどたくさんあるのかと、疑問に思った人もいることでしょう。これは、制度を途中から変えたからです。

これと同じように、日本の年金は「1軒の家」と言いながら、なぜ、それぞれがあまりに違うのか。それは、外壁だけリフォームし、まるで1軒の家に見えるようにして「年金は1つの家」という〝概念〟を導入したからです。

実は、こうした辻褄合わせが続いてきたために、理屈に合わないところがたくさん出てきて、ただでさえ難しい「年金」の仕組みが、なおさらわかりにくくなってしまっているのが、いまの年金です。

ところが、これがますます複雑化していきます。

実は、この方式で、「国民年金」を無事に救済することができたので、次は、新たな「統合」や「一元化」という〝概念〟を導入し、破綻しそうな年金を、「厚生年金」が救済することになったのです。

4 平成時代
「統合」「年金一元化」という、新たな枠組みで破綻を回避。

2015(平成27)年に、公務員が加入する「共済年金」と、サラリーマンが加入する「厚生年金」が「一元化」されました。

「サラリーマンの年金と公務員の年金を一元化した」というと、「やっと実現したか」と、なんだか良いイメージを持つサラリーマンの方も多いのではないでしょうか。

なぜなら、日本ではずっと、公務員の年金の方がサラリーマンの年金よりも優遇され続けてきたからです。

実は、サラリーマンが加入している「厚生年金」と公務員が加入している「共済年金」の「一元化」は、１９８４年に、中曽根康弘内閣で、「95年をめどに一元化を完了させる」と閣議決定されています。

なぜ、この時に「一元化」が閣議決定されたのかといえば、公務員の「年金」はサラリーマンの「年金」に比べて保険料や給付額が有利だっただけでなく、サラリーマンの年金にはない３階部分の「職域加算」まで付いていたからです。

そこで、官民格差をなくせという声が上がり、優遇されていた公務員の年金を、民間並みの条件にするために「一元化」が閣議決定されたのです。

けれど、閣議決定されたにもかかわらず、その後約30年間、「一元化」の話は実現しませんでした。なぜなら、「特権」を手放したくない官僚が、必死で抵抗したためです。

ところが、なんと30年も経って急転直下、公務員が加入する「共済年金」とサラリーマン

国共済の組合員数と受給権者数（単位：万人）

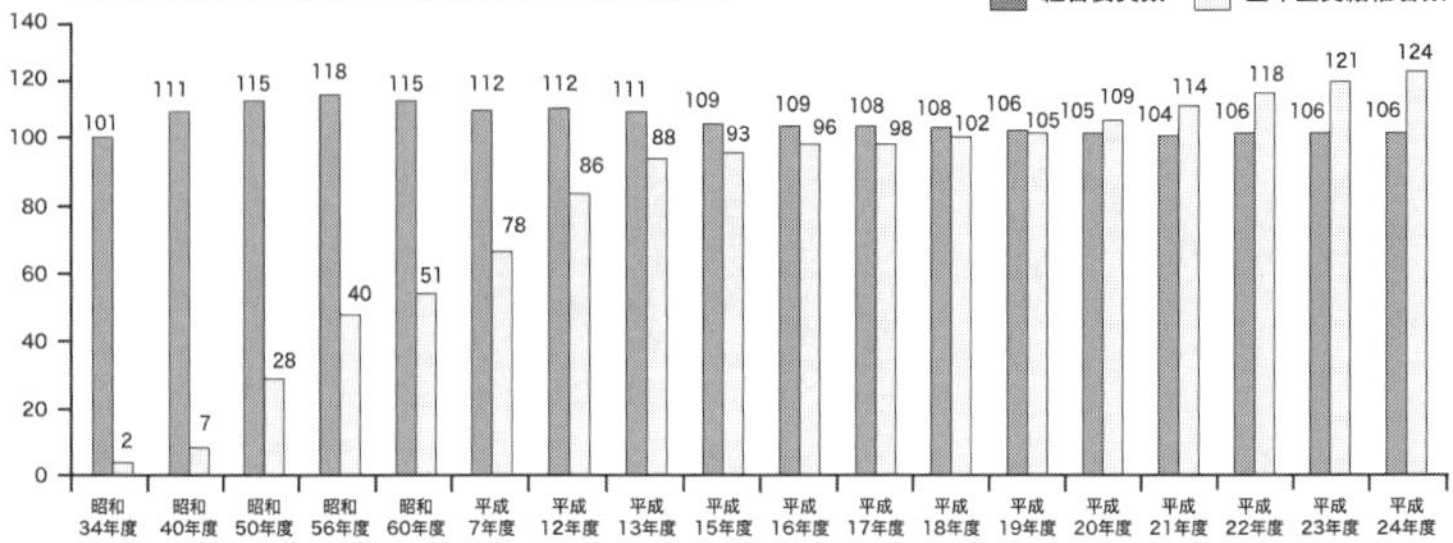

※国家公務員共済組合連合会資料より

が加入する「厚生年金」が、「一元化」されることになりました。

なぜ、30年も経って急に、年金の「一元化」が行われることになったのでしょうか。

その理由は、実はこのままでいくと、公務員の年金が破綻しそうになってきたからです。

中曽根内閣が「一元化」の閣議決定をした１９８４年当時は、国家公務員共済には約１１５万人の組合員がいて、年金受給者は約51万人でした。つまり、１人の年金受給者を２人以上の公務員で支えていたので、まだまだ「共済年金」は大丈夫という状況でした。

ところが２０１２年には、１人の年金受給者を、公務員０・85人で支えるという状況になってしまったのです。

つまり、「年金」を支える公務員の数に対して、「年金」をもらうリタイアした公務員の数のほうがどんどん増えていってしまい、このままでは公務員が加入している「共済年金」が破綻しかねないことになってしまったのです。

ちなみに、年金が「一元化」される見通しになった2012年の公務員の「共済年金」と、サラリーマンの「厚生年金」の受給額を比較すると、同じ40年間加入し続けたら、平均の給料（平均報酬月額）が同じ36万円でも、「厚生年金」の受給額は、16万5000円ほど。いっぽう「共済年金」は、約18万5000円と、2万円ほど高かったのです。

この明らかに有利な「共済年金」を、公務員が手放して不利な「厚生年金」とわざわざ「一元化」したのは、背後に破綻の危機が迫っていたからです。

破綻してしまったら元も子もないので、今のうちに「一元化」というかたちで「厚生年金」と一緒になってしまおうということです。

同じ条件なのに、「厚生年金」と「共済年金」に約2万円もの差があったのは、「厚生年金」にはない「職域加算」という上乗せ年金が、「共済年金」にはあったからです。

「一元化」で、この「職域加算」はなくなることになり、同じ条件なら「厚生年金」と同じ受給額になりました。

ところが、彼らの凄いところは、「厚生年金」と「一元化」した後も、積立金の一部を手放さず、「年金払い退職給付」という上乗せ年金を独自につくってしまったことです。

この時、財務省と折衝したある国会議員に聞いたら、「普通、嫁入りしたら、一緒になるんだから、それまでの貯金は持参金として出すはずでしょう。でも、彼らは、なんだかんだと理屈をつけて、最終的には積立金の一部が彼らの手に残ることにしちゃった」と、ぼやいていました。

つまり、年金が「一元化」されても、全く同じ条件になったわけではなく、公務員の年金には、「年金払い退職給付」という「隠れ3階」が、今でもあるということです。

ちなみに、これまで「厚生年金」は、厚生労働省が管理していたので、官僚の天下り先の「グリーンピア」に象徴されるような無駄遣いに使われてきましたが、公務員が加入する「共済年金」は、財務省ががっちり管理してきたので、一銭も無駄遣いされずにきたのです。

非正規を動員して「厚生年金」を支える

実は、加入者が増えていた「厚生年金」は、「国民年金」や「共済年金」だけでなく、いろいろな年金を救済してきました。

1940年に導入された、船員やその家族を総合的に守る「船員保険」は、戦後に船員の数が減ってしまったために成り立たなくなり、86年4月に、年金部門は「厚生年金」に「一元化」され、そのほかは労災保険や雇用保険などに引きつがれました。

また、農林漁業団体が所属する「農林年金（農林漁業団体職員共済）」も、1959年に「厚生年金」から分離する形でスタートしたのですが、農業や漁業の衰退で組合員がどんどん減って年金を支えきれなくなり、2002年に「厚生年金」と再び「一元化」されました。

こうして様々な「年金」を救済してきた「厚生年金」ですが、「厚生年金」自身はどうなのかといえば、不安がないわけではありません。

なぜなら、平成になって、政府が雇用の流動化を進めたために正社員が減り続けていて、働く人の４割が非正規社員になったからです。日本の「年金」は相互扶助で成り立っているので、「年金」を支える人が減ると、「年金」そのものが立ち行かなくなります。

そこで新たに、急増する非正規社員にも、「厚生年金」を支えさせるという制度をつくりました。

２０１６年から、パートでも従業員５００人超の会社で働き、週20時間以上の労働で１年以上勤務し、月に８万８０００円以上稼いでいたら、厚生年金に加入しなくてはいけないことになりました。

これが、２０２２年10月からは、１００人超の企業にまでハードルが下がり、さらに２０２４年からは、50人超の企業にまで拡大される予定です。

こうした流れで、国は最終的に、給料が８万８０００円を超えるすべての人を「厚生年金」に加入させ、「厚生年金」の支え手を増やそうとしています。

これまで、単身者で「国民年金」を支払っていた人には保険料が安くなります。ただ、目の前の家計の負担を減らすために働きに出たサラリーマン家庭の主婦の中には、もらった給料の約１割を社会保険料に取られたら困るという人もいるでしょう。

また、保険料の半分は事業主が負担なので、中小零細企業にとっては保険料負担が重くのしかかり、成長の阻害要因になる可能性もあります。

「平成」になって「年金」では、「昭和」の〝大盤振る舞い〟と打って変わって、〝痛み〟をともなう「改革」が続きました。

次は、「平成」まで先送りされ続けてきた、「公的年金」の〝痛み〟について、具体的に見ていきましょう。

年金「100年安心」、15年目の驚きの真実

突然のように対応を迫られた、「少子高齢化」という年金の壁

「平成」の「公的年金」は、〝大盤振る舞い〟の「昭和」の「年金」とは一八〇度変わって、残念ながら〝劣化〟と〝痛み〟のオンパレードでした。

政府は、「この〝痛み〟に耐えれば、明るい老後がやってくる」と言い続け、「平成」のあいだに何度も「抜本的改革」なるものを繰り返したのですが、「改革」すればするほど〝痛み〟が増していくという状況で、制度疲労の現実を追認せざるをえなくなりました。

「平成」になって「年金」が急速に〝劣化〟した背景には、「昭和」の〝大盤振る舞い〟もありましたが、それ以上に大きかったのが、「少子高齢化」が急速に進んだことがあったのです。

しかし、実は、「少子高齢化時代」がやってくることは、かなり前からわかっていたことなのです。

「少子化」については、1974年に出された「人口白書」で、すでに2010年には日本の総人口はピークを迎え、その後に人口減少時代が来ると予想されていました。翌75年には、特殊合計出生率が2・0を切っています。

ですから、この頃から、「少子高齢化」への対策をしっかり考え、財政を引き締めて備えていれば、今ほど状況は深刻にはなっていなかったかもしれません。

けれども、「少子高齢化」の警鐘が鳴り始めた頃、政治家は、「9万円年金」だの、「月額13万円の年金」だの、サラリーマンの妻をタダで年金に入れるだのと、人気取りのための〝大盤振る舞い〟を続けていました。

この事態に気づいていたはずの年金官僚も、「少子高齢化」に真っ正面から取り組もうとせず、「年金」の積立金でせっせと自分たちの天下り先をつくっていました。

もちろん、一部の心ある官僚は、いずれ日本は「少子高齢化」に直面して大変なことになるという警告を発していて、「荻原さん、20年したら、日本は大変なことになりますよ」と言ってくる人もいました。

ただ、その誠実な声は、全体のイケイケの雰囲気にかき消され、黙っていてもどんどん入ってくる保険料を使うことに、多くの年金官僚はうつつを抜かしていました。

結果、「昭和」で無視し続けた「少子高齢化」という大問題が、「平成」になって、まるで突然のように大きな壁として、日本の「年金制度」の前に立ちふさがったのでした。

「100年安心年金」の4年前に、「50年安心年金」

1994年、村山富市内閣では、それまで60歳から給付されていた男性の「厚生年金」の定額部分（老齢基礎年金）の給付開始年齢を、2001年から13年にかけて、65歳まで引き上げることを決めました（女性は5年遅れ）。

これが、「昭和」と打って変わった、「平成」の「年金」の〝痛み〟の始まりでした。

さらに2000（平成12）年の小渕恵三内閣で、サラリーマンがもらう年金の報酬比例部分の給付が5％カットされ、「厚生年金」の報酬比例部分（老齢厚生年金）の給付開始年齢が60歳から65歳に引き上げられることが決まりました（2013年度から25年度にかけて実施。女性は5年遅れ）。

この2000年の改革で旗振り役だった自民党の熊代《くましろ》昭彦元衆議院議員に、「制度改革」が終わった直後にお会いしたのですが、うれしそうに「これで年金は50年安心だ」と胸を張っていました。

その言葉を信じて、私も「この改革で、年金は50年安心」と何かに書いた覚えがあります。

ところが、なんと「50年安心」だったはずの年金を、わずか4年で見直さなくてはならなくなったのです。

4年後の2004（平成16）年に出てきたのが、こんどは小泉内閣の「100年安心プラン」でした。


小泉純一郎という人は、〝痛み〟という言葉が好きなようで、2001年5月7日の所信表明演説の中で、「今の痛みに耐えて明日を良くしようという〝米百俵の精神〟こそ、改革を進めようとする今日の我々に必要ではないでしょうか」と言っています。

〝米百俵の精神〟とは、明治初期、財政が疲弊した長岡藩に援助のために100俵の米が送られたが、長岡藩ではそれを食べてしまうのではなく、明日の人材育成のための学校づくりに使い、千俵、万俵の価値に値する人材を育て上げたという逸話です。

余談ですが、小泉氏自身は、この話とは裏腹に、「特殊法人改革」の名のもとに国立大学を大幅に減らして民営化する路線を敷き、政府が教育に金を出さないという、まさに〝米百俵〟をすぐに食べてしまう政策をとりました。

2001年5月27日の大相撲夏場所の優勝決定戦で、負傷しながらも優勝を勝ち取った横綱貴乃花に、「痛みに耐えてよく頑張った。感動した！」と叫び、内閣総理大臣杯を贈りました。

ここから、〝痛み〟ばかりが続く小泉政治が始まりますが、日本人は、本当に我慢強い国民だと思います。最後には、「不良債権処理」という名の理不尽な〝痛み〟（詳しくは256ページ以下参照）で中小零細企業が空前の倒産率になり、リーマンショックを超える数の人が失業するのですが、それでも「この〝痛み〟さえ我慢すれば、明るい未来がやってくる」と信じたのです。

この、小泉内閣のもとで出てきたのが、「年金」の「100年安心プラン」でした。

保険料は上がり続けるが、物価が上がれば「年金」はカットされる

「100年安心プラン」は、年金を支える側に負担の大きい改革となりました。

「厚生年金」の保険料率は、2004年から17年まで毎年0・354%ずつ上がり続け、最終的には18・3%になることになりました。

「国民年金」の保険料は、2005年から17年まで毎年280円ずつ上がり続け、最終的には1万6900円になることが決まりました。

ちなみに、給与所得者の平均給与は、2004年の456万円から17年の430万円まで、この間26万円も下がっているのに、年金保険料は毎年上がっていったということです。

しかも、物価ともらえる年金がスライドする「物価スライド」をやめて、たとえ物価が上がっても、年金の給付額を物価や賃金の上昇率よりも低く抑える、「マクロ経済スライド」を導入しました。

この〝痛み〟と引き換えに、小泉政権は、「年金」の「100年安心」を約束しました。年金の給付額は、現役の給料の半分を下回ることがないと、小泉首相は胸を張ったのです。

普通なら、サラリーマンの年金をカットし、なおかつ給付開始年齢を5年も引き上げて「これで50年は安心」と言われた4年後に、年金保険料を12年間ないし13年間も値上げし続け、物価が上がったら自動的に年金をカットするような改正で「100年安心」などと言われたら、「ふざけんな」と暴動が起きても不思議ではないでしょう。

ただ、当時は小泉人気が高く、「死んでも改革する」という小泉劇場のセリフが、本当のように聞こえたのです。みんな「小泉首相の言うように〝痛み〟に耐えれば、将来の年金は安心なのだ」と思って、改革を受け入れました。

いっぽう、この「100年安心」という言葉は、厚生労働省にとっては、呪《のろ》いの言葉となりました。

「100年安心」で、小泉首相が「現役世代の給料の半分を年金で給付する」ということを国民に確約したので、これを何としても死守するという呪縛《じゅばく》に縛られ、現実を無視した粉飾まがいのインチキをせざるをえないところに追い詰められていきます。

厚労省役人のインチキ

小泉改革の「100年安心」が本当に大丈夫なのかということは、5年ごとに行われる「財政検証」で確認されてきました。

この第1回の「財政検証」が、2009年に麻生太郎内閣のもとで行われました。

ここで厚生労働省は、「年金は100年安心」という「検証結果」を出したのですが、この結果があまりにも現実離れしているということで、大騒ぎになり、国会でも野党が厳しく追及しました。

2009年の「財政検証」では、「経済が予想どおりになるケース」（経済中位ケース）、「経済が予想より良くなるケース」（経済高位ケース）、「経済が予想より悪くなるケース」（経済低位ケース）の3パターンが出されました。

最も現実的であると言われた「経済が予想どおりになるケース」（経済中位ケース）を見ると、賃金上昇率が名目で2・5％となっていました。

これをもう少し詳しく見ると、2009年の賃金上昇率は0・1％なのですが、10年になると3・4％といきなり急上昇し、11年から15年までは2・6〜2・8％で推移し、16年以降はずっと2・5％が続くという設定になっていました。

2016年以降の長期の経済前提（2009年財政検証）

	物価上昇率	賃金上昇率		運用利回り	
経済中位ケース	1.0 %	名目	2.5 %	名目	4.1 %
		実質（対物価）	1.5 %	実質（対物価）	3.1 %
経済高位ケース	1.0 %	名目	2.9 %	名目	4.2 %
		実質（対物価）	1.9 %	実質（対物価）	3.2 %
経済低位ケース	1.0 %	名目	2.1 %	名目	3.9 %
		実質（対物価）	1.1 %	実質（対物価）	2.9 %

これに対して、国会で、２００９年時点で０・１％だった賃金上昇率が、翌10年になるとなぜ急に３・４％に上がるのか野党が追及しましたが、答えは曖昧。

運用利回りについても、２００９年に１・５％だったものが10年は１・８％に上がり、11年から15年にかけては２・９％まで急激に上がる設定になっていました。しかも、16年以降は、なんとこの低金利の中で４・１％まで上昇し続けるという、高利回りでの運用が続くというのです。これに対しても、野党の追及に、明確な答えはないままでした。

さらに、表にはありませんが、国民年金の納付率も、２００９年時点では６割（現年度納付率）しか納められていないのに、いきなり８割に改善される計算になっていました。

この数字が、あまりに現実離れしていたので、野党が厚生労働省に詰め寄り、過去10年の実数字で年金積立金の運用を再計算させたところ、結果は、なんと２０３１年には積立金が底をついてしまうということになり、またまた大騒ぎになりました。

天下の厚生労働省ともあろうものが、なぜこんな現実離れした数字を「財政検証」で使ったのかといえば、私の憶測ではありますが、「100年安心プラン」で、現役の給料の半分以上の年金を給付すると約束したので、それを達成するには、ベースとなる数字のほうを操作しなくてはならなかったのではないでしょうか。

結果、所得代替率50・1％という、現役の給料の半分は確保できるという約束した数字になりました。

なぜ、計算の基礎数字に、こんなデタラメな数字をつかえるのか、不思議に思って調べてみると、驚いたことに、なんと当時の厚生労働省の「年金」には、企業の監査法人にあたるチェック機関は存在せず、同省に都合がいい〝第三者委員会〟があるだけだったのです。

「財政検証」を、難しく高度化させて「煙に巻く」

2009年の「財政検証」での大騒動で、世間の「公的年金」に対する批判の目はかなり厳しくなりました。

そのせいか、5年後の2014年の「財政検証」では、いきなり専門的な数字や表が羅列され、23年度までと24年度以降の2つの経済前提があり、前者は2ケース、後者は8つのケースを出してきて、前提となる将来見通しの数字も、後者（24年以降）では、賃金上昇率は0・7％から2・3％とかなりの幅になり、運用利回りも1・7％から3・4％と2倍の幅をもたせたものになりました。

さらにここに3つのオプションが加わるので、ひとことで言えば、「何が何だかよくわからない」けれど、これだけ出したら、どれか当たるだろうという検証結果になりました。

この辺からは、厚生労働省のプレゼンテーションのテクニックがやたら複雑かつ高度になっていきます。

物事は、複雑になればなるほど、多くの人は理解することを諦めますから、個人的には、まさにそこを狙っているのではないかとさえ思うほどでした。

2019年の「財政検証」のケースは、28年度までと29年度以降の2つの経済前提があり、前者は2ケース、後者は6ケースあり、さらに2つのオプションがつきました。

この2つのオプションとは、被用者保険のさらなる拡大と、保険料拠出期間の延長と受給開始時期の選択のことで、厚生労働省からの「提案」と「お願い」とも言えます。

つまり、もっとたくさんの人を「厚生年金」に加入させ、年金をもらうのはもっと遅くしてもらえれば、みなさんとの約束は守れますよという、ちょっと虫のいいオプションを加えてきたということです。

ところが、この2つのオプションは、すでに現実となりました。

前者については、65ページでも触れましたが、2024年10月からは従業員50名超の企業に義務付けられます。ただし、金額は月5万8000円以上ではなく、8万8000円以上です。

後者の年金を受給する時期については、年金制度改革関連法で、2022年4月からは、本人が希望すれば75歳までは年金をもらう時期を選べるようなります。

令和で、いきなり「ちゃぶ台返し」された「100年安心」!

「平成」の間は、「年金」の〝痛み〟に耐え続け、しかも「100年安心プラン」に、国民も官僚も振り回されました。

ところが、平成が終わり、令和がスタートして1カ月後の2019年6月に、今までの議論をいきなり「ちゃぶ台返し」するような答弁が、国会で飛び出しました。

それは、平成の間、私たちが「〝痛み〟に耐えたら100年安心だ」と思ってきたのは、実は、絵に描いた餅だったということを思い知らされる、とんでもない結末でした。

2019年6月に、当時の安倍晋三首相が、国会で、こんな発言をしたのです。

「マクロ経済スライドも発動されましたから、いわば『(年金が)100年安心』ということは確保されました」

これを聞いて、びっくり仰天したのは、私だけではないでしょう。

「100年安心」の目玉となる「マクロ経済スライド」とは、「公的年金」の物価上昇分を自動的にカットする「年金自動カットシステム」のこと。安倍首相は、この「年金自動カットシステム」が機能するので、年金は100年持続できて安心だと言ったのです。

つまり、「100年安心」というのは、私たちの老後が「100年安心」なのではなく、年金の給付額を減らすことができるようになったので、政府が「100年安心」ということだったのです。

しかも、その少し前に、「老後資金2000万円不足問題」が出ました。

小泉首相の言うように、「〝痛み〟を伴う改革をすれば、老後は安心だ」と思い込んで〝痛み〟を受け入れてきたのに、いきなり、「いやいや、老後は自分で2000万円用意しないとダメですよ」と言われたのですから、多くの方がショックを受け、大騒動になりました。

小泉年金改革から15年たち、〝痛み〟を受け入れたら「100年安心」というのは、政府が100年安心なのであって、みんなは老後までに2000万円を生活資金として用意しないと「安心ではない」ということがわかったのですから、なんだか詐欺にあったようなものです。

2020（令和2）年、安倍首相が病気で退陣し、安倍氏の後を継いだ菅義偉氏は、総理大臣に就任するやいなや、「自助・共助・公助」を掲げました。

これを「年金」にあてはめると、肝心なのは自分でしっかり老後資金を貯めること（自助）で、国の「年金」をあてにするのは一番最後（公助）ということになります。

平成時代にみんなが信じた「公的年金」の「100年安心」は、令和になって、すでに「絶滅危機言語」のひとつとなりつつあるようです。

第2章

30年間、納税者を騙し続けた「消費税」

「消費税」導入で、財務省が用意した「アメ」と「鞭」

「平成時代」に、それまで日本になかった税金ができました。それが、「消費税」で、「平成元（1989）年」に3％で導入され、「令和元（2019）年」に10％になりました。

そこでここでは、「平成」のあいだに、すっかり定着した消費税の生い立ちから今後までを見てみましょう。

日本では、誰もが支払っている「消費税」ですが、もし「あなたの払った消費税が、国に納められずに誰かの懐に入っていますよ」と言われたら、「10％もの高い消費税を払わせて、そんなの、許せない！」と思う人が多いことでしょう。

けれど、日本では、私たちが払ってきた「消費税」の一部を、国が意図的に事業者に与えてきました。なぜ国は、そんな信じられないことを30年も続けてきたのでしょうか。

その説明の前に、日本では「消費税は社会保障に充てられる」と政治家が約束し、そういうことになっていますが、実態はそうではなく、かなりの額が、国の借金の穴埋めなどに使われているのだということをご存知ですか？

左の図は、２０１７（平成29）年６月22日に内閣官房社会保障改革担当室が出した、消費税が５％から10％に上がったら、値上げした５％分の消費税が何に使われるのかということを、説明するためのものです。

　これを見ると、値上がり金額の２割にあたる２・８兆円は、社会保障の「充実」に使われますが、残り８割は、社会保障の「安定化」に使われます。

「充実」とは、まさに社会保障をより良くしていくために使われるもの。「安定化」とは、後の世代に先送りしている負担の軽減や基礎年金の国庫負担分。基礎年金の国庫負担分も、昭和の年金の〝大盤振る舞い〟のツケのようなものですから、ざっくりいえば８割はこれまでの借金の返済に充てているようなものです。

　２０１７年の衆議院選挙で、安倍首相が「今まで増えた税収の８割は国の借金

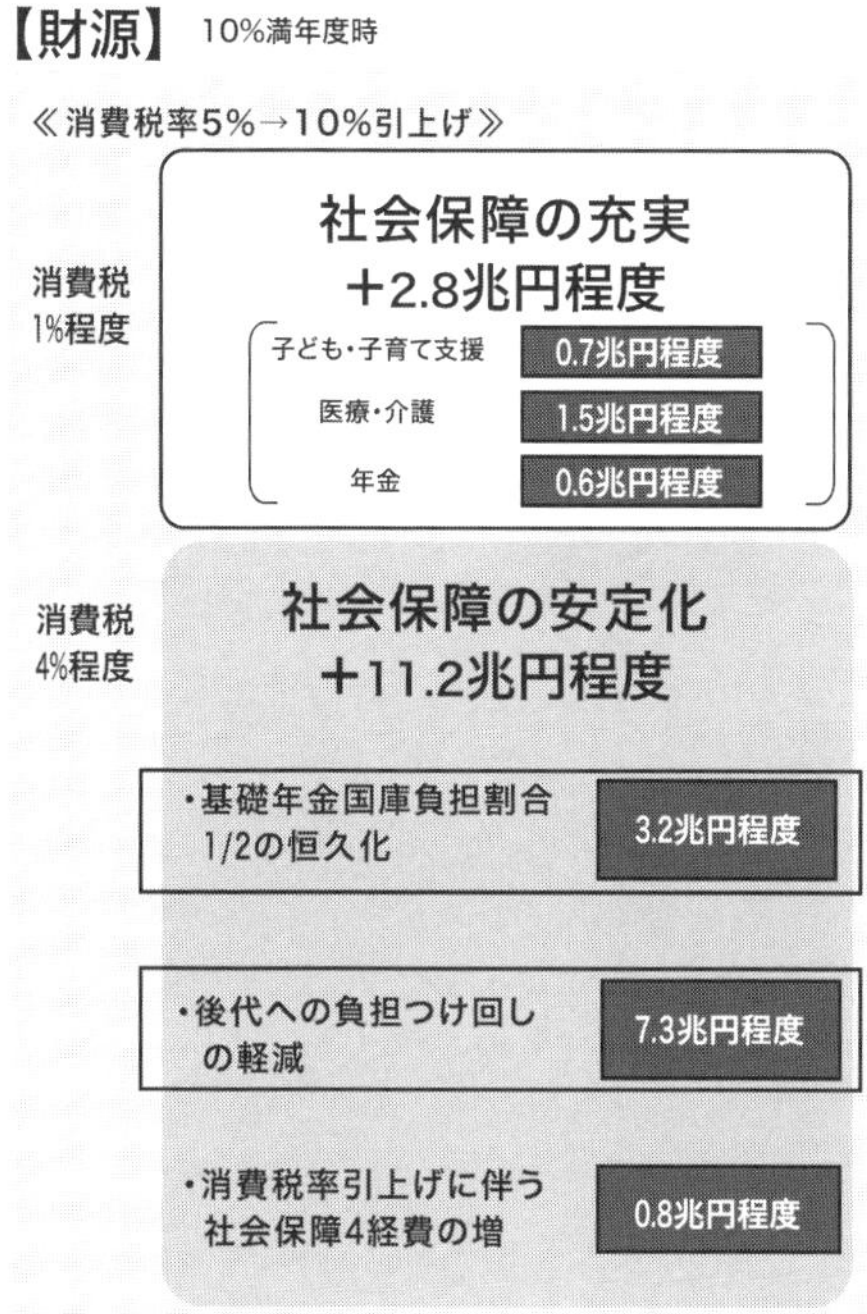

※内閣官房資料より

返済に使っていたので、この額を減らします」と訴えましたが、その借金の返済とは、この「安定化」のお金のことを指します。

安倍首相は、2019年9月20日、総理大臣官邸で開かれた第1回全世代型社会保障検討会議の席上でも、「消費税の使い道を見直し、子供たち、子育て世代に投資することを決定しました」と言いました。これを受けて読売新聞が、「(首相は)消費税10%の引き上げに合わせ、増収分の使い道を〝国の借金返済〟から〝社会保障の充実〟に振り分けると国民に訴える考えだ」と書いています。さらに、「首相は〝増えた税収の8割は借金返済に使われた〟と周囲に不満を漏らしてきた」とも書いています。

つまり、「平成」のあいだ、私たちが「社会保障」をよりよくするために使われていると思い込んでいた「消費税」は、実は、その大部分が、国の借金の穴埋めなどに使われてきたということです。

「消費税」は、日本で一番大きな税金でありながら、税収の使い道をはじめとして、私たちにはあまり知らされていない〝謎〟の部分がたくさんある税金です。

すべてのものやサービスに等しく課税するので、みんなに平等、公平な税だともいわれますが、本当にそうでしょうか。

この章では、「平成」と同時に産声を上げ、いつのまにか日本の税収のうち最大の税目となった「消費税」の誕生秘話と、そのカラクリに迫っていきましょう。

日本の消費税は「欠陥」を抱えてスタートした

平成元（1989）年に産声をあげた「消費税」という税金は、とても「奇妙な税金」です。私たちは、モノを買ったりサービスを受けた時に、その代金に上乗せして「消費税」を払っています。なぜなら、「消費税」を払うのは、国民の納税義務だと思い込んでいるからです。けれど、消費者には、「消費税」の納税義務はありません。「消費税」を国に納税する義務を負うのは、消費者ではなく事業者です。

そして、なぜ「消費税」が「奇妙な税金」なのかといえば、冒頭で書いたように、みなさんは国に納税しているつもりで「消費税」を払っていますが、その一部が、国には納められずに事業者の懐に入り続けてきたからです。

これは、平成の30年のあいだ、日本の「消費税」が抱え続けた「欠陥」でもあり、国はこの「欠陥」を承知の上で、平成元年に「消費税」を3％という小さな税率で導入し、令和元（2019）年までに10％という大きな税金に育て上げました。

お産では、「小さく産んで、大きく育てる」のが良いとされています。

同じように「消費税」も、平成元年に3％という小さな税率で生まれ、30年のあいだに、

「所得税」や「法人税」を抜いて、日本で最大の税収をあげる収税マシーンになりました。

その間、国は「消費税」が持つ「欠陥」については、消費者にはほとんど知らせないまま、納税する事業者に、「アメ玉」をしゃぶらせ続けてきました。

その「アメ玉」とは、「益税」という、消費者がお店などに支払った「消費税」の一部を、お店が懐に入れてもいいという制度です。

広辞苑を見ると、「益税」とは、「消費者が支払った消費税のうち、納税されずに、簡易課税制度を選択した事業者などの利益となるものを俗にいう」とあります。

つまり、「益税」とは、政府公認で「消費税」の一部を事業者が懐に入れてもいいものなのです。

消費者からすれば、私たちが払った「消費税」が、たとえ一部であっても事業者の懐に入ってしまうなんて、とんでもないと思うことでしょう。

これは、誰が考えても、おかしなことです。

この「益税」とはどういうものなのか。なぜ、平成元年の「消費税」の導入で、この「益税」をあえて、「消費税」に潜り込ませなくてはならなかったのか。その経緯を探ってみましょう。

そこには、「消費税」を導入するにあたって、大蔵官僚にとって屈辱的な2つの挫折と、それを乗り越えようとした執念がありました。

消費税導入に失敗し続けた、大蔵省20年の黒歴史

「消費税」の導入は、大蔵省（現・財務省）にとっては悲願でした。

戦後の日本は、「法人税」と「所得税」を主な財源としてきました。ただ、「所得税」も「法人税」も、景気が良ければ税収は増えますが、景気が悪くなると税収が減る、まさに景気に左右される税金でした。

そこで、なんとか景気が悪い時でもコンスタントに徴収できる税金はないものだろうかと考え、目をつけたのが、ヨーロッパでモノを買う時に課税していた「付加価値税」でした。

大蔵省が、「消費税導入」を考え始めた1970年代、すでに、フランス、西ドイツ（当時のドイツは東西に分かれていました）、オランダなどは消費税（付加価値税）を導入していて、国家の安定財源としていました。

そこで、日本でも同様の税金を導入すべく、画策しはじめたのです。

ところが、ここで大蔵官僚は、2度の大きなつまずきを経験することになります。

1度目のつまずきは、大平正芳内閣の時。

大平正芳首相は、大蔵省出身者。大蔵省時代に上司だった池田勇人の誘いを受け政界入りし

た人物でした。そこで大蔵官僚は、この大平にぴったりと寄り添い、財政再建の必要性を耳元で囁《ささや》き続けました。

そして、これからの日本には、広く様々なものにかける税金が必要だということを理解させ、「一般消費税」を閣議決定させたのです。

こうして、大蔵官僚の思惑どおり閣議決定までは順調に進んだのですが、ちょうどその時に、公務員の「公費の無駄遣い問題」が浮上しました。

行っていないカラ出張や、してもいないカラ接待、出勤していないのに夜勤・休日勤務の手当をもらうなどという不正がボロボロ出てきたのです。

日本鉄道建設公団をはじめとして、公官庁の組織的な不正が次々と明るみに出る中で、朝日新聞が、徹底的に「公費天国告発キャンペーン」を展開。天下りから地方自治体まで、ありとあらゆる無駄遣いを掘り起こしたものですから、「公費天国」がその年の流行語にもなるほど、役人の無駄遣いが広く知れ渡り、庶民は激怒しました。

その頃、私は20代でしたが、我が家の両親はもとより、八百屋のおばさんから近所の魚屋のおじさんまで、「国はけしからん」と怒っていたのを覚えています。

そんな最中に、大平内閣が「一般消費税」で事業者から税金を取ると言い出したのですから、「庶民から税金をとっても、公務員は左うちわか！」と批判の嵐が吹き荒れ、１９７９年の衆議院選挙で、大平率いる自民党は、過半数を割り込む惨敗となりました。

当然ながら、大蔵省の悲願だった「消費税」も、八百屋のおばさんや魚屋のおじさんの怒りの前で、吹き飛んでしまいました。

しかも、悪いことは続くもので、「消費税」の良き理解者だった大平首相は、翌80年、ハプニング解散による選挙戦の中、過労と不整脈で帰らぬ人となってしまいました。

当然ながら、「一般消費税」も、そのままお蔵入りとなってしまったのです。

2度目の挫折は、「おタカさん」の「ダメなものは、ダメ！」

2度目のつまずきは、1982年に発足した中曽根内閣の時。この時には、「売上税」という、いまの「消費税」にあたる税金が出てきました。

中曾根首相は、1986年7月の衆参同日選挙で、「国民や自民党員が反対する大型間接税はやらない。この顔が嘘をつく顔に見えますか？」と強気な発言をして選挙に大勝したものですから、誰も、大型間接税の導入を目論んでいるなどとは思ってもいませんでした。

ところが、水面下では、大蔵官僚が盛んに「売上税」を導入しようとアタックし、たび重なる接触や働きかけで中曽根内閣は、密かにいまの「消費税」に当たる「売上税」の法律案をつくっていたのです。

その案が12月に政府税制調査会の答申と自民党税制調査会の決定を経て、「売上税法案」として国会に提出されました。

7月の選挙では、絶対に増税はしないと言いながら、12月に増税法案を出してきたので、国民はまたまた激怒しました。中曽根首相は、「大型間接税はやらないと言ったのに、嘘つき、風見鶏！」などと強い批判を浴びることになったのです。

しかも、その中曽根首相の前に立ちふさがったのが、「政界のジャンヌダルク」と言われた日本社会党の土井たか子委員長でした。

自民党は、1986年7月の衆参同日選挙で大勝しましたが、その陰で惨敗したのが、日本社会党。幹部は、このままでは党の存続さえ危うくなるという危機感を抱き、一か八かで、日本社会党史上初めて女性の委員長を選出しました。

それが、「おタカさん」こと、土井たか子でした。

日本社会党の委員長になった土井は、中曽根の変わり身の早さをなじり、中曽根が国会に提出した「売上税法案」を、「ダメなものはダメ」と一刀両断に切り捨てました。

土井のはっきりした物言いは、多くの国民にとって新鮮で好感が持たれ、その後、「マドンナブーム」「おタカさんブーム」が巻き起こりました。

こうしたブームを背景に、土井は、社公民および社民連の4党統一組織を構築し、ついに中曽根の「売上税」を廃案に追い込みました。

これは、必死で導入に向けて様々な画策をしてきた大蔵省にとっては、青天の霹靂《へきれき》でした。

この2度の屈辱的な挫折で大蔵官僚が悟ったのは、「消費税」への風当たりは思いのほか強いということ。そして、正攻法で「消費税」を通すことは難しいので、とりあえずは、小さくてもいいから、あの手この手を使ってなんとか成立させることが大切だということでした。

ハードルを下げ、「アメ玉」を用意して臨んだ3度目のチャレンジ

実は、大平内閣の「一般消費税」も中曽根内閣の「売上税」も、ともにスタート時点の税率は5％を想定していました。

けれど、それでは世間の風当たりは強いということを、大蔵官僚は2度の失敗から学びました。

そこで、とにかく導入することを第1目標として、ひとまずこのハードルを3％にまで下げることにしました。

ただ、それでも事業者、特に中小零細事業者からは、「俺たちを、税金で殺す気か！」という強い反発があったので、こうした人たちをどう懐柔するのかを考えました。

そこで出てきたのが、「売り上げ3000万円以下の事業者は免税」、さらに、「売り上げ5億円までは、計算が簡単な簡易課税で計算する」という方針でした。

「免税」というのは、ズバリ、消費者から預かった「消費税」ですが、国に納めなくてもいいということ。「簡易課税」とは、厳密に計算して「消費税」を納めなくても、簡単な計算でいいというもので、業者の手元に「消費税」が転がり込むようにしました。

これが、国が事業者に与える「益税」であり「アメ玉」です。

すごいのは、当時、売り上げが3000万円以下の「免税事業者」が、「簡易課税事業者」まで合わせたら、なんと日本の事業者の約6割強だったということです。

つまり、多くの事業者に、「益税」という「アメ玉」がばら撒かれたということですから、税の公平性もへったくれもありません。当時の大蔵省が、いかになりふりかまわず「消費税」の導入に執念を燃やしていたかがわかります。

しかも、当時「アメ玉」を与えられたのは、中小零細事業者だけではありませんでした。金持ちや大企業にも、総額2・4兆円の「法人税減税」「所得税減税」「相続税減税」などの減税の〝大盤振る舞い〟をしたのです。

ここまでやるかと思いますが、できる限りの税金をばら撒いて、とにかく必死で「消費税」の導入に全力を挙げたのでした。

こうして「大蔵省」を挙げて知恵を絞りまくり、金を使いまくり、根回ししまくった「消費税」は、3度目の正直で竹下登内閣のもと、1988年7月の臨時国会に提出されました。

ただ、「消費税」への反発はやはり大きく、地方では「弱い者いじめの竹下消費税断固反対！」などという横断幕が次々と立ち、「消費税反対！」と書かれたダンプカーが走り回りました。

こうした光景が繰り返しマスコミで報じられたこともあって、竹下内閣の支持率は急落。翌年4月に「消費税」の導入を決めたのですが、導入される前に、竹下内閣は瓦解しました。

「消費税」はお産と同じ、小さく産んで大きく育てる

1988年12月、「消費税法」が成立しました。

「消費税」を導入した竹下内閣には、前後してリクルート事件疑惑が浮上しました。多くの政治家が、リクルートがバラまいた子会社の未公開株をもらった戦後最大の贈収賄事件で、竹下首相は進退きわまって、89（平成元）年4月、総辞職を表明。6月に総理大臣の座を降りました。

「消費税」は2度にわたる難産の末、竹下内閣の瓦解と引き換えのような形で、同年4月、導入されました。

1989年に「消費税」の導入という大目標を果たした「大蔵省」の次なる目的は、2つありました。

1つは、3％と小さいながらも産声をあげたこの「消費税」を、いかに大きな税金に育てていくかということ。

そしてもう1つは、「消費税」を導入するために、なりふり構わずばら撒いた「免税」と「簡易課税」という大きな「アメ玉」を、これからいかに小さくしていくか、です。

実は、「消費税」が導入された１９８９年４月、当時の自民党の渡辺美智雄政調会長が、「消費税はお産と同じ。小さく産んで大きく育てる」と言っています。

その言葉どおり、導入時点で３％だった税率は、橋本龍太郎内閣のもとで１９９７年には５％になり、その後、２０１４年４月に安倍内閣で８％になり、19（令和元）年には、ついに10％の大台に乗りました。

消費税の「導入」と「増税」の歴史

首相	年月	
大平正芳	1979年1月	「一般消費税」導入に失敗。
中曽根康弘	1987年2月	「売上税」導入に失敗。
竹下 登	1988年12月	消費税法成立。
	1989年4月	消費税法を施行。税率は3%。竹下首相は、同年6月に辞任。
細川護熙	1994年2月	消費税を廃止し、税率7%の国民福祉税の構想を発表するが、発表翌日に撤回。
村山富市	1994年11月	消費税率を3%から4%に引き上げ、さらに地方消費税1%を加える税制改革関連法が成立。
橋本龍太郎	1997年4月	消費税率を5%に引き上げ。
鳩山由紀夫	2009年9月	「消費税率は4年間上げない」とするマニフェストで民主党が総選挙で勝利。
野田佳彦	2012年6月	消費税率を2014年に8%、15年に10%に引き上げる法案を提出。8月10日、参院本会議で可決成立。
安倍晋三	2014年4月	消費税率を8%に引き上げ。
	2014年11月	2015年10月の税率10%へ引き上げを2017年4月に1年半延期。
	2016年6月	2017年4月の税率引き上げを2019年10月に2年半延期。
	2018年10月	2019年10月に税率10%に引き上げる方針を表明。
	2019年10月	消費税率を10%に引き上げ。軽減税率を導入。

橋本内閣で５％になった消費税が、その後８％に引き上げられるまでに17年もかかったのは、２００１年に「大蔵省」が解体されて「財務省」となって（詳しくは２５３ページ以下参照）、長らくその力を削がれていたからです。

ただ、さすがに「財務省」には、日本のエリート中のエリートが集まっていますから、徐々に力を取り戻し、民主党政権で野田佳彦首相に食い込み、自民党の安倍晋三首相に取り入って、５％の税率を、10％にまで上げる約束も取り付けました。

安倍政権誕生で5％から8％までの引き上げには成功したのですが、8％から10％に上げる時に、安倍首相は、「消費税10％」の財務省との約束を、2度反故《ほご》にしました。2015年10月の10％への引き上げ予定が、1年半延期されて17年4月になり、そこからさらに2年半延期されて、実際に10％になったのは19年10月でした。

余談ですが、安倍政権で大問題になった「森友問題」で、財務省は、公文書偽造という、役人として絶対にやってはいけない犯罪に手を染めました（詳しくは271ページ以下参照）。なぜ、エリートの中のエリートである財務官僚が、こんな絶対にありえないような犯罪に加担したのか。

以下は、私個人の推測です。「森友問題」で、国会で証人喚問をうけた森友学園の籠池泰典理事長（当時）が、どれだけ「財務省」に頼んでも相手にされなかったのに、ある時点で、急に親身になってくれたという趣旨の発言をしました。

「そのときは神風が吹いたかなというふうに思ったということですから、何らかの見えない力が働いたのではないかなと思いました」と証言しています。

籠池氏が言った「その時」とは、2015年10月から11月ごろだったと本人が言っていますが、同年10月といえば、最初の10％への増税が延期になっただけでなく、安倍首相が10月1日の記者会見で、「消費税」の2回目の先送りも否定的ではないことを匂わせた、ちょうどそのときです。

この2度目の〝先送り〟への示唆によって、財務省に激震が走ったことは容易に想像できます。

もしかしたらこの時に、「安倍首相の周辺から頼まれた案件には、格別の配慮をするように」というような指示が出て、それが籠池氏の言う「神風」だったのではないでしょうか。

もし、「消費税」を引き上げるという背景がなかったら、天下の財務官僚が、公文書の偽造などという役人として最低な犯罪行為に、組織的に手を染める理由は考えられません。

ちなみに、安倍首相の顔色を見ながら物事を進める、役人が行っていた「忖度《そんたく》」は、２０１7年の新語・流行語大賞になっています。

「免税」という、事業者がもらえる「消費税」

ここで話をもう一度、「消費税」の「益税」に戻します。

税金というのは、公平であることを大原則としています。

ですから、国民が税金として払ったお金は、本来なら、すべて政府に納められなくてはなりません。その一部を、事業者が懐に入れていいという理屈は、どこからくるのでしょうか。

日本国憲法は、「納税の義務」「教育の義務」「勤労の義務」を国民の３大義務と定めていて、「納税の義務」は、日本国憲法第30条に「国民は、法律の定めるところにより、納税の義務を負ふ」とあります。

ですから、通常は払うべき税金を払わなければ、財産の差し押さえや、悪質な場合には逮捕ということになります。

ところが、この条文をよく見ると、「納税の義務」という条文には、「法律の定めるところにより」とあります。

つまり、法律で「税金を懐に入れてもいいよ」と定めれば、消費者が払った「消費税」を、事業者が懐に入れてしまっても合法化されるという解釈が成り立つのです。

そして、これを定めているのが、消費税法第９条。「小規模事業者に係る納税義務の免除」という条項です。ここでは、一定の小規模事業者なら、買い物をした人が品物代に上乗せして「消費税」を払っても、国に納めなくてもいいと明記されています。

たとえば、町の小さな家具屋で、客が、気に入った家具を10万円で買ったとします。その客は「消費税」を払わなくてはならないと思っていますから、店主に「税込みで11万円です」と言われたら、代金の10万円と「消費税」の１万円を支払うことでしょう。

ところが、この家具屋はそれほどたくさん家具をつくっておらず、年間の売り上げが９００万円だったとします。

この場合、家具屋は、客から支払われた「消費税」の1万円を税務署には納めず、自分のお金として使えますから、通いつけのスナックの支払いに回してしまってもいいということなのです。

これが免税業者の「益税」であり、事業者にとっては「アメ玉」です。

「消費税」導入当初のこの「免税」は、売り上げが３０００万円以下の事業者に適用されていて、ハードルはその後上がっていますが、現在でも売り上げ１０００万円以下の事業者は免税となっています。

「簡易課税」という消費税のオマケ

「売り上げが１０００万円以下の事業者ならば、客から『消費税』をもらっても、それを国に納めなくていい」ということを知っている人は多いかもしれません。

けれど、１０００万円より多い売り上げがあっても、実は「消費税」を１００％国に納めず、一部をオマケしてもらえる事業者がいることは、あまり知られていないようです。

これが、「簡易課税事業者」です。

事業者は、商品を仕入れる時に「消費税」を払い、売る時に商品に「消費税」を上乗せして売ります。ですから、税務署には、商品を買った人からもらった「消費税」のうち、仕入れに

消費税制度の変遷

導入年	税率	免税点適用上限	簡易課税適用上限	みなし税率	限界控除適用上限	仕入税額控除
1989年	3%	3,000万円	5億円	90%,80%の2段階	6,000万円	帳簿方式
1991年	同上	同上	4億円	90%,80%, 70%,60%の4段階	5,000万円	同上
1997年	5% （地方税1%）	同上	2億円	90%,80%,70%, 60%,50%の5段階	廃止	請求書等保存方法
2004年	同上	1,000万円	5,000万円	同上		同上

平成26年3月の改正で、不動産のみなし税率が50%から40%に下がっています。
※財務省ウェブページより作成

かかった「消費税」を差し引いた税金を納めることになります。

ただ、毎回、売った時にもらった「消費税」から、仕入れで支払った「消費税」を差し引いた税金を税務署に納めるというのは、大変な作業になります。

そこで、売り上げが一定額までの業者は、「簡易課税制度」といって「消費税」を簡単な計算で納めればいいことになっています。

現在は、前々年の課税売上高が5000万円以下の事業者なら、これを使えることになっていますが、当時は5億円以下まで使えました。

たとえば、「消費税」の導入時点で売り上げ4億円の事業者がいたとします。この事業者が、仕入れで1億円かかったとします。

当時は「消費税」が3％でしたから、売り上げの4億円に対して1200万円の「消費税」を税務署に納めなくてはなりませんが、すでに仕入れをする時に1億円に対して300万円の「消費税」を払っているので、税務署に納める「消費税」は1200万円−《マイナス》300万円で、900万円ということになります。

ただ、「簡易課税事業者」は、仕入れで大体これくらいの「消費税」を払っているとみなす「みなし税率」が使えます。この「みなし税率」が80％だとしたら、1200万円×80％で、すでに960万円の消費税が払われていることにできます。そうなると実際に納める税額は1200万円−960万円で240万円ですみます。

厳密に計算すると900万円の「消費税」を支払わなくてはならないのに、「みなし税率」を使えば240万円ですみますから、差額の660万円の「消費税」は支払わなくてもよくなり、そのぶん儲かるということになります。

当時の会計検査院の調査結果を見ると、「簡易課税事業者」の約8割が、この方法で支払う税金を安くしていたとのことでした。

この「簡易課税」の上限については、当初の5億円が、現在では5000万円に下がり、みなし税率もかなり下がっています。「不動産業」については、2014（平成26）年3月の改正で、「みなし税率」が50％から40％に下がりました。

つまり、「消費税」を導入した当初は、税金の〝大盤振る舞い〟で多くの企業が恩恵を受けた「簡易課税」ですが、その恩恵は、どんどん縮小されてきたということです。

事業者の懐に入った2兆円の「消費税」

3％の消費税を導入した1989年の「消費税」の税収は3・3兆円。ところが、この年、「免税事業者」と「簡易課税事業者」の懐に入った益税は、なんと約2兆円と言われています。

つまり、私たちが支払った5・3兆円の「消費税」の約4割が事業者の懐に入っていたというから驚きます。

これだけを見ても、とにかく「消費税」を導入するということに、どれだけ「大蔵省」がなりふり構わなかったのかがわかります。

税率を上げるのと同様に、益税という「アメ玉」を取り上げる試みも、着々と進められてきました。

2004年には、「免税」が売り上げ1000万円以下の事業者となり、「簡易課税」が売り上げ5000万円以下の事業者にまで順次下がりました。

会計検査院が、「免税」となる1000万円以下の事業者と、「簡易課税」となる5000万円以下の事業者について調査したところ、消費税5％時点で、中小事業者の約8割に「益税」があり、その額は約3000億円でした（2010年）。

消費税導入直後の「益税」が約2兆円でしたから、なんとこの「アメ玉」を、3000億円

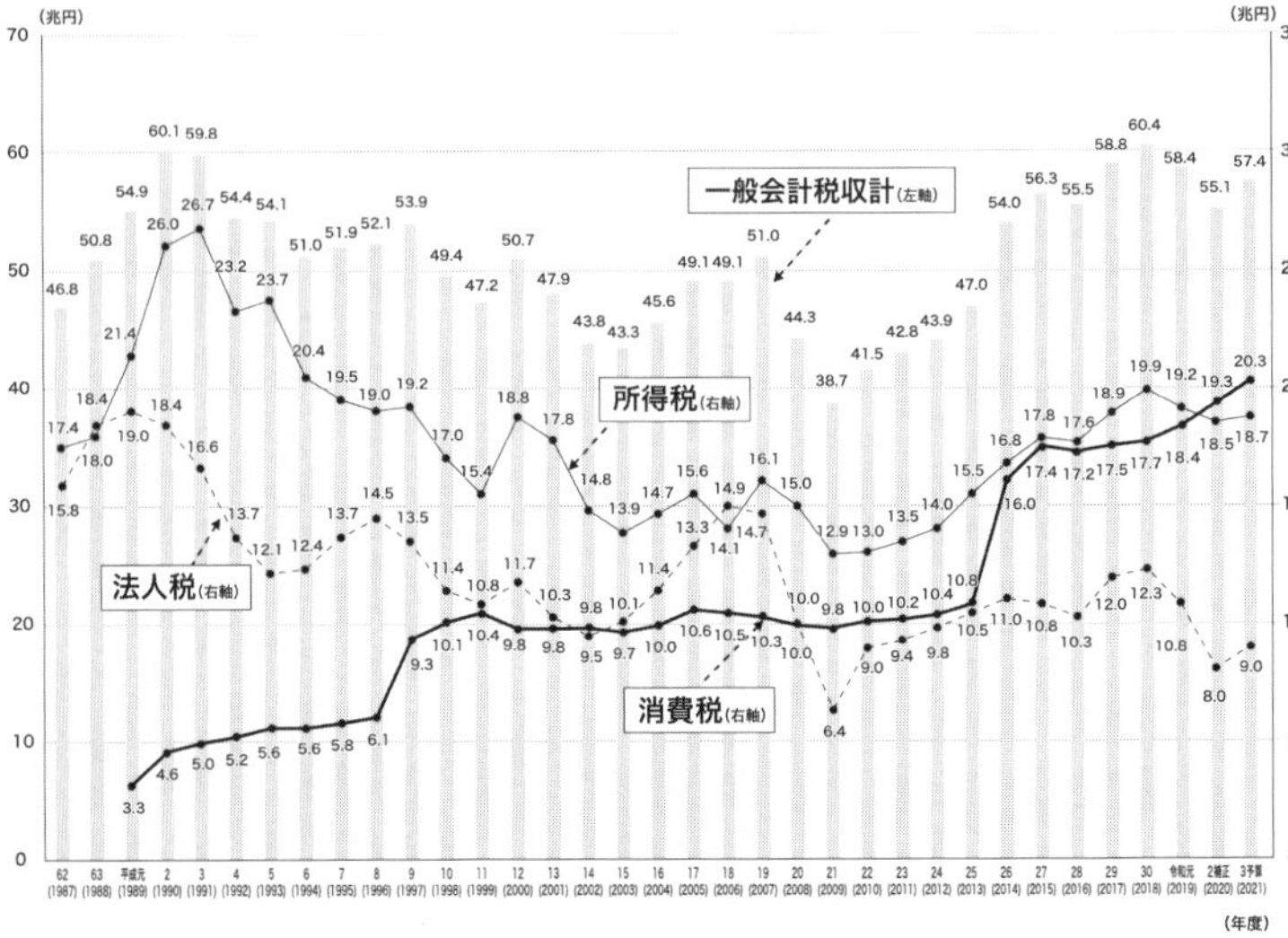

(注)令和元年度以前は決算額、令和２年度は補正予算額、令和３年度は予算額である。

※財務省資料より

まで小さくしたということです。時間をかけて、必死で7分の1にまで削ったのです。

ところが、「消費税」が8％になったことで、実は「益税」も、約3000億円から約5000億円に増えました（会計監査院調べ）。これは当然なことで、税率が上がれば、そのぶん「益税」も増えます。

ただ、この先もずっと「消費税」が上がるたびに「益税」が増えていくのでは、「財務省」としてはたまりません。そこで、何とかこの「益税」を減らせないものかと考えました。

実は、「消費税」が高くなればなるほど、「益税」の問題だけでなく、せめて生活必需品は安くしてほしいという庶民の声が高まり、これに配慮して政治家も「消費税」を上げにくくなります。

そこで出てきたのが、「益税」という「アメ玉」を減らし、しかも消費税の税率を複数にして「生活必需品は税率を安くしますよ」と言いながら、「消費税」をどんどん上げていくことができるウルトラCともいえる、「インボイス方式」でした。

財務省の記録（消費税をめぐる議論「調査と情報」609号）を見ると、消費税が5％だった2008年時点で、早くも「インボイス制度」への切り替えが検討されていたことがわかります。いよいよそれが現実のものとなってきたのです。

「インボイス方式」で、「アメ玉」を取り上げる

安倍内閣で、2度の消費税増税延期という青天の霹靂に見舞われた財務省は、ようやく3度目の正直で、2019年10月に「消費税」を10％に上げることに成功しました。

同時に、消費税に「インボイス方式」を導入するための道筋をつくりました。

「インボイス方式（適格請求書等保存方式）」とは、所定の要件を記録した請求書や納品書を発行、保存する制度で、税務署に申請して「事業者登録番号」をもらった事業者だけが、登録番号をつけた「適格請求書」という請求書を発行できるというもの。仕入れにかかった税金を控除するためには、この「適格請求書」が必要になります。

そして、小規模事業者は、税務署に申請して「事業者登録番号」をもらうと、従来の「見な

し免税」は使えなくなります。

今までも、請求書を発行する時には、消費税額を書き込んだ請求書を発行していましたが、今までのものと大きく違うのは、税率8％と10％のものがあるので、どれが8％でどれが10％かを書かなくてはいけないことと、請求書に「事業者登録番号」を入れなくてはならないことです。

登録番号があると、だれが、どこで、どれだけ消費税を支払ったのかがわかるようになります。

それで何が起こるのか。わかりやすく説明すると、たとえば、会社の接待で、客をスナックに連れていって、飲み食いをしたとします。

この場合、いままでならスナックでお金を払い、その領収書を経理に渡せば、妥当な金額なら経費と認められてお金が出ました。

ところが、このスナックが税務署に申請して、「インボイス制度」の「事業者登録番号」をもらっていないと、請求書にその番号を書けません。登録番号のない領収書を会社の経理に出しても、「この領収書では、使ったお金に消費税が含まれているかどうかがわからず、消費税ぶんを会社が丸かぶりしなくてはならなくなるので、受理できません」と突き返され、「接待するなら登録番号のある店にしてください」と言われてしまうかもしれないのです。

そうなれば、接待費は自腹ということになりますから、二度とそのスナックを仕事では使えなくなり、スナックは客が来なくなって大ダメージを受ける可能性があります。

これはそのまま、親会社と下請け業者の関係にもあてはまります。税務署に申請して「事業者登録番号」をもらわないと、親会社が消費税分を丸かぶりしなくてはならなくなる可能性があるので、取引できないと言われるかもしれないのです。

だからといって、いままであった「免税」が無くなるわけではありません。

ここが、さすがに優秀な「財務官僚」が考えたことだと思うのですが、「免税」はそのままあるのですが、免税事業者だと「事業者登録番号」はもらえないのです。

つまり、今まで「免税」だった業者は、そのまま先細りでもいいから「免税」を使うのか、「免税」という「アメ玉」を手放して「事業者登録番号」をもらい、どことでも取引できる事業者になるのか、二者択一を迫られることになるのです。

零細事業者に、「益税」を手に自滅するか、手放して生き残るかを選ばせる

財務省は、すべての事業者に「インボイス制度」への届け出を義務化しました。

ただし、事業者の混乱に配慮して経過措置をとり、２０２３年までに切り替えればいいことになっています。

困るのは、「登録事業者」になると、今までより煩雑な手続きが増える可能性があること。

いままで、町のパパママ経営の飲食店やフリーランスなどは「免税」だったので、領収書の保存や記録、税計算など、複雑な作業をそれほどしっかりやらなくてもよかった面がありました。

けれど、「登録事業者」になると、これをしっかりやらなくてはならなくなります。

しかも、8％と10％という2種類の税率をそれぞれ計算するのですから大変です。もっと「消費税」が上がって、食料品は8％、衣服は10％、車は13％というように複数税率がさらに増えると、ますます計算が大変になってきます。

そうなると、自分ではとても手が回らず、税理士など専門家に頼まなくてはならない人も出てくるかもしれませんが、こうした経費の出費で、利益が上がらなくなる可能性もあります。

さらに深刻なことに、実は「免税事業者」なのに、「益税」を手にしていない事業者もいるのです。

ここまでは、ややこしい「消費税」の話をスンナリ理解してもらうために、「益税」という、本来ならば客から預かった「消費税」を、自分の懐に合法的に入れてしまう方法があることを、シンプルに伝えてきました。

けれど実際には、平成30年のあいだに続いたデフレ経済の中では、物事はもっと複雑になっています。

「益税」でも儲かっていない可能性がある零細事業者

平成のデフレ経済の中で、価格競争が激化し、零細事業者は、常に親会社からの値下げ圧力にさらされ、利益を失って、ぎりぎりのところで生きてきました。

私も、そういう事業者を何社も取材したことがありますが、下にいけばいくほど、「あんたのところは消費税で優遇されているのだから、そのぶん価格は安くしろ」という暗黙の値下げ圧力がかけられていました。

こうした状況に対して、公正取引委員会も相談窓口を設け、消費税の価格転嫁をしたと訴えがあった企業に対しては、勧告および指導をしていますが、訴えた途端に取引を切られるということもあり、不利益の原状回復ができた事業者は、毎年3万名程度にとどまっているというのが現状です。

結果、取引先からの値下げ圧力で、「消費税」で手にする「益税」などは吹っ飛んで、泣く泣く値下げに応じているという事業者も少なくはありません。

こうした事業者が「インボイス方式」を導入し、現状のまま「免税」を手放さなくてはならなくなると、そのぶん経営は苦しくなります。かといって、「免税」を手放さないと、「事業者登録番号」がもらえないので、親会社との取引そのものができなくなってしまう可能性があります。

こうした状況に追い打ちをかけるように、外形標準課税の中小企業への適用も、いま検討の俎上《そじょう》に上がっています。

もともと事業者は、儲かったら税金を納めるという、儲けを基準とした納税をしてきましたが、不況が長引く中で、儲かっていなくても一定の規模の法人からは税金を取ろうということで、２００３年の税制改正で、04年からの「外形標準課税」の導入が決定しました。

対象は、資本金が１億円を超える法人ですが、これをもっと資本金が少ない中小企業にまで拡大していこうということを、政府は考えているようです。

「外形標準課税」は、所得だけでなく、付加価値と資本金にも課税されるので、赤字の企業でも税金を支払わなくてはならなくなる可能性があります。賃金、賃料、利子についても課税されるので、中小企業にとっては脅威です。

仮に、こうした税金が中小企業にまで拡大されると、その下で働く零細な下請け企業は、ますます上からの値下げ圧力にさらされることになりかねません。

「消費税」の「益税」がなくなるだけでなく、さらに値下げ圧力が強まれば、零細企業の経営は息の根を止められるかもしれません。

インボイスという「伝家の宝刀」で、消費税を上げていく？

「国家百年の計」という言葉がありますが、「消費税」が生まれて、大きくなっていく過程を見ると、まさに「財務省30年の計」という気がします。

平成元年に導入された「消費税」は、財務省が小さく産んで大きく育て、最終的にはまるまると太らせ、日本で最も大きな税金となりました。

導入に際してばら撒いた「アメ玉」である「益税」という「欠陥」も、平成の30年間を経て見事に「インボイス方式」によって消されつつあります。

財務省は、これで「益税」という「消費税」の欠陥を取り除くだけでなく、「複数税率」が可能になったことで、さらなる「消費税」の引き上げを可能にしました。

たぶん、消費税15％と言われたら、「冗談じゃない」という人も、「15％になるのは、庶民生活に関係ない贅沢《ぜいたく》品ばかりで、皆さんが毎日食べる食料品は今よりも安い5％になります。また、日用品は10％のままで据え置きになりますよ」と言われたら、考える余地あり、ということになるのではないでしょうか。

「インボイス方式」が導入されれば、そうやって、トータルで増税になるようにじわじわと税率を変えていくということが可能になります。

消費税が10％に上がった時に、食料と新聞だけが8％の据え置きになりました。電気やガスや水道といった生活インフラが10％になるのに、新聞だけが8％なのはおかしいという意見があり、これは、新聞への「口封じ」ではないかとも言われました。

もし、複数税率になると、こうした政治的手法も、より細やかに使えるでしょう。

なんとしてでも消費税を導入させるために、中小零細企業に「益税」をバラ撒き、10％になったところで、平成30年間の消費税の汚点でもあった「益税」という「アメ玉」を取り上げ、「インボイス方式」という鞭《むち》を振るう。

ここにきてやっと、中小零細事業者は、「財務省に、騙された」と思うのでしょうが、地団駄を踏んでも、すべては後の祭りということになりそうです。

明暗分けた、輸出事業者と医療従事者

「輸出戻し税」で、大企業が潤う？

「インボイス方式」の導入で、事業者の「免税」は無くなる方向にありますが、「インボイス方式」を導入しても、あまり変わらない「免税」もあります。

それは、輸出事業者や医療従事者など、非課税事業者の「免税」です。

なぜなら、輸出事業者や医療従事者は、消費税を国に納めなくてもいいことになっているからです。

ところが、「消費税」が上がっていく中で、同じ免税事業者でありながら、輸出事業者と医療従事者は、明暗が分かれました。

輸出事業者の中には「還付金」で潤うところがあるいっぽう、医療従事者は、「消費税」が「益税」どころか、「損税」になっているところがたくさんあるからです。

輸出事業者の「消費税」が、なぜ「免税」になっているのかといえば、世界各国で税金への対応がバラバラだからです。

たとえば、アメリカ合衆国には、日本の「消費税」のような税金はありません。州ごとには、日本の「消費税」に該当するような税金を取っているところもありますが、合衆国全体では「消費税」のような税金は導入されていないのです。

その一方で、社会保障に力を入れている欧州では、「消費税（付加価値税）」が高いところが多く、ハンガリーなどはなんと27％です。

国によって「消費税」に対する対応がバラバラなので、国内で消費税をかけると、さらに輸出した先で高い税金がかかることになりかねません。そこで、輸出品については「消費税」をかけないというのが、国際的なルールになっています。

ですから、輸出事業者は「消費税」が「免税」で、しかも、輸出に至るまでに払ってきた消費税を、「還付金」というかたちで返してもらいます。


一方、医療従事者の場合、保険診療が多いのですが、保険診療に「消費税の概念はなじまない」という理由で、非課税になっています。

ですから、みなさんが医療機関に国の保険で診療してもらった時には、診療代金に消費税は上乗せされていません。

しかし、保険診療は非課税ですが、診療するための機械から白衣のクリーニング代まで、医療機関はさまざまなものを「消費税」を支払って購入しています。つまり、仕入れには「消費税」を払うのに、患者からは「消費税」をもらえないので、そのぶん自腹を切らなくてはいけないということです。

これを、医療機関では「損税」と呼んでいます。


輸出事業者は「還付金」をもらうのに、医療従事者の中には「損税」での負担を余儀なくされているところがあるということで、「消費税」が上がれば上がるほど、その落差はくっきり分かれていくことになりそうです。

《消費税収支がマイナスの税務署》（2011年度、国税分）（億円）

税務署名	納税額①	還付税額②	既往年分の税額③	合計　税額（①＋②＋③）	主な輸出大企業
愛知県　豊田	266.7	1,360.1	0.7	▲1,092.8	トヨタ自動車本社や関連会社
神奈川県　神奈川	463.9	914.1	0.9	▲449.2	日産自動車本社
広島県　海田	88.7	356.6	0.4	▲267.5	マツダ本社
大阪府　阿倍野	86.5	227.0	2.1	▲138.4	シャープ本社
愛媛県　今治	116.3	213.3	0.8	▲96.2	造船などの輸出企業
福岡県　直方	39.1	98.4	0.3	▲59.0	トヨタ自動車九州
京都府　右京	161.7	190.0	0.4	▲27.9	村田製作所本社
徳島県　阿南	26.3	48.2	0.7	▲21.2	日亜化学工業本社など
大阪府　門真	296.9	322.1	4.4	▲20.8	パナソニック本社
東京都　蒲田	377.5	398.1	0.3	▲20.3	キヤノン本社

※各国税局統計情報から日本共産党佐々木憲昭衆院議員事務所が作成

そこでここでは、まず、輸入事業者の「消費税」から見てみましょう。

「輸出還付金」で赤字税務署が続出！

「税務署が赤字になる！」などと聞いたら、ほとんどの人が、「そんなことはあり得ないだろう」と思うのではないでしょうか。

なぜなら、税務署というのは税金を徴収するところで、税金を配るところではないからです。

けれど、実際には、赤字の税務署がたくさんあります。

上の表は、ちょっと古い資料ですが、２０１４年に日本共産党の佐々木憲昭衆議院議員（当時）が国会で要求し、国税庁が出してきた赤字税務署のリストです。

なぜ、税務署が赤字になるのかといえば、集めた「消費税」の税額以上に、輸出事業者に「消費税」を還付しなくてはならないからです。

2018年度の「消費税」は、国内取引が17兆6809億円の税収で、輸入消費税が5・2兆円あり、輸出にかかる還付金が5・2兆円ありました。(https://www.mof.go.jp/public_relations/finance/201909/201909f.html 参考)

つまり、消費税として集めた税金の約3割が、「輸出還付金」として輸出事業者に戻されているということです。

輸出還付金をもらっている主な企業(2018年度)

トヨタ:3683億円
日産:1587億円
ホンダ:1565億円
マツダ:790億円
新日鐵住金(現・日本製鉄):750億円
三菱自動車:683億円
スバル:507億円
村田製作所:494億円
キヤノン:482億円
シャープ:381億円
パナソニック:313億円
日立製作所:248億円
スズキ:160億円

3割というのは驚くべき数字ですが、「輸出還付金」がたくさん戻されている業者のトップ13を見ると、圧倒的に多いのがトヨタをはじめとする大手企業です。

輸出事業者が「免税」と聞くと、単に、税金を納めなくてもいいだけかと思いがちですが、そうではありません。納めなくていいだけでなく、それまで納めた「消費税」を、「還付金」として戻してもらいます。

なぜ、「還付金」が発生するのかといえば、たとえば自動車を輸出する場合、部品やパーツをつくる多数の下請けがありますが、これを単純にA社として、最終的に車を輸出する企業をB社としましょう。

この場合、「消費税」は、A社がB社に部品を納める時に税務署に納められます。最終的に輸出するのはB社ですが、輸出事業者は「免税」なので、B社は「消費税」を納める必要がありません。納める必要がないだけでなく、A社が税務署に支払った「消費税」も、まとめて税務署から返してもらいます。

その結果、トヨタ自動車をはじめとして、輸出関連の大きな会社のお膝元にある税務署は、多額の消費税を「輸出還付金」として企業に払わなくてはならなくなって、軒並み赤字になっているということです。

「税務署が赤字になるなんて、信じられない」という人のために、消費税が還付される仕組みを、もう少し丁寧に見てみましょう。

わかっている方は、ここは飛ばし読みをしてしまってもいいです。

各社で払った「消費税」を、最終的に輸出する会社が全部もらう仕組み

海外に輸出する製品については、「消費税」はかかりません。ですから、輸出事業者は「消費税」を納めなくてもいい「免税事業者」です。

ところが、その製品を作るために、国内で材料を買ったり部品を買ったりするときには、「消費税」がかかります。物を売り買いしたらそのたびに「消費税」は支払わなくてはいけないことになっている税金だからです。

例えば、車などは、材料を仕入れて部品をつくり、その部品を組み立ててパーツをつくり、国内で多くの業者がつくったものを最終的に自動車会社が自動車として組み立てて、製品として海外に輸出します。

この場合、海外に輸出する自動車会社は「免税」なので、当然ながら税務署に「消費税」を支払う必要はありません。

免税の輸出事業者に、消費税が還付される仕組み

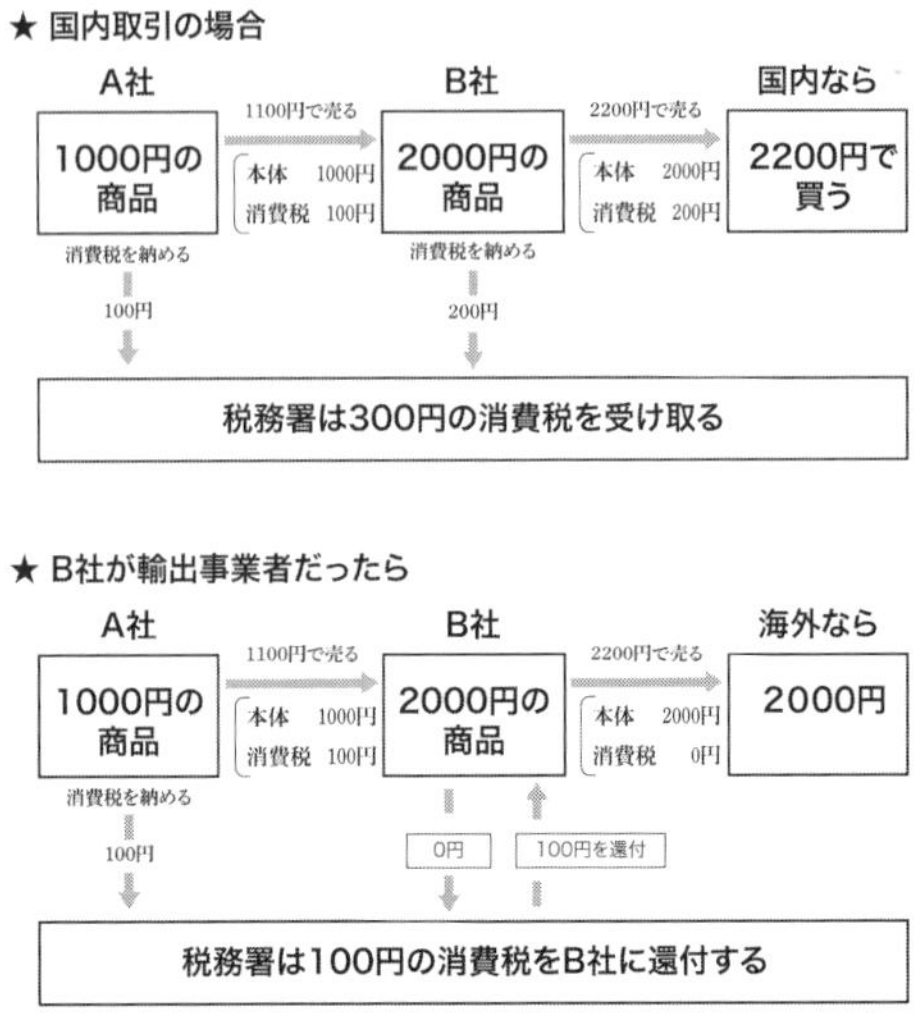

ただ、自動車がつくられて輸出されるまでの過程で、多くの下請け業者が取引のたびに「消費税」を支払っています。

こうして支払われてきた「消費税」は、最後に輸出した企業にすべて返されます。

なぜなら、最後に消費税を支払う輸出事業者が、これまで各段階で支払われてきた消費税を、すべて負担していることになっているからです。

たとえば、A社が1000円の商品をB社に売って、10％の「消費税」を税務署に納めたとします。これを買ったB社は、1000円と消費税の100円をA社に支払っています。この100円は、すでに税務署に納められているので、「免税事業者」で消費税を払わなくてもいいB社は、税務署に「消費税」を払わなくてもいいだけでなく、A社が税務署に支払った「消費税」も、税務署から返してもらいます。

これが輸出事業者の「還付金」です。

ただ、理論上はそうですが、理論だけでは片付かない現実もあります。

「下請け叩き」で、「消費税」が多くもらえる!?

105ページでも指摘したように、長引く「平成デフレ」で価格競争は激化し、中小零細事業者の中には、暗黙の値下げ圧力によって、「消費税」を商品価格に転嫁できないまま、泣く泣く自腹を切って「消費税」を払っているところもあります。

中小企業庁の「消費税の転嫁状況に関するモニタリング調査」（２０１７年12月調査）を見ると、事業者間取引では88・３％が『消費税』をすべて転嫁できている」と答えています。ただ、逆にいうと約１割にあたる11・７％は、転嫁できていないのです。

転嫁できない理由で一番多いのは、「納品価格が上がると、他社に取引を奪われてしまう恐れがあるから」ということでした。

そもそも、「消費税」を価格転嫁しない行為は、消費税転嫁対策特別措置法の３条で禁じられている違法行為なのに、それにもかかわらず、１割以上の企業が価格転嫁できていないことに驚きます。

しかも、価格転嫁できているという業者でも、３割が、転嫁できた理由を「消費税転嫁対策特別措置法で消費税転嫁拒否行為が禁止されているため」と答えています。

法律で価格転嫁しなくてはいけないことになっているので、請求書には「消費税10％」と書いている事業者が多いですが、そもそも競争が激化する中で、製品の価格を下げて赤字で納品しているところもあります。

こうしたところは、「消費税」は転嫁できても、そもそもの本業で儲かっていないので、実質的には「消費税」で自腹を切っているのと同じことになっているようです。

日本のＧＤＰ（国内総生産）を見ると、平成30年のあいだはほとんど上がることはありませんでした。日本は、戦後の主要国の中では、初めてとも言える長期のデフレに突入してしまったからです。

　デフレの中では、少しでも価格を下げないとモノが売れない激しい価格競争が起きますから、その中で生き残るためには、仕入れを安く買い叩《たた》く〝下請け叩き〟は日常茶飯事で起きています。

名目 GDP の推移

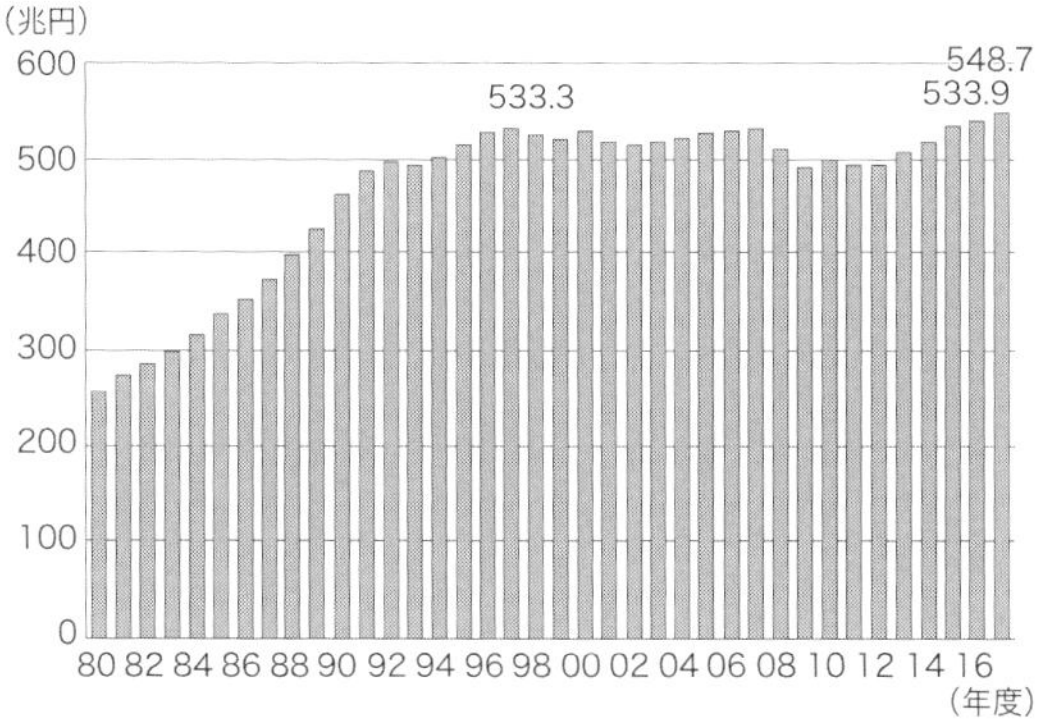

※ 内閣府「国民経済計算」より

　これに対しては、公正取引委員会も目を光らせていますが、公正取引委員会などに訴え出る人は年間約3万名程度（105ページ参照）。

　こうした現状を見ると、「輸出還付金」というのは、理屈としては、これで企業が儲けているわけではないのですが、実態としては、輸出する企業が力の強い大手であれば、こうした企業の第2の財布になっている可能性も否めません。

　実は、この日本の「消費税」の仕組みを、アメリカのドナルド・トランプが大統領だった時に、輸出補助金だとして非難していました。

トランプが目の敵にした、「消費税」の「輸出還付金」

また、トランプ大統領の時代に、「メキシコに壁をつくる」と言って大騒ぎしたことがありました。

これは、メキシコからの移民がアメリカにたくさんやってくるので、こうした人たちがアメリカ人の職を奪っているのはけしからんという理屈ですが、その報復として、壁をつくるだけでなく、メキシコからの輸入品に対して多額の関税をかけると脅しました。

なぜ、メキシコから輸入するものに多額の関税をかけるのかといえば、トランプ大統領の理屈はこうです。

アメリカ合衆国には、日本の「消費税」にあたる税金がありません。州ごとには一般売上税(General Sales Tax)や個別消費税(Excise Tax)をかけているところもありますが、アメリカ合衆国としては、「消費税」にあたるものはないのです。

日本では財務省が、「北欧の付加価値税(消費税)は20%以上」と大宣伝をしていて、あたかも先進国では高い「消費税」が当たり前のように日本人を洗脳していますが、日本にとって、中国の次に取引が多いアメリカ合衆国には、「消費税」はありません。

アメリカでも、「消費税」を徴収しようという法案はたびたび提出されています。

けれど、常に却下されるのは、「逆進性が強いこうした税金は、自由な競争を阻害する」という理由からです。

ですから、アメリカ合衆国に「消費税」はないのですが、メキシコには、日本の「消費税」にあたる16％の付加価値税があります。

トランプ大統領は、このメキシコの16％の付加価値税を、メキシコ政府による輸出事業者へのリベートだと言っています。アメリカの製品がメキシコに入るときには、16％もの付加価値税をかけて、アメリカ製品を売りにくくしているのに、メキシコからアメリカに製品を輸出するときには、16％の税金をゼロにし、有利に売れるようにしている。これは、メキシコ政府が輸出事業者に、「輸出還付金」というリベート（販売奨励金）を出しているのと同じだというのです。

そこで、この貿易の不平等に対抗するために、アメリカは「国境税（国境調整税）」を導入するとぶち上げました。

日本の「消費税」も、構造的にはメキシコの「付加価値税」と同じなので、もしトランプ政権が続いていたら、日本政府が輸出事業者に戻している「輸出還付金」もリベートとみなされて、「国境税」をかけられていたかもしれません。

ですから、アメリカ大統領選挙は、バイデンが大統領になって、政府としても一安心というところでしょう。

ちなみに、「消費税（付加価値税）」の本家本元であるＥＵでも、ＥＵ委員会が、「輸出還付制度」の見直しを検討しています。

ＥＵにも、日本と同じような「輸出還付制度」がありますが、実は、この制度を使った不正還付が跡を絶たず、毎年多額の歳入漏れが出ているからです。

しかも、不正に還付を受けた企業のお金が国際的なテロ組織に流れているというような話もあって、ＥＵ委員会では、２０１７年4月に、「輸出還付制度」の見直しが提案されました。これに従い、22年中には、「輸出還付制度」を廃止することも視野に入れた検討が進められています。

ただ、日本では、輸出企業は政府の大スポンサーなので、「輸出還付制度」については、なくなることはないでしょう。

病院の経営赤字に追い打ちをかける「消費税増税」

輸出事業者が、輸出商品の「免税」に加え多額の「還付金」をもらっているのとは対照的に、日本の医療機関では、支払った「消費税」を取り戻せないという事態が起きています。

前述のように、日本では、社会保険診療は非課税になっています。

患者から「消費税」をもらわないのですから、医療機関は、税務署に「消費税」を納める必要もありません。

ここまでは、損も得もない話なのですが、困るのは、医療機関の場合、施設を建設すれば建設業者に「消費税」を支払わなければならないし、医療機器を買えば医療機器会社に「消費税」を支払わなくてはなりません。そればかりか、病院で入院患者に食事を出せば、食材にも「消費税」を払わなくてはなりません。売店の商品、医薬品、マスクなど、業者から購入したものにはすべて「消費税」を支払わなくてはならないのです。

この病院経営で支払った「消費税」が、輸出事業者のように税務署から還付されれば問題はないのですが、「輸出免税事業者」なら還付される「消費税」が、医療機関には還付されません。

つまり、客である患者からは「消費税」をもらうことができないのに、納入業社などには請求される「消費税」を払わなくてはならないので、「消費税」については、病院が自腹を切るということになります。

こうした状況を緩和するために、「消費税」対応の「特別の診療報酬プラス改定」が行われていますが、医療機関ごとに算定内容が異なることから、補填不足が生じています。そこで、「消費税」の10％への引き上げ時点で、病院の種類別の補填などが行われましたが、それでも解消できない面が出ているので、日本医師会や病院団体などは、抜本的な見直しを求めています。

消費税収と法人3税の減収額　（単位：兆円）

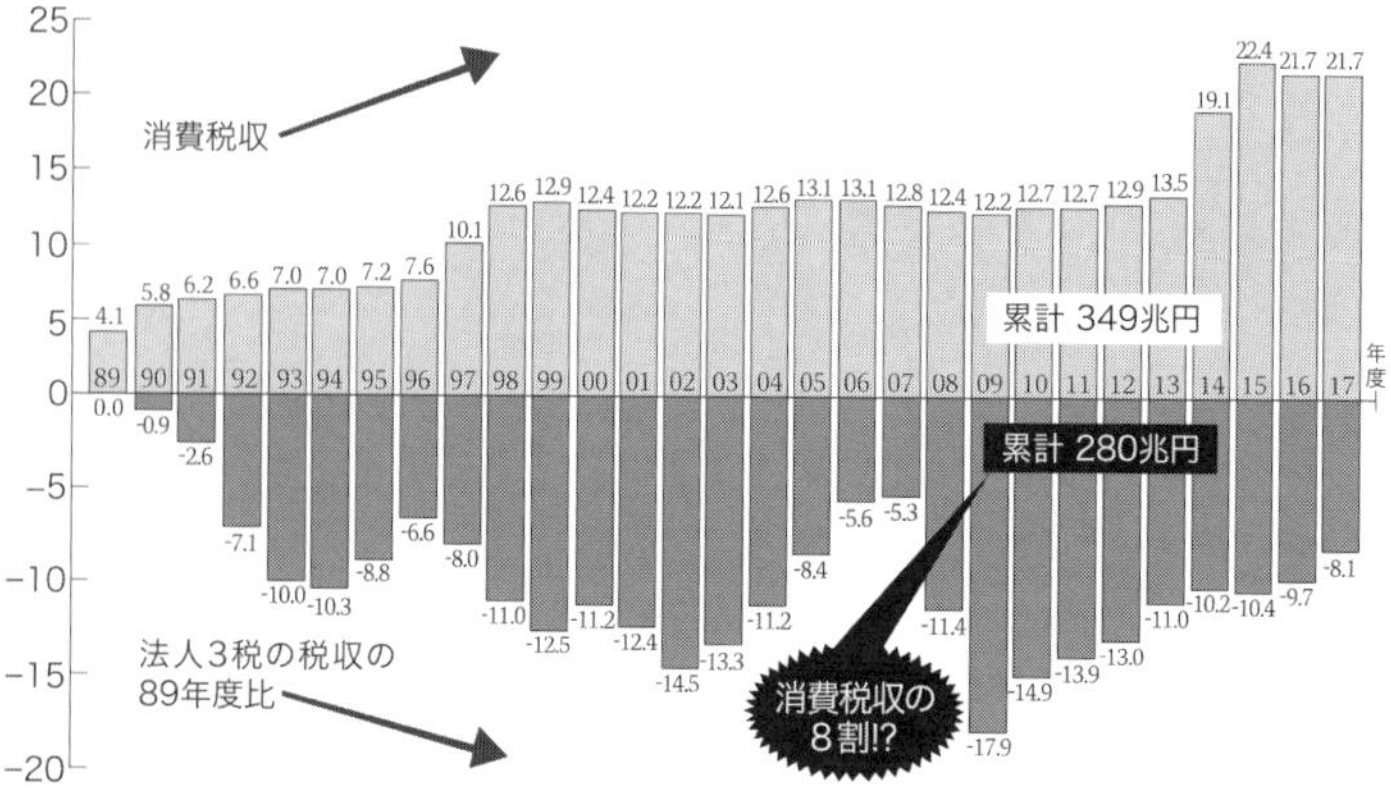

※ 財務省・総務省公表データにより計算した数字を「消費税廃止各界連絡会」が作成

すでに、２０２０年の新型コロナ禍で、来院者が急速に減り、倒産する病院も出てきています。病院経営にとってマイナスとなる消費税の「損税」については、早急な見直しが求められます。

「平成」の格差を増長した「消費税」

「平成元年」に導入された「消費税」は、消費者の税負担を増やしただけでなく、最終的には中小零細企業の「益税」も大きく削られ、庶民に厳しい税金となりました。

けれど、その一方で、大企業には、「平成」の30年の間、大きな恩恵を与えてきたと言っても過言ではないでしょう。

上は、消費税が導入されて以降、２０１７年

日本の法人税の推移

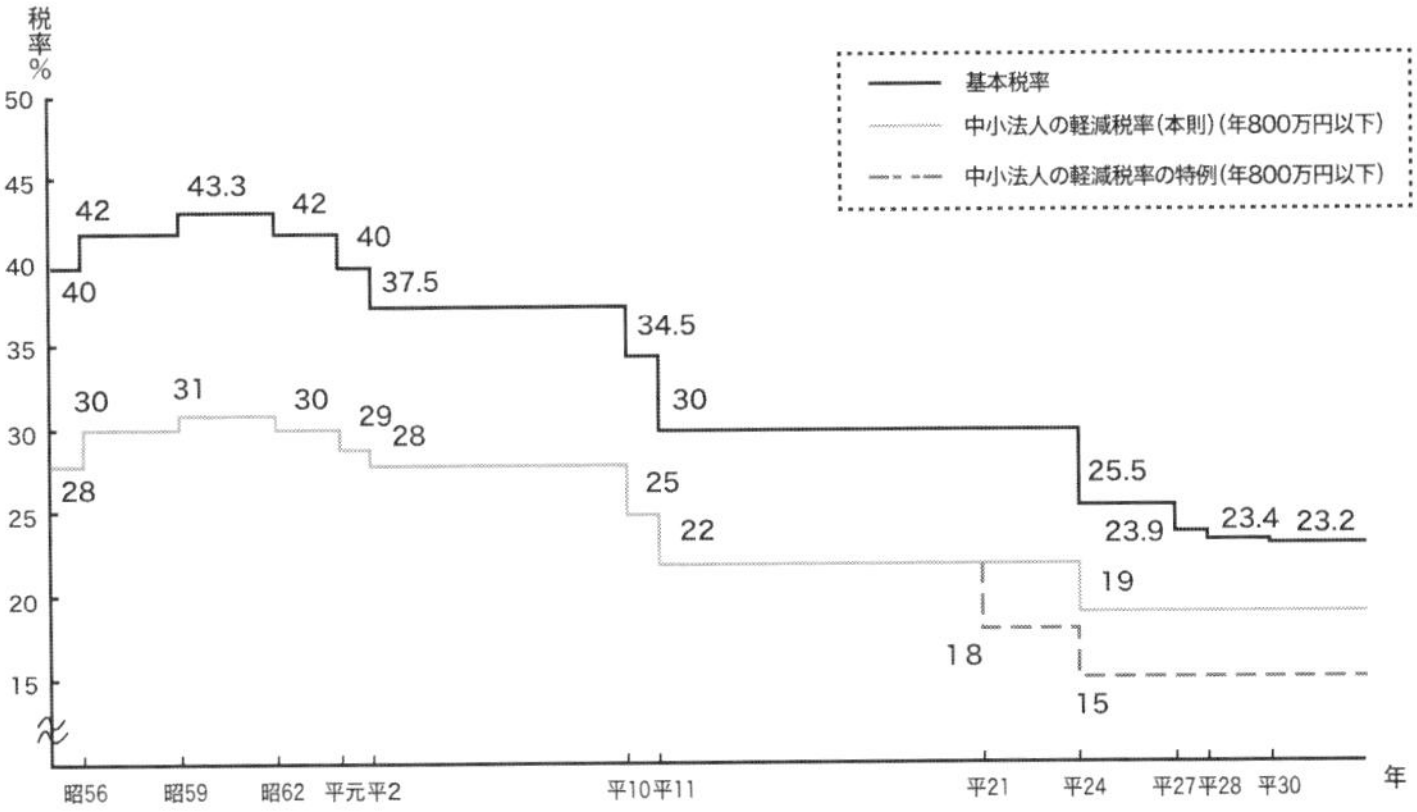

※財務省「法人課税に関する基本的な資料」より

度までの29年間で、どれだけ「消費税」で税収が増え、どれだけ「法人税」の税収が減ったかを、ひとつのグラフにしたものです。

「消費税」は29年間で、累計で349兆円の税収になっています。一方、「法人税」、「法人住民税」、「法人事業税」の法人3税は、その間に累積で280兆円も税収が減っています。

「法人税」の税収が減った背景には、不況で税金が払えなくなったということもありますが、減税も大きく影響しています。基本税率は、1989（平成元）年には40％でしたが、その後7回にわたって減税され、2018（平成30）年には、半分近い23・2％となっています。

政府は、「消費税は社会保障にしか使いません」と言ってきました。

けれど、本章の冒頭でも説明したように、支払われた「消費税」の8割は、国の借金の穴埋めなどに使われてきました。

ただ、実のところは、国の借金の穴埋めに使われているのかどうかもわかりません。「消費税」は、他で集められた税金と一緒に、「一般会計」という1つのバケツに入れられ、そこから使われていきます。税金には色がないので、このバケツに他の税金と一緒に入れられてしまうと、何に使われているのかはわからなくなってしまうのです。

ただ、こうやって、減税され続けた「法人税」と、増税され続けてきた「消費税」を、1つの表にしてみれば、「一般会計」というバケツの中で、「法人税」は減って「消費税」は増えたので、「消費税」が「法人税」の穴埋めに使われた可能性は十分にあります。

繰り返しになりますが、「法人税」は平成に入ってから、7回の減税を行いました。

なぜ、こんなにたびたび減税したのかといえば、「日本の法人税は諸外国に比べて高いので、企業の国際競争力の阻害要因になっている」と言われているからです。

安倍政権下では、法人税の引き下げが3回行われ、消費税の引き上げが2回行われています。

「法人税」を下げることで、欧米並みに国際競争力が上がると言われたのですが、はたしてその成果は出たのでしょうか？

もし、「法人税」を下げたことで日本の国際競争力が上がったというなら、もっと下げれば、もっと国際競争力は上がるのでしょうか？

「法人税」を減税しても、国際競争力は下がるばかり

「国際競争力」を比較する上でよく引き合いに出されるのが、毎年、スイスのビジネススクールIMD（International Institute for Management Development 国際経営開発研究所）が、国ごとの競争力を数値化し、「世界競争力ランキング」として公表している左のような表です。

この表を見ると、ベスト10には日本の名前はありません。なぜなら、2020年のランキングでは、日本はベスト10からはるか下の34位だからです。

IMD世界競争力ランキング2020

1. シンガポール
2. デンマーク
3. スイス
4. オランダ
5. 香港
6. スウェーデン
7. ノルウェー
8. カナダ
9. アラブ首長国連邦（UAE）
10. 米国

IMDは、このデータを1989（平成元）年から公表しています。

89年のランキングを見ると、今では信じられないでしょうが、なんと国際競争力のある国の1位は、日本でした。

つまり、このランキングだけを見れば、「平成元年」には世界で最も国際競争力があった日本が、30年の間に34位にまで転落してしまったということです。

その間に、国際競争力を上げるために「法人税」の税率は7回も引き下げられ、当初の40％から半分近い23・2％になっているにもかかわらず、です。

このデータを見ると、日本の企業の国際競

争力が失われている原因は、「法人税」が高いせいだけではなく、もっと別のところにあるのではないかという気がします。

ちなみに、「法人税」は、1位のシンガポールが17％、2位のデンマークは22％、3位のスイスの8・5％（連邦法人税）、4位のオランダは25％。

つまり、日本の法人税は、4位のオランダより低い23・2％にもかかわらず、国際競争力はオランダのほうがはるかに上ということなのです。

ここから見ても、「法人税を下げれば、国際競争力が上がる」とは、簡単には言い切れないのではないかと思います。

富める人は、より豊かになり、格差が広がった平成時代

「平成時代」には、節税のために、誰でも会社をつくれるようになりました。

小泉政権下で、2005（平成17）年に会社法が成立し、翌年からは資本金が1円でも会社をつくれるようになりました。

それまでは、株式会社は最低でも1000万円の資本金、有限会社は300万円の資本金が必要でしたから、気軽に会社がつくれるようになったということです。

これによって会社の数も増え、国税庁の調べでは、平成元（1989）年の会社数は196万

社でしたが、会社法が施行された06年の翌07年には、２４０万社、令和元（２０１９）年には２７４万社になっています。

ここで増えたのが、節税目当ての幽霊会社（ペーパーカンパニー）だと言われています。

個人でも、収入が多いと、税理士から「会社組織にしませんか？」と勧められます。会社組織にすれば、給料や役員報酬、退職金などで節税できるほか、欠損金の繰越控除、保険の活用などでも節税でき、それこそ年間売上１０００万円以下なら、消費税の「免除」も受けられる可能性があるからです。

現在、日本の会社の3社に2社が赤字企業で、会社法で簡単に会社がつくれるようになった２００６年以降、私の周囲でも、節税のために会社をつくったという人がたくさんいました。中には、３つも４つも会社を持っていて、その中で、お金を回して節税しているという人もいます。

ちなみに、私は、いままで事務所を会社組織にしたことはありません。

その一方で、会社で働く個人の給料はどうだったのかといえば、「毎月勤労統計調査」の現金給与を見ると、平成元年には約４２８万円でしたが、令和元年には約３８７万円と下がっています。

その間、消費税は3度も上がったのですから、庶民生活はますます厳しくなり、みんなが物

内部留保（利益剰余金）の推移

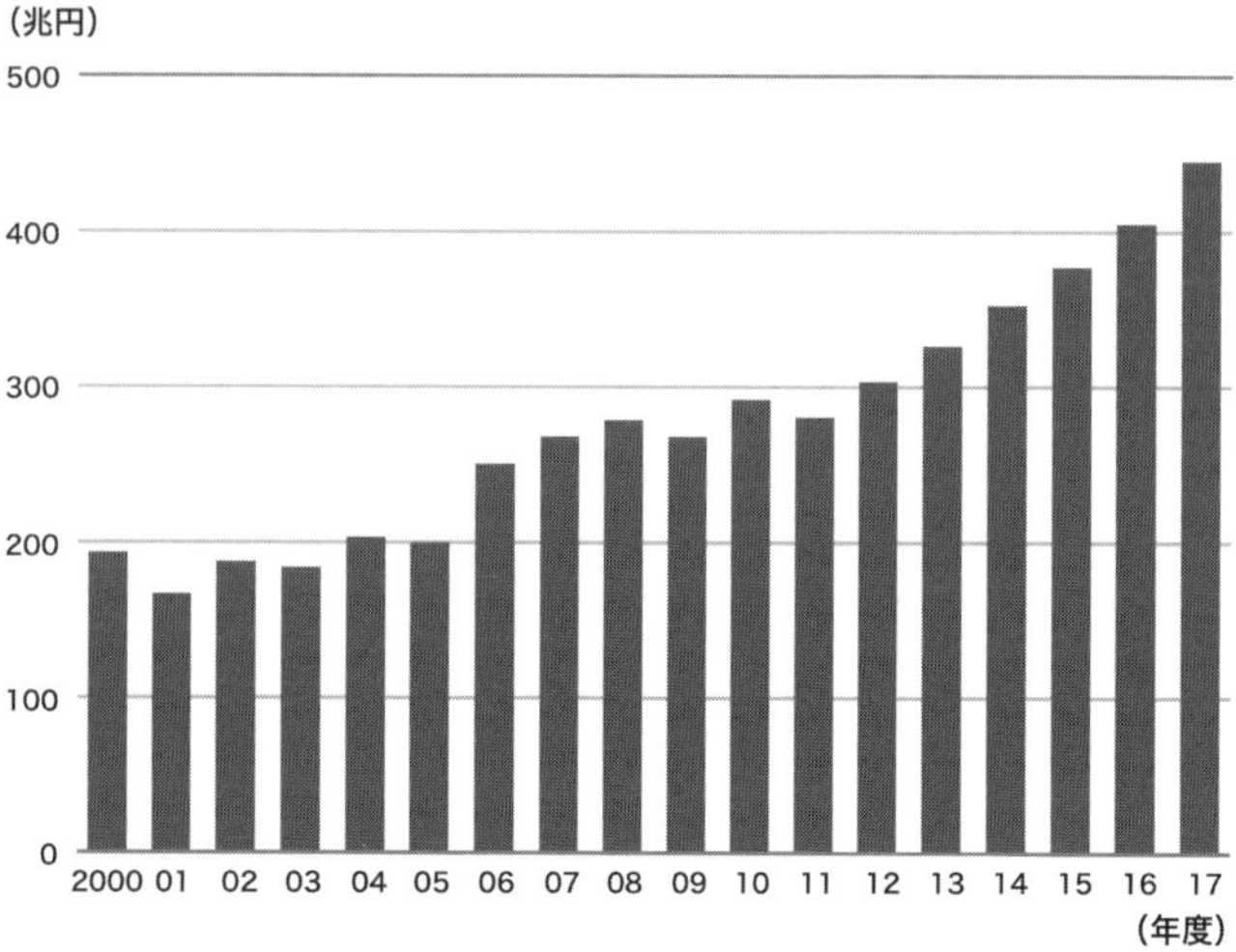

※「法人企業統計」を基にnippon.com編集部が作成

を買わなくなったので、ついにデフレを脱却することができませんでした。

「平成時代」、金持ちは節税でさらに金持ちになりましたが、一般の人たちの収入は、決して良くなってはいませんでした。

平成で起きたのは、「トリクルダウン」ではなく「富の吸い上げ」

「平成」の長期政権と言えば、小泉政権と安倍政権ですが、小泉政権も安倍政権も、目指したのは新自由主義の「小さな政府」でした。

そして、政策的には、金持ちや企業が潤うと、企業の収益が上がり、これが賃金のアップにつながって庶民にも回り、みんなが潤っていくという「トリクルダウン（trickle-down effect）」でした。
富めるものがより豊かになると、そのおこぼれが庶民にも回ってみんなが潤う。この「トリクルダウン」という言葉は一世を風靡《ふうび》し、安倍政権時代、2014年に新語・流行語大賞にもノミネートされています。

小泉政権や安倍政権の「トリクルダウン政策」は、小泉純一郎内閣の大臣であった竹中平蔵氏（現・パソナグループ会長）が中心となって強力に推し進め、さらに安倍内閣でもこの方法を踏襲してきました。竹中氏は、安倍政権のブレーンでもあり、2014年の田原総一朗氏との対談本『ちょっと待って！ 竹中先生、アベノミクスは本当に間違ってませんね？』（ワニブックス）で、「企業が収益を上げ、日本の経済が上向きになったら、必ず、庶民にも恩恵が来ますよ」と述べています。
2001年に発足した小泉内閣は、この竹中氏が経済財政政策担当大臣となり、「ジャンボジェット機は、前輪が上がれば後輪がついてくる」というトリクルダウン理論のもと、金持ちが儲かれば、その恩恵が貧困層にも行き渡って貧困層が底上げされる、という政策を打ち出しました。

ただ、結果としては、金持ちと企業は儲かりましたが、庶民には、十分な雫《しずく》が滴《したた》り落ちてきませんでした。企業の内部留保（利益余剰金）を見ると右肩上がりに上がっていて、1989（平成元）年には100兆円ほどだったのが、小泉内閣の2004年に200兆円になり、安倍政権がスタートした12年には約３００兆円となって、19年度には４７５兆円と、なんと平成の間に１００兆円が、約5倍に伸びています。

労働分配率の推移

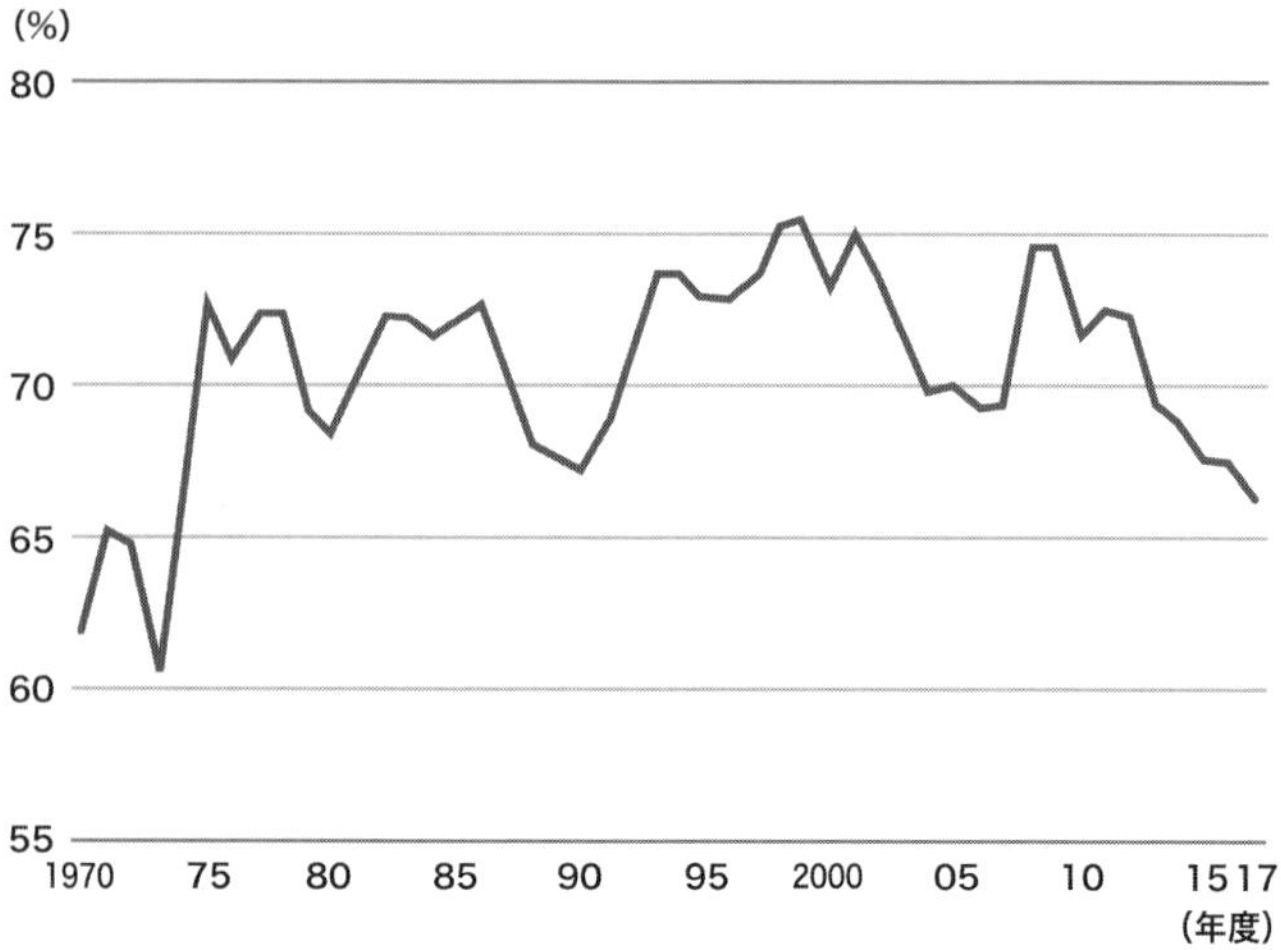

※「法人企業統計」のデータを基にnippon.com編集部が作成

その一方で、働く人に還元される労働分配率を見ると、平成になってそれほど上がっていないどころか、安倍政権の２０１２年度以降は、右肩下がりに下がっています。

以前、あるテレビ番組で竹中氏とご一緒した時に、「竹中さんは、ジャンボジェット機は前輪が上がれば後輪がついてくるとおっしゃいましたが、小泉政権が飛ばしたのは、ジャンボジェット機ではなく打ち上げロケットで、コックピットだけは高く上がり、ほかは推進力に使われて下に落ちてしまったのではないですか」と聞きました。

　すると、竹中氏は、とても嫌な顔をされ、そうではないという持論を滔々《とうとう》と述べられ、この人は、心底から「トリクルダウン」を信じているのだなと思いました。
　ですから、２０１６年に、テレビ朝日の「朝から生テレビ！」に出演した竹中氏が、笑いながら「トリクルダウンなんてありえない」と発言した時には、びっくり仰天しました。

常用労働者1人平均月間現金給与額　1947年〜2019年 年平均

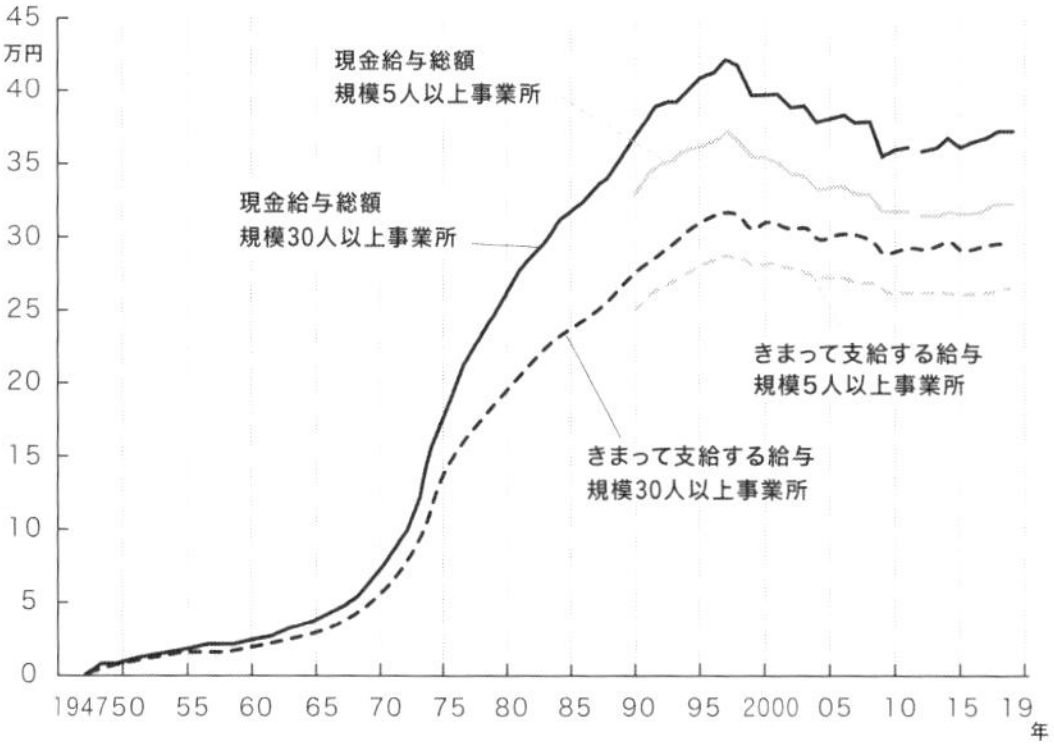

※ 厚生労働省「毎月勤労統計調査」より

注1　規模30人以上事業所の1969年以前はサービス業を除く調査産業計

注2　2019年6月分速報から、「500人以上規模の事業所」について全数調査による値に変更している。

注3　2012年以降において東京の「500人以上規模の事業所」についても再集計した値（再集計値）に変更しており、従来の公表値とは接続しないことに注意。

「トリクルダウン」を看板にしたのは、小泉政権だけではなく、安倍政権も同じでした。
　こうした状況について、２０１８年の自民党総裁選で、安倍首相の対抗馬だった石破茂氏が問い詰めると、安倍首相は「トリクルダウンなどということは、一度も言ったことはない」と言い放ち、みんなを唖然《あぜん》とさせました。
　ちなみに、この同じ会見で、「拉致問題を解決できるのは安倍政権だけだと私が言ったことはありません」という安倍首相の言葉に、北朝鮮による拉致被害者家族連絡会（当時）の蓮池透さんが、「確かに、安倍政権だけとは言っていないかもしれないけれど、何度も『私の任期中に解決する』と繰り返してきたのは事実でしょう」と、怒りを爆発させました。

「昭和」までは、政治家は自分の発言に責任を持つとされていましたから、国会では嘘の答弁をしないように、急に口が重くなったり、「記憶にありません」という言葉が連発されていました。

しかし「平成」になると、テレビ映りやイメージを重視する政治家が増えたせいか、言葉の中身よりも耳ざわりの良さが重視される風潮もあり、政治家が国会で平気で嘘の答弁をするようになりました。

政治家だけでなく、官僚も劣化し、公文書偽造や公的な数字を恣意的に作り上げるなどということが横行しました。

誰も聞いていなかった、日本の〝国際公約〟

ここで再び、話を「消費税」に戻します。

実は、「平成」の日本では、「消費税」のアップは、〝国際公約〟だと言われてきました。政府がそう言うのですから、信じた方も多いことでしょう。

「国際公約」とは、具体的には2011年11月、カンヌで開かれたG20の席上で、当時の野田佳彦首相が、「2010年代半ばまでに消費税率を段階的に10％まで引き上げる」との方針を表明したことをいいます。

これが、日本では大きく報道され、「消費税の引き上げは、〝国際公約〟なのだから仕方がない」というムードが広がりました。


ただ、カンヌで開かれたG20の席で、野田首相の〝国際公約〟にまともに耳を貸した海外の要人は、誰ひとりいなかったでしょう。

なぜなら、当時はギリシャ危機の真っ只中《ただなか》で、財政難に陥ったギリシャ政府のデフォルト（債務不履行）を回避するために、どうすればいいのかということで上を下への大騒ぎ。各国が協力して、回避策を練り上げたにもかかわらず、それに対してギリシャが国民投票をすると言い出し、再び危機が再燃していました。

ギリシャ国債は、ドイツもフランスもイタリアも大量に持っていたので、ギリシャが破綻すれば、ドイツもフランスも、イタリアまでもが連鎖破綻する危険に直面していました。そのため、G20の最中も、徹夜続きの激論が交わされ、ドイツのメルケル首相などは、目を血走らせて、ギリシャをなじりました。

そんなてんやわんやの中で、日本がポツンと、「消費税アップは日本の国際公約です」などと言っても、聞いているほうがおかしいでしょう。

「みんな死に物狂いでギリシャのデフォルトを防ごうとしているときに、日本の首相は、のんきに会場の片隅で何かブツブツ言っている」程度の認識だったと思います。

ただ、日本人は、外圧に弱い。ですから、「外国の皆さんの前で、野田首相が約束した」ということが大きく報道され、これは真剣に考えねばということになりました。

実は、外圧を上手に利用し、「消費税」を上げるというのは、財務省の常套手段なのです。

IMFを外圧に使い、消費税アップを狙ってきた財務省

2019年11月25日に、IMF（国際通貨基金）のゲオルギエワ専務理事が、東京都内で会見し、「高齢化社会で膨張する社会保障を補うためには、日本は消費税を2030年までに15％、50年までに20％に引き上げなくてはいけない」と言いました。

こうしたニュースが報じられると、「海外で権威のあるIMFが言うのだから、消費税を引き上げざるをえない」と考える日本人は多いかもしれません。

ただ、IMFの大スポンサーは、アメリカに次いで日本の財務省です。巨額な資金を出すかわりに、財務省は、IMFの重要ポストに、財務省の官僚を送り込んできました。

1997年に杉崎重光元副財務官が、IMFでナンバー2のポストである副専務理事に就任し、その後2004年、加藤隆俊元財務官がやはり副専務理事に。さらに2010年に篠原尚

之元財務官、2015年には古澤満宏元財務官が、同じ副専務理事の座に就いています。ちなみに、IMFのトップは、暗黙の了解で欧米から選出することになっていますから、アジア人が大スポンサーとして獲得できる最高のポストは、ナンバー2の副専務理事ということになります。

かつて篠原尚之IMF副専務理事が日本に来て、当時危機にあった欧州のために、5000億ドル（約38兆円）規模の資金基盤強化が必要なので、ぜひ日本政府に協力していただきたいと要請したことがありました。

ところが、日本に資金要請をしながら、日本は財政状況がひどく破綻寸前なので、消費税を15％くらいにしないとダメだなどと、マスコミ向けに話していました。

当時、まだ消費税は5％でしたから、15％といったら3倍です。消費税を3倍に上げないと日本は破綻すると言いながら、その一方で、破綻しそうな日本に38兆円もの資金要請をするというのは、マッチポンプにもほどがあります。

IMFは、ことあるごとに日本に来ては、「消費税を上げないと日本は破綻する」と言いますが、これは財務省が、消費税アップの世論を形成するために外圧を使っているのです。

実は、「消費税」以外にも、平成日本は増税のオンパレードだった

「平成」の増税といえば、「消費税」があまりに大きかったので、それしか思い浮かばないと

いう人も多いことでしょう。

けれど、実は「消費税」以外でも、さまざまなところで、知らぬうちに庶民は増税されていて、実は「平成日本」は、増税のオンパレードでした。

「消費税」を除いた、皆さんの生活に関係するものだけを軽くピックアップしても、こんなに増税されました。

2003年・社会保険料の総報酬制度導入。厚生年金保険料、健康保険料、介護保険料のボーナスからの保険料負担が大幅アップ。ボーナス比率の高い人ほど、手取りが減少。

・たばこ増税

2004年・年金改革で、2017年まで年金保険料がアップ（労使折半）

※平均的なサラリーマンで13年間、毎年約1万円のアップ

配偶者特別控除の上乗せ分廃止（所得税・住民税）

※該当家庭では年間約5万円の税金アップ

2005年・公的年金等控除の縮小と老年者控除の廃止

※該当老人家庭は毎年約7万円の税金アップ

2006年・ビール、発泡酒などの増税

・たばこ増税

2007年・定率減税廃止（2006年・2007年で段階的に）

※年収500万円前後の家庭で年間5万円の増税
2010年・たばこ増税
・健康保険料アップ（全国健康保険協会は全国平均8・2％から9・34％へ）
2011年・所得税における扶養控除の廃止
※年収500万円前後の家庭で年間約4万円の増税
2012年・住民税における扶養控除の廃止
※年収500万円前後の家庭で年間約7万円の増税
・環境税スタート
・児童手当に所得制限
2013年・復興税の創設（復興特別所得税）
※25年間、所得税額の2・1％
・年金給付額の引き下げスタート（最終的に計2・5％）
2014年・復興税の住民税からの徴収スタート
2015年・相続税の基礎控除5000万円→3000万円へ
・相続人ひとり当たりの控除額1000万円→600万円へ
・軽自動車税増税
2016年・年収1200万円超の給与所得控除縮小
2017年・年収1000万円超の給与所得控除縮小
・年収1200万円超の住民税の所得控除縮小

2018年・年収1000万円超で住民税の所得控除縮小
・高額療養費制度の自己負担上限引き上げ
・介護保険の自己負担上限引き上げ
・たばこ税増税
2019年・出国税（国際観光旅客税）の創設
・森林環境税成立（課税は2024年から）
2020年・給与所得控除の見直し
・公的年金等控除の引き下げ
・たばこ増税
・第3のビールなどの増税

「消費税」は、誰にもわかりやすい増税ですが、「消費税」以外にも、こんなに毎年何らかの増税が続いたのが、「平成」という時代でした。

しかも、この増税は「平成」の時代にとどまらず、「令和」には、もっと加速していくことが予想されます。

なぜなら、今の日本は、増税に歯止めがかからない状況になっているからです。

政府の前に立ちはだかった「党税調」の高い壁

そもそも税金というのは、国の全体的な体系の中から鑑みて、公平性を担保しながら考えられていくはずのものでした。

ところが、「平成」の中頃から、この「税の規律」が緩み始め、「令和」になると、各省庁が自分たちの利権のように税を創設する風潮が出てきました。

しかも最近では、大臣でない事務次官が、就任の挨拶で新税の導入について言及するなど、びっくり仰天なことが起きています。

なぜ、こうしたことになっているのかといえば、1つには、自民党内の税金のスペシャリストが相次いで他界し、重石《おもし》が効かなくなったことがあるのでしょう。

税の規律が緩んだ背景には、皮肉なことに、「消費税」の生みの親とも言える自民党税制調査会（以下・党税調）の衰退がありました。

その党税調のドンと言われた人物が、山中貞則氏です。

「消費税」を導入しようとして失敗した政治家については85ページ以下で書きましたが、それほど「消費税」は、国民から不人気な税金でした。

けれど、山中氏はこれを導入しないと日本の税収は持たないと考え、「消費税」導入の議論が自民党内でスタートした時に、「今日から消費税の議論をする。全員、落選の覚悟で議論しろ」と宣言し、実際に、導入後の1990年の選挙で、本人は落選しました。

その後、政界に返り咲きましたが、「税の信念のためには、選挙の落選も恐れず」と党内で賞賛され、山中氏と党税調は、絶大な権力を持つようになりました。

日本には、税金に関しては2つ税制調査会があります。ひとつは党税調、もうひとつは政府税調（政府税制調査会）です。

政府税調は、総理大臣の諮問に応じて、税金に関するさまざまな調査や提案をする機関です。けれど、山中会長時代は、党税調が絶対的な権力を持っていたために、政府税調は、党税調に追従する組織でしかありませんでした。

党税調と政府税調の意見が対立した時に、記者から、「政府税調を軽視しているのではないか」と聞かれた山中氏が、「軽視ではない。無視しておる」と言い切ったほどです。

つまり、善し悪しは別として、平成がスタートした時の党税調は、政府に左右されない強力な「税の番人」でした。

余談ですが、この党税調の5代目の会長の野田毅氏は、「文藝春秋」（2013年9月号）の鼎《てい》談《だん》で、「（消費税は）スタートした時から、輸出業者に対する補助金的な色彩はあった」と認めています。つまり、党税調内にも111ページの「輸出還付金」制度が、ちょっと特別だという認識があったということです。

「消費税」導入のドン山中氏をはじめ、重鎮が次々に他界

消費税の生みの親とも言える党税調のドン山中貞則をはじめとして、村山達雄、奥野誠亮《せいすけ》、林義郎、相澤英之など、インナーと呼ばれる税に精通した長老たちが次々と死去し、絶大だった党税調の力は、平成中頃をピークに、徐々に衰えていきました。

消費税10％の値上げに際しては、5代目会長の野田氏が、「軽減税率」の導入に対して、「事業者にはメリットはほとんどない。手間暇ばかりかかるという怨嗟《えんさ》の声がいっぱい出てくるだろう」と、政府の方針に異を唱えました。

ところが、この野田氏を当時の安倍首相は、秘書の不祥事を理由に事実上更迭して会長職から追い落とし、前経産大臣だった安倍グループの宮沢洋一氏を会長に据えました。さらにそのあとに安倍首相の「お友達」中の「お友達」である甘利明氏を会長に就任させ、完全に党税調を制圧してしまいました。

党税調が衰退して、党内で支配力を失ったことで、消費税増税なども、官邸主導で決まりました。

さらに、今まであり得ないような税金を、それぞれが勝手に提唱するようになりました。

たとえば、国が提唱している森林環境税ですが、すでに多くの自治体が環境税を導入していて、横浜などは県の「水源環境保全税」に加えて、市独自の「みどり税」があり、さらに「森林環境税」が導入されるという三重課税になっています。

「出国税」については、使い道も定かではないうちに、税金の導入だけが決まりました。

さらに環境省では、政府与党が見送った炭素税を事務次官が導入しようとするなど、あってはならないことが起きています。

党税調が君臨する体制が絶対的に良いとは思いませんが、ただ、国家全体の体系を見て、増税・減税案を練り上げる機能が崩れてしまったことで、「税」に対して物申すところがなくなり、各所で勝手に増税ができるような状況になっていることは嘆かわしいことです。

２０２０年9月、新型コロナ禍の真っ只中で菅義偉総理大臣が誕生しました。目指す社会は「自助・共助・公助」で、政府を頼らず自分の力で乗り越える「自助」が真っ先に来る社会です。

２０２１年、麻生太郎財務大臣は史上空前の税収増を受け、「景気は悪くない」と胸を張りましたが、その中身は、消費税収が増えたことによるものです。

「法人税」や「所得税」のように、儲かった人から徴収する税金ではなく、倒産寸前、破綻寸前の人たちからも、容赦なく徴税するのが「消費税」です。

「平成」の次に来る「令和」にも、増税ラッシュは続きそうですが、増税はしても国は国民を助けない、そんな国になるのかもしれません。

第3章

なぜ、みんな「シティバンク」に騙されたのか？

「金融鎖国」を打ち破った平成の黒船「シティバンク」

明治以降、日本はこれまで外圧によって、国のかたちを3度変えてきました。その3度の門戸開放のきっかけは、いつもアメリカから来た「黒船」でした。

第1の黒船は、ペリー提督率いる合衆国海軍東インド艦隊でした。

江戸時代末期の1853年、浦賀にペリーが来たことから大政奉還への流れができ、明治時代が始まりました。武士の時代から天皇を中心とする政治が始まったのです。

「黒船」の襲来で、鎖国していた日本はその門戸を開き、海外に目を向け、欧米に追いつけ追い越せで富国強兵を目指す国へと、国のかたちを変えていきます。

第2の黒船は、太平洋戦争で無条件降伏した日本にやってきた、連合国軍最高司令官ダグラス・マッカーサー率いるGHQ（連合国軍最高司令官総司令部）でした。

マッカーサーは、日本を武装解除し、新憲法の草案をつくり、民主国家にするために様々な施策を行いました。そして、それまでの天皇中心だった国家体制を国民主権の民主主義体制へとあらためました。

日本国民は、「鬼畜米英」を唱えながら、竹槍でB29戦闘機を落とす訓練をするような愚かさを思い知り、平和国家、民主主義国家を目指して、新しい国のかたちをつくりました。

そして、第3の黒船は、「平成元（1989）年」に日本にやってきた、世界有数の商業銀行である「シティバンク」だったと、私は思います。

第二次世界大戦後、世界では、アメリカを中心に多国籍企業が急成長し、1980年代に新自由主義で様々な規制が取り払われる中、グローバル化が進みました。

こうした中で「平成元年」に、アメリカ発のグローバルスタンダードを引っ下げて日本に上陸し、「大蔵省」主導の「金融鎖国」に風穴を開け、当時の日本の金融の常識を覆していったのが、「シティバンク」でした。

「平成時代」は、「金融鎖国」をしていた日本が、世界に門戸を開いた時代でした。

多くの方は、「平成」まで日本が実質的な「金融鎖国」をしていたということを、ご存知ないかもしれません。

詳しくは230ページ以下で書きましたが、戦後の日本は、国策として、「大蔵省」の指導のもとに銀行がお金を貸し出す官制経済でした。大蔵省の傘下で手足となって働かなくてはならなかったので、日本の銀行は、自由に商品を開発したり預金金利を決めたりすることはできませんでした。

昭和の終わりまで、外資系金融機関は、こうした日本市場の閉鎖性や規制の多さ、利益率の低さ、税制などの問題で、なかなか日本国内で営業できず、日本を避けてシンガポールなど、国際的に開かれた都市に拠点を構えていました。

けれど、これでは日本は世界に遅れをとるということで、１９９６（平成8）年に橋本龍太郎内閣が、「日本版金融ビッグバン」の政策を打ち出しました。外資系金融機関に広く門戸を開き、日本を自由で開かれた国際金融センターにしていこうという狙いでした。

この日本の動きに先駆けて、すでに「平成元年」から本格的に日本進出を始めたのが、「シティバンク」でした。

「平成元年」は、世界史の中でも、エポックメイキングな年でした。

アメリカのブッシュ大統領（パパ・ブッシュ）とソ連のゴルバチョフ書記長が、地中海のマルタ島で会談し、第二次大戦後から続いた米ソ「冷戦」の終結を宣言します。

中国では、民主化を求めるデモに軍が発砲する「天安門事件」が起きています。

その2年後、当時の世界の2大大国の１つだったソビエト連邦が崩壊し、アメリカ一人勝ちの世界が出現。グローバル化の波が世界を覆いました。

そして、ソ連の崩壊で、もはや怖いものなしとなったアメリカの「新自由主義」が、燎原《りょうげん》の火のごとく世界を焼き尽くし、やがて「アジア通貨危機」や「リーマンショック」といった未曾有の経済災害を引き起こしていくことになります。

そのアメリカ資本主義の尖兵として日本に上陸し、最も成功した外資系銀行が「シティバンク」でした。

本丸落城一歩手前で火がついた、「シティバンク」の快進撃

日本に乗り込んできた「シティバンク」は、主力商品である外貨預金の金利を、日本の銀行と比べると断トツに低く設定したのですが、その低い金利めがけて日本の預金者が殺到し、瞬く間に4兆円もの預金を獲得してしまいました。

高い金利に人々が殺到するのならわかりますが、なぜ、わざわざ損をする低い金利の外貨預金に、人々が先を争って群がったのでしょう。

常識ではとても考えられないことですが、これこそ「シティバンク・マジック」と言っても過言ではないでしょう。

ここでは、「平成元年」に日本にやってきた〝グローバルスタンダードの申し子〟とも言える「シティバンク」が、どのように日本に根を張り、当時の日本人の想像を超えた手練手管を通して、莫大な利益を上げていったのか。

「平成時代」の日本の金融の混乱した状況と、その後の衰退とも言える変遷とともに、解き明かしていきましょう。

昭和天皇が崩御されて1989年、日本は「平成」という、新しい時代を迎えました。その少し前から、日本国内の富裕層向けに個人資産を運用する「プライベートバンキング」を展開

しはじめ、日本で店舗網を拡大したのが「シティバンク」でした。

昭和末期、世界の金融は、大きな転換期を迎えていました。

1975年に、ニューヨーク証券市場で大規模な証券市場改革が行われ、1986年にロンドンで証券市場の大改革が行われました。これらの改革は、宇宙の誕生の原因となったビッグバン（大爆発）になぞらえて「金融ビッグバン」と呼ばれました。

こうした中で、1987年10月には、世界的な株価の暴落「ブラックマンデー」が起こり、アメリカをはじめ多くの国の株価が2割以上暴落し、香港やオーストラリアでは4割以上の下落となりました。

翌日、日本の日経平均も15％ほど下がりましたが、バブルが起きていたので、翌々日には上げ幅が2037円とそれまでで最大の上がり方をしています。

ブラックマンデーの不況から、世界が完全に抜け出すには、約2年かかりました。この時、日本はバブルの真っ只中で、不況にあえぐ他国を尻目に、好景気でした。そのため、日本人は「日本の経済は世界一」と思い上がり、アメリカに「第二の真珠湾攻撃」（第4章）を仕掛け、大敗することになります。

1990年、日本がバブルの宴に酔いしれていたのとは対照的に、アメリカでは金融危機が起きていて、当時、全米第2位の銀行だったチェース・マンハッタンが5000人の従業員の解雇を発表。これが引き金となって銀行株が大量に売られて暴落し、不動産融資で大量の不良債権を抱えていた米国「シティバンク」の株も売り叩かれ、91年には、価格が3年前の4分の1以下になっていました。

米「シティバンク」はこの年、「連邦預金保険公社改善法」によって、自己資本不足と判断され、当局の事実上の監視下に置かれました。つまり、米「シティバンク」も、その親会社の「シティコープ」も、本丸落城一歩手前にまで追い詰められていたということです。

この時、「日本のシティバンク」で働いていた知人が、暗い顔で「アメリカ本国では、1年半のうちに1万人が解雇される。日本は、大丈夫だろうか」と言っていました。

そして、アメリカ本社から、「死に物狂いで日本で稼げ」という指令が来ていると、打ち明けてくれました。

実は、この崖っぷちの状況こそが、日本の「シティバンク」の快進撃の原動力となっていたことを、当時の日本の銀行で働く銀行員のほとんどは、知らなかったと思います。

なぜなら、バブル当時の日本の銀行は、リストラとは無縁の、「大蔵省」に守られたぬるま湯のような組織で、銀行員は、有名大学を出て、一生涯高い給料を保証されている〝特権階級〟だったからです。

まさに、「昭和」が終わるまでの日本の金融は、世界とは切り離された「金融のガラパゴス島」だったのです。

魅力的だった「黄金の国ジャパン」

日本が、まだ実質的な「金融鎖国」をしていた「平成元年」、海外からは、どう見られていたのでしょうか。

すでにグローバル化していたアメリカの大手銀行は、世界規模で合併や買収を繰り返し、巨大化していました。しかも、こうした巨大銀行とは別に、「ヘッジファンド」と呼ばれる投資を生業《なりわい》とする「金融海賊」が、自由化された金融の海を跋扈《ばっこ》し、荒稼ぎしていました。

グローバル化された世界金融は、さながら猛獣が徘徊する「弱肉強食」のジャングルで、生き馬の目を抜くようなその中では、騙し騙されるというのは日常茶飯事の出来事でした。ですから、「刑務所にブチ込まれさえしなければ、なにをやってもいい。騙されたほうがマヌケ」というルールが横行していたのです。

ただ、「騙されたほうがマヌケ」とはいっても、彼らにも一応の商業道徳がありました。それは、学歴やお金がある人は騙しても「自己責任」が取れるのでいいけれど、学歴がなく、生活のために勤勉に働くブルーカラーの人たちを騙してはいけないという、彼らなりの暗黙のルールです。

この彼らの商業道徳に照らし合わせると、当時の日本人の多くは、高校を卒業しているだけでなく半数は大学・短大に進学していたので、十分に学歴がありました。さらに貯蓄率も高く、お金を持っている割には金融知識がない。おまけに「弱肉強食」の世界を知らないので、コロコロ騙される。まさに、こんな獲物がまだいたのかというところでしょう。

「平成」のはじめは、「冷戦」が終わって世界中がグローバル化し、世界では「弱肉強食」の嵐が吹き荒れていました。

そんな中にあって、戦後ずっと「大蔵省」主導で「金融鎖国」のような状況で守られてきた日本は、競争社会で鍛えられた彼らの目から見たら、騙されやすい金持ちが山のようにいる、まだ手つかずの「黄金の国ジパング」に見えたのではないでしょうか。

4兆円の多くは、利益率の高い「外貨預金」

「平成」になるまでの「シティバンク」は、あまり目立たない銀行でした。

「日本で100年以上の歴史を持つ唯一の外資系銀行」という看板を掲げていましたが、日本で1902年に開業したインターナショナル・バンキング・コーポレーションという銀行を買収したので、そこまで遡《さかのぼ》ると100年ということです。また、1941年には、日米関係の悪化で、いったんは日本から完全撤退しています。

その後、1946年に戻ってきましたが、日本では「大蔵省」を頂点とする銀行の「護送船団」がほとんどの金融を牛耳っていたので、世界では押しも押されもしない大銀行であっても、

「平成」以前の日本の銀行関係者の「シティバンク」の認識は、地方の信用金庫レベルという程度でした。

そして、私もそう思っていました。

日本で積極的に富裕層相手の「プライベートバンキング（個人資産の運用）」を展開し始めた「シティバンク」は、1989年に、国際石油の世界で活躍していた八城政基氏をトップに迎えました。

エッソ石油（現・ENEOS）の社長も務めたオイルマンの八城氏は、それまでの銀行の常識を塗り替えるようなイメージ戦略とマーケティングで、日本の金持ちに特化した営業戦略を展開しました。

首都圏を中心に、全国主要都市に30余りの店舗を開き、ピーク時にはなんと4兆円の預金を集めています。その預金の多くは、手数料がたくさん稼げて利益率が高い「外貨預金」でした。「外貨預金」は、通常の預金とは異なり、預ける人にリスクはありますが、預かる銀行はノーリスクで、確実に利益が出せる商品です。「シティバンク」の利益率の高さは、当時の日本の銀行の中で群を抜いていました。

1990年代初め、銀行淘汰の時代を生き抜くために、アメリカでは従来の方式にとらわれない新しい発想で、業務の流れを組み立て直す「リエンジニアリング」という方式が出てきました。たぶん、これを日本の銀行で最初に取り入れたのは、「シティバンク」の八城氏ではないかと思います。彼は、これで６００人いた従業員を２００人にまで減らすという厳しい改革も行っています。

この八城氏をトップに迎えてから、それまで日本ではあまり存在感がなかった「シティバンク」の快進撃が始まります。

「平成」になり、「シティバンク」をはじめとして様々な外資系金融機関が、「黄金の国ジャパン」を目指して日本に進出してきました。ただ、そのほとんどは、日本独自の取引慣行や閉鎖性、薄い利益に失望して撤退していきました。

では、なぜ「シティバンク」だけが、日本で大成功を収めたのか。

その〝謎〟を解く前に、私が、ニューヨークで会った日本人の話をしましょう。

「シティバンク」のアジア統括は、元ＪＴＢの社員だった！

実は、「シティバンク」が日本で本格的に営業展開を始める少し前に、アメリカのニューヨークにある「シティバンク」の本社を訪ねたことがありました。

そこでお会いしたのが、当時、アジアの統括責任者だったＹ氏です。

「シティバンク」のアジア統括責任者と聞いて、バリバリの国際金融畑を歩んできたいかつい銀行マンを想像していたのですが、現れたのは、ランチのオーダーで「ダイエットしているので、僕はチキンとサラダにします」と朗らかに話す、笑顔がチャーミングな日本人でした。

彼は、日本の大手旅行会社ＪＴＢの元社員でした。語学が堪能でアジアに詳しく、頭も切れてマネジメントもできることから、ＪＴＢ在籍中に、「シティバンク」からヘッドハンティングされたのです。


ランチを食べながら、なぜ、旅行会社から金融業に転身したのかと聞くと、Ｙ氏は、こう言いました。

「旅行会社も面白いけれど、これからの金融界は、その数倍もスリリングで面白い。それに、給料も破格にいいからね」

そして、こう付け加えました。

「荻原さん、これからは、アジアが大きなマーケットになる。特に日本が。だから、白人よりも、日本やアジアに土地勘がある僕が、ヘッドハンティングされたんだよ」


その言葉どおり、「シティバンク」はバブル崩壊の少し前に、すでに大々的な日本進出を決めていました。そして、平成元年には、優秀なオイルマンだった八城政基氏をヘッドハンティングして、日本の「シティバンク」の代表の座に据えたのです。

大手旅行会社の優秀な社員をアジア統括のトップに据え、石油一筋で商売してきた八城氏を、日本の「シティバンク」のトップにするというのは、当時の日本の銀行の常識では、とても考えられないことでした。

その頃の日本の銀行は、「大蔵省」の顔色ばかりうかがって、ややもすれば人事にまで、「大蔵省」の意向が反映されるようなところだったからです。

のちに、八城氏本人にお会いした時に聞いたら、日本の銀行について、こう分析していました。

「日本の銀行は、平社員で入社してそこでキャリアを積まないと、絶対にトップにはなれない縦社会。けれど、それでは今の世界のビジネスのスピードには、ついていけない。トップには、業種ではなく、スピードとマネジメント能力が問われるんです」

日本の銀行という、堅い城壁で守られた特殊な環境の中で育った人間と違い、オイルの世界で死線をくぐり抜けて、世界中を飛び回ってきた八城氏だからこそ言えるダイナミックな言葉だ、と感心しました。

八城氏はその後、破綻した日本長期信用銀行を外資系金融機関が買い取って作った「新生銀行」で、会長兼社長も務めています。

ニューヨークで会った「シティバンク」のY氏の話に戻りましょう。

彼は、「これから日本は、『シティバンク』にとって、アジアで最も重要な要の市場になる」と言い切りました。重要な市場になるということは、言葉をかえれば、最大に荒稼ぎできる場所になるということです。

前述したように、当時のグローバル化した金融界の常識は、「刑務所にブチ込まれさえしなければ、なにをやってもいい。騙されたほうがマヌケ」というものです。

その、金融のグローバルスタンダードを背負って、「シティバンク」が本気で日本にやってくるのかと思うと、身震いする思いでした。


余談ですが、その時にY氏に、「シティバンク」本社のディーリングルームを案内されて驚きました。アジアでの資金運用を担当する30歳前後の丸顔の白人女性を紹介され、「彼女ひとりで、20億円くらいのお金を動かしているんだよ」と聞かされたからです。

日本でも、1986年に「男女雇用機会均等法」が施行されましたが、女子銀行員のほとんどが、お茶汲みやコピーとりなどの雑用をしていました。

そんな日本と比べ、こんな若い女性に、20億円ものお金を運用させるアメリカの金融界のダイナミズムに、圧倒されました。

みんなが行列をつくった「最大2％金利上乗せキャンペーン」

「シティバンク」といえば、バブル崩壊後の日本で衝撃的だったのが、金利上乗せキャンペーンでした。

1998年の夏、たまたま赤坂にあった「シティバンク」の前を通りかかると、店の前に20人ほどの行列が出来ていました。

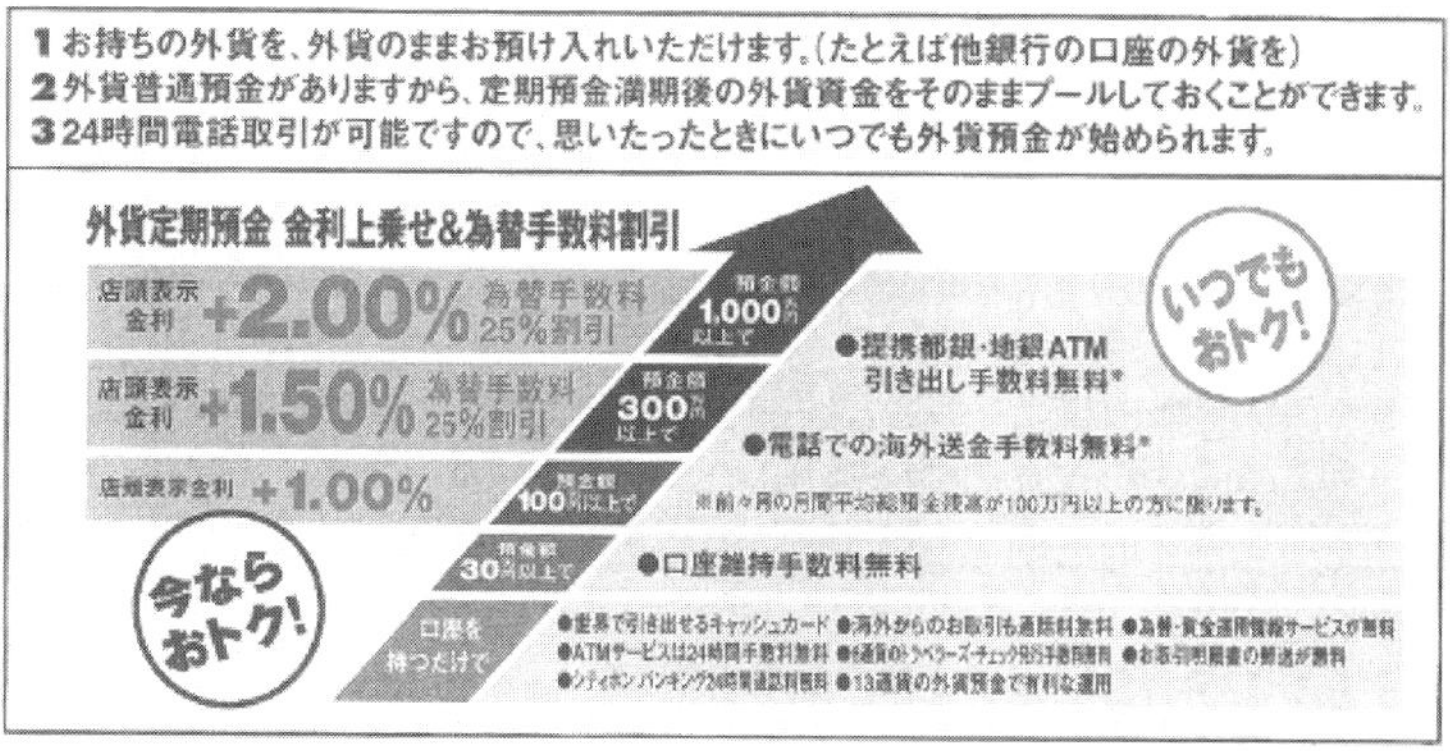

それまで、銀行の前に預金者が列をつくるなどという光景は見たことがありませんでしたから、もしや破綻でもしたのかと聞いてみると、そうではなく、今日中に「外貨預金」の口座を開設しないと、「金利2%上乗せキャンペーン」に間に合わないというのです。

当時、「シティバンク」では、「外貨預金」で金利を最大2%上乗せするというキャンペーンを行っていました。上の画像は、当時「シティバンク」が、キャンペーン用に打ち出していた広告です。

「外貨預金」を100万円以上預ければ金利が1%上乗せされ、300万円以上預ければ金利が1・5%上乗せされ、1000万円以上預ければ2%上乗せされるというキャンペーンです。

このキャンペーンは期間限定なので、並んでいた人たちは、その預け入れ期間が過ぎてしまう前に、なんとしてでも「外貨預金」の口座を作ろうと、炎天下にもかかわらず「シティバンク」赤坂支店の店頭に並んだのです。

赤坂支店に限らず、預金者は新宿など他の支店にも殺到していて、その珍しい光景がニュースになったことで、さらに行列が伸びました。

確かに、1000万円預けて金利が2％上乗せされれば、利息は約20万円増えます。だとしたら、炎天下でも行列を作って並ぶ気持ちはわかります。

ただ、その時にふっと思ったのは、「『シティバンク』の外貨預金の金利って、もともとどれくらいだったっけ？」ということでした。

前述しましたが、当時の私にとって、米国ではない日本の「シティバンク」は地方の信用金庫レベルという認識でしたから、そんなところが、なぜそんなに高い金利を出せるのかと不思議に思ったのです。

断トツに低い（?）、「シティバンク」の金利の謎

家に帰ってすぐ、「シティバンク」の「外貨預金」の金利を調べて、驚きました。

なんと、明らかに金利が低いのです。

念のために、他の日本の銀行の金利も調べてみたのですが、「シティバンク」はどこと比べても「断トツ」と言っていいくらいに、金利が低いのです。

左の図表は、1998年7月17日当日に、当時の日本の銀行5行とロイズ銀行（イギリス）、オーストラリア・ニュージーランド銀行の「外貨預金（米ドル）」の預金金利をグラフにしたも

の（後に、東京三菱銀行は現・三菱ＵＦＪ銀行に、三和銀行は現・三菱ＵＦＪに、富士銀行は現・みずほ銀行に、大和銀行は現・りそな銀行にそれぞれ合併されます）。

この図表を見ると一目瞭然ですが、「１カ月定期」でも「３カ月定期」でも「６カ月定期」でも、「シティバンク」の通常の外貨預金金利はかなり低く、最も金利が低い東京三菱銀行よりもさらに１％以上低くなっていました。

当時、外国の銀行で、個人向けの「外貨預金」を受け入れていたロイズ銀行やオーストラリア・ニュージーランド銀行と比べても、「シティバンク」の金利は「断トツ」に低いのです。

外貨預金（米ドル）の金利を比較すると…

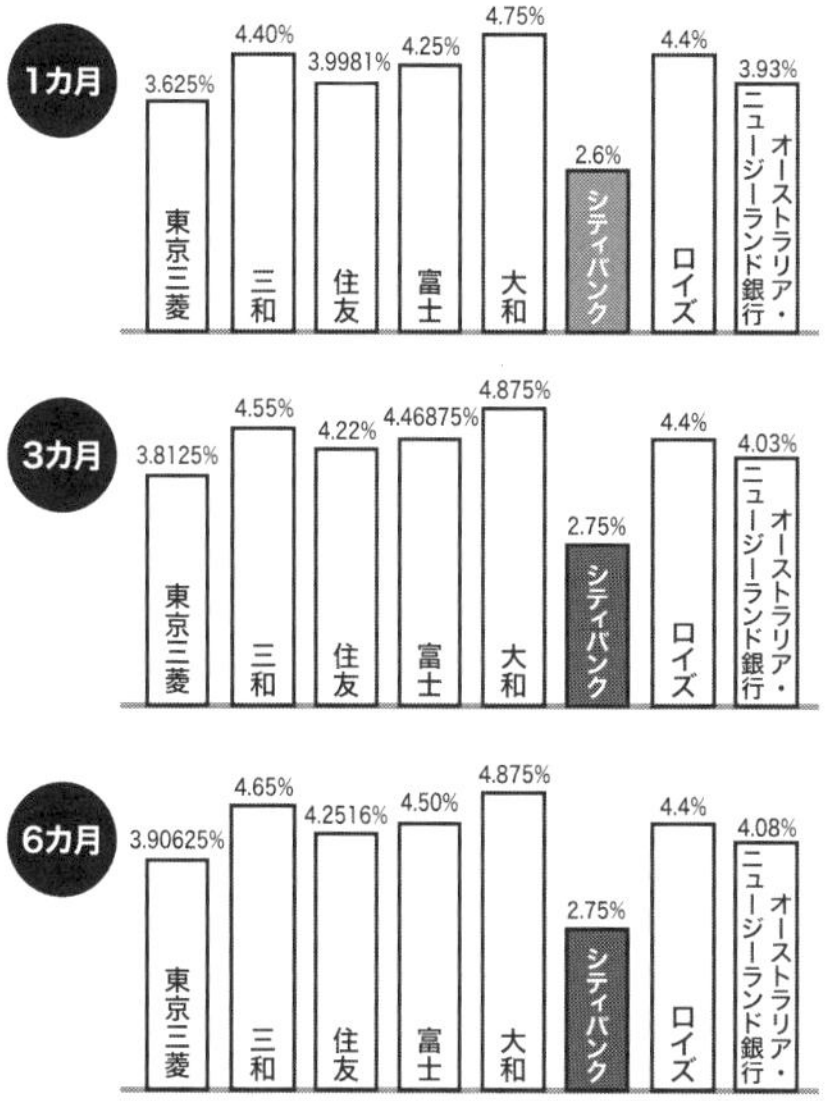

（注）金利は、すべて98年7月17日現在のもの。金利は最低預入金額に対する税引き前のもの。預入金額によって金利が異なることがある。

大手銀行の一角を占めていた大和銀行との比較では、なんと「シティバンク」のキャンペーン金利の２％を上乗せしても、大和銀行の金利の方が高いという信じがたい状況でした。

これを見ると、炎天下にわざわざ大金を持って、苦しい思いをしながら行列を作って「シティバンク」の前に並び、「外貨預金」をする価値がどこにあるのだろうか、と不思議になります。

ところが、「シティバンク」は何度かこのキャンペーンを行いましたが、キャンペーンをするたびに店頭に人々が殺到するという、不思議な現象が起きていました。

最初は、なぜ、こんな不合理なことが起きているのか、狐につままれたような気がして理解できなかったのですが、「シティバンク」の「外貨預金」を始めたという知人の女性と話していて、その理由がわかりました。

彼女は当然のように、こう言ったのです。

「当たり前でしょう。キャンペーンの時に預ければ、日本の銀行よりも2％も金利が高くなるんだから」

これは、何か勘違いをしていると思い、彼女に「元々の金利は、こんなに低いよ」と、日本の銀行と比べた表を見せてあげました。

すると、彼女の顔がみるみる曇り、「そんな、嘘でしょう」と、私が示した数字をずっと睨《にら》んでいました。

その時、私も初めて気付いて驚いたのは、「ほとんどの日本人は、銀行の金利は、どこもみんな同じだと思い込んでいるのだ！」ということでした。

銀行は、「平成」のはじめまで国の統制下にあった⁉

今の私たちは、銀行によって金利は違うということを、すでに常識だと思っています。ですから、銀行に預金する時には、ネットで金利を比べ、少しでも有利な銀行に預けようとします。ところが今から20年前は、インターネットもそれほど普及しておらず、銀行の金利を比べるということは容易ではなかったし、また比べる人もいなかったのです。

なぜなら、戦後から平成のはじめまで、日本の金融機関は「大蔵省」の統制下にあり、金融商品も金利もすべて「大蔵省」が決めていて、どこの銀行に行っても金利は同じ、金融商品も同じだったからです。

1945年8月、日本はポツダム宣言を受諾し、9月に第二次世界大戦の降伏文書に署名しました。

すでに、東京は相次ぐ空爆で焦土と化し、広島、長崎にも原爆が落とされて、日本経済は壊滅的な打撃を受けていました。

こうした中で、国の経済を立て直すために日本政府が考えたことは、銀行に資金を集め、その資金を民間に貸し出すことで企業の設備投資を促し、雇用を増やすということでした。そして、そこで働いている人が給料をもらい、その給料の一部をまた銀行に預けて、それをまた銀行が企業に貸し出す、という経済循環をつくりだすことでした。

その経済循環の中心的な役割を負ったのが、銀行でした。

この銀行に何かあると、政府の方針も崩れてしまいます。そこで銀行は、「大蔵省」の厳しい統制下に置かれ、多くの人が安心して銀行を利用できるようにするために、銀行が扱うものは、金融商品から金利まで、すべて「大蔵省」が決めたのです。

ですから、戦後から平成にかけての銀行では、どこでも同じ金利の同じ商品を扱い、客に対するサービスにも、ほとんど差はありませんでした。


さらに、「大蔵省」は銀行を統率していく中で、銀行が経営不振で破綻することがないように、大きな銀行が小さな銀行を助けながら、それぞれがしっかり利潤を稼げる「護送船団」をつくりました。

「護送船団」というのは、最もスピードの遅い船に合わせて一丸となって進む船団で、小さな銀行でも落ちこぼれさせないことから、その名がついたのです。

その「護送船団」の頂点に立つのが「大蔵省」で、戦後から昭和末期にかけて、日本はこの「護送船団」を堅持し、日本の銀行は、実質的にはあたかも大蔵省出張所のような役割を担ってきました。


加えて、戦後から昭和末期にかけての約50年間、「大蔵省」と「日本銀行」は、力を合わせて庶民に対する貯蓄教育をしてきました。

日本では、終戦直後の１９４６年から「救国貯蓄運動」が始まり、52年にはさらに貯蓄奨励を徹底させるため、日本銀行の中に「貯蓄増強中央委員会（現・金融広報中央委員会）」を立ち上げました。「大蔵省」と「文部省（現・文部科学省）」から、小中学校に貯蓄推進の通達が出され、48年には「こども銀行」という制度もできました。

「こども銀行」は、子供たちに現金を月1回、学校まで持って来させ、体育館などで待ち構えている地域の銀行や信用金庫などに、実際に預金をさせるといった貯蓄の実践教育もしていました。

今だと、大問題になりそうな貯蓄教育ですが、この「こども銀行」の制度には、3万700あった全国の小中学校のうち、約半数の2万校くらいが参加していました。

国民に貯蓄を呼びかける「貯蓄増強中央委員会」のポスター

こうした努力の結果、家計の貯蓄はどんどん増え、1988年には、GNP（国民総生産）の約2倍というとんでもない額のお金が、金融機関に貯蓄されました。

全国津々浦々でこの貯蓄教育をしていたのですから、金融機関によって金利や商品に差があったのでは、国家的な事業としてはいかがなものかということになります。

ですから、大前提として、銀行が扱う商品や金利だけでなくサービスも、全国一律を国は徹底させたのです。

家計の貯蓄規模と貯蓄率の推移（2）1953年～1988年

年	預貯金総額／GNP	貯蓄率
1953	52.5%	17.5%
1955	62.7%	11.9%
1960	93.0%	14.5%
1965	83.1%	15.8%
1970	97.9%	17.7%
1975	120.3%	22.8%
1980	143.2%	17.7%
1985	165.9%	16.2%
1988	210.2%	14.2%

（出典）　内閣府 HP（国民経済計算）より試算（1952年～1960年）
日本銀行資金循環表及び内閣府 HP より試算（1965年～1988年）
※ 内田真人「金融リテラシーの考察―貯蓄増強・金融広報活動の歴史とサーベイ―」より

日本人は約50年間、国策として徹底的に、「銀行の預金金利は、どこも同じ」と教え込まれてきたのです。ですから、「銀行の預金金利は、どこも同じ」ということが、当時の日本国民の常識でした。

「同一金利」という国策を逆手に取った「シティバンク」

「平成」になって日本の金融が海外に門戸を開き、金融商品や金利を銀行が各行で自由に決められるようになっても、約50年間、体の芯にまで叩き込まれたそれまでの金融の常識である、「銀行は商品も金利もみな同じ」は、そう簡単には変わりませんでした。

ちなみに、我が国では、定期預金金利が完全自由化されたのが1993年6月、普通預金の金利が自由化されたのは94年の10月からでした。

当時はまだ、インターネットなども普及しておらず、今なら誰もが使う金利比較サイトもありません。

そして、この日本の預金者の思い込みを見事に逆手に取り、当時の「日本人の常識」の「虚」を突いたのが、「シティバンク」でした。「銀行の金利は、どこも同じ」と思い込んでいる人たちに対して、「いえいえ、私どもだけは、他の銀行と違って2％も金利を上乗せするキャンペーンをやっていますよ」とアピールしたのです。

今なら、「そんなことで騙されるのか」と思う人がほとんどでしょうが、「金融鎖国」で国に守られ、「銀行は、みんな同じ」と約50年間もすり込まれた当時の日本の預金者は、その常識を逆手に取って預金集めをする銀行が現れるなどとは、思ってもみないことだったのでしょう。

繰り返しになりますが、「弱肉強食」でグローバル化した金融機関にも、商業道徳はあります。それは、学歴も預金もなく、必死で働いている人を騙してはいけないということです。

ですから、当時の「シティバンク」は、預金残高が50万円以下の人からは、年間2000円の口座管理手数料を取っていました。これはどういうことかといえば、50万円の預金もできないような人は、「シティバンク」には来ないでくださいということです。

こうして、金融知識が乏しい日本の金持ち相手に、「シティバンク」は、またたく間に、4兆円近い預金を集めたのでした。

銀行では、〝MOF担〟が出世した

こうした「シティバンク」の大躍進を、なぜ、日本の銀行は指をくわえて見ていたのでしょうか。

日本の銀行も、彼らのやり方を真似て、もともとの「外貨預金」の金利を「シティバンク」並みに低く設定し、3%を超えるような金利上乗せキャンペーンをすれば、今度は日本の銀行に、旨味の大きな「外貨預金」がどんどん集まるはずです。

けれど、日本の銀行には、それができない理由がありました。

それは、銀行法の第1条に、「銀行の業務の公共性」ということが掲げられているからです。

日本の銀行は、戦後約50年間、この「公共性」を逸脱しないよう、「大蔵省」から監視され、ひたすら従順に従うことを求められてきたので、こんな詐欺まがいのキャンペーンなど、考えることさえ恐ろしかったことでしょう。

日本の銀行は、戦後から脈々と続いてきた「大蔵省」を中心とした指示待ちの金融行政にどっぷりと浸かり、「大蔵省」に対しての発言権はなく、どんな時もその呪縛にがんじがらめに縛られていました。

「大蔵省」については、第４章で詳しく書いていますが、銀行にとっては、神とも言うべき絶対的な存在で、各銀行は、対大蔵省の折衝係としてＭＯＦ《モフ》担という大蔵省担当者を置き（大蔵省＝Ministry of Financeの略）、常に大蔵省の顔色を見ながら自行の方針を決めていました。大蔵省の意向を探るＭＯＦ担は、銀行の中では、エリートしかなれない出世コースでした。

もし「金利上乗せキャンペーン」などによって、「大蔵省」から「品位に欠ける」とちょっとでも指摘されれば、頭取以下全役員が「大蔵省」に出向き、出てきた課長あたりに平身低頭して謝らなくてはならないほど、「大蔵省」は絶大な力を持っていたのです。

ただ、この絶大な力で、「大蔵省」が有無を言わせずねじ伏せられたのは、国内の金融機関に限られていました。

もともと日本政府は、ＧＨＱによる占領以来、アメリカには頭が上がらないところがあるのですが、特に当時は、日米の貿易摩擦が深刻な状況になっていたので、外圧の追い風を受けてやって来た「シティバンク」に対して、日本の銀行に対するような強い態度が取れなかったようです。

結果、「シティバンク」からは、日本の銀行が出来ないようなことを仕掛けられたのですが、これを側面から応援したのが、日本のマスコミでした。

金利上乗せキャンペーンで高い金利をさらに高く。

ボーナス時期などに、シティバンクがよく行なっているのが「金利上乗せキャンペーン」で、これは一定額以上の定期預金を新規に始めると、通常の金利よりも金利が高くなるというもの。たとえば、97年5月19日から8月15日まで実施された夏のキャンペーンでは、新たに100万円相当額以上の外貨定期預金を開始した場合は1%、300万円以上なら1・2%、500万円以上なら1・5%の金利が上乗せされ、しかもすでに口座を持っている人には、為替手数料が半額になる特典もつきました。

下の表は、昨年7月末に通常金利とキャンペーン金利で1年間預けた場合の受取額の違いを示したもの。通貨によって開きはあるものの、かなり差が出ます。ただし、上乗せ金利は当初の期間、つまり1カ月ものの自動継続だと最初の1カ月分にしかつきません。キャンペーンはいつもあるとは限りませんが、上手に利用したいものです。

通常時とキャンペーン時の受取額比較(100万円預けた場合)

通貨	金利		96年7月31日のTTS	97年7月31日のTTB	税引き後の受取額	実質利回り
米ドル	通常	3.40%	109.15円	117.45円	110万5716円	10.57%
	キャンペーン	4.40%			111万4561円	11.46%
英ポンド	通常	3.45%	170.95円	191.30円	114万9925円	14.99%
	キャンペーン	4.45%			115万8878円	15.89%
豪ドル	通常	4.20%	85.70円	86.55円	104万3851円	4.39%
	キャンペーン	5.20%			105万1931円	5.19%
NZドル	通常	6.45%	76.90円	75.25円	102万9036円	2.90%
	キャンペーン	7.45%			103万6865円	3.69%

96年7月31日に1年ものの外貨定期預金に預け入れた際、金利上乗せキャンペーンを利用した場合と、しなかったと仮定した場合の比較。預入額100万円に対し1%の上乗せで、税引き後の受取額にこれだけ差が出る。NZドルでは為替差損をカバー

※「マネージャパン」より

「捏造」としか思えない、「シティバンク」への称賛記事

日本人が、「シティバンク」の打ち出した「最大金利2%上乗せキャンペーン」で店頭に行列をつくった背景には、金利を比べてみるということに思い至らない人が多かったというだけでなく、当時のマスコミが、背後から強力に「シティバンク」にエールを送っていたという事情がありました。

特に、この時期のマネー誌などを見ると、「シティバンク」の特集が目白押しで、その称賛ぶりには、度を超えたものがありました。

上の画像は、当時日本で発刊されていた3大マネー誌のひとつ「マネージャパン」が組んだ、「シティバンク特集」の中の記事の一部です。

これを見ると、「金利上乗せキャンペーン

で高い金利をさらに高く。」とあり、「シティバンク」の「外貨預金」に預けたら、どれだけ預金が増えて戻ってくるのかということが、具体的な手取り金額で書かれています。

たとえば、１００万円を米ドルで「シティバンク」に預けたら、普通に預けても１年後には手取りで１１０万５７１６円になり、さらにキャンペーン中に預けたら１１１万４５６１円になるとあります。しかも、これを利回りで見ると、実質利回りは、通常に預ければ10・57％のところ、キャンペーン中に預ければ11・46％にもなるというのです。

この記事を読んだ人の多くは、おそらく、「さすが、外資系は違う。大きく増やしてくれる」と思ったのではないでしょうか。

バブル崩壊後に、まとまったお金をどこに預けようかと迷っていた人にとって、この記事は、心ゆさぶられるものであったにちがいありません。

ただ、この記事を真に受けて「外貨預金」をすると、痛い目にあう可能性があります。

なぜなら、この表をよく見ていただくとわかるのですが、預けた時と引き出す時の為替レートが違うのです。預けた時に比べて、引き出す時の為替レートのほうが、「円安」になっているのです。

具体的には、預け入れ時のレートは１ドル１０９円15銭で、引き出し時のレートは１ドル１１７円45銭。「シティバンク」では、日本円を「外貨預金」に預ける時と「外貨預金」を日本円にする時に、それぞれ１ドルにつき１円の手数料を取っていたので、この手数料を除いてみると、なんと市場レートが1ドル108円15銭の時に預け入れて、1ドル118円45銭で引き出しているということです。

預けている間に、為替が10円以上も「円安」になっているのですから、100万円預けたら手取りが10万円増えるというのは、あたりまえの話でしょう。

為替というのは常に変わるので、逆に、預けた時のレートよりも出す時のレートのほうが10円の「円高」になっていたら、預けた100万円は90万円に目減りしてしまいます。

こうしたリスクには一切触れず、「大きく増える」という事ばかりを強調するのは、どう考えてもおかしいでしょう。

これが、「シティバンク」が出している広告だというなら、百歩譲ってしかたないといえるかもしれません。

けれど、これは広告ではなく、「マネージャパン」というお金の専門誌が、「シティバンク」に独自取材をして書いた本文記事なのです。専門家が書いたにしては、あまりにも稚拙な提灯《ちょうちん》記事なので、もしかしたら、別途に広告などで多額のお金が出ているのかなとしか思えません。

もし同じ時期に、「シティバンク」よりも高い金利をつけている日本の銀行の外貨預金に預けたとしたら、2%のキャンペーン金利など上乗せしなくても、手取りはもっと大きく増えているはずです。

たとえば、同じ条件で金利が４・８７５％の大和銀行に１００万円を預けたら、１年後の手取りは１１１万８００７円で、２％のキャンペーン金利を上乗せした「シティバンク」よりも、手取りは３５００円ほど多くなります。

念のためにもう一度書きますが、この記事は、「シティバンク」の広告ではなく、マネーの専門誌が、中立な立場で書いているはずの本文記事なのです。

これに限らず、当時はこうした記事があふれていました。

当時の日本では、「外貨預金」そのものが新しい商品だったので、なんだかわからないが凄い金融商品が出てきたというイメージを多くの人が持っていました。ですから、そういう人がこの記事を見て、「１年後に１００万円が１１１万円になって戻ってくるのだ」と思い込み、「シティバンク」の店頭に並んでいたかもしれません。

これだけでもかなりとんでもないのですが、さらに、もっと凄いものを見つけました。それは、当時、「シティバンク」自身が新聞や雑誌に出していた広告です。

広告のカラクリを読み解ける人は、ほぼいない

次ページの広告は、当時、「シティバンク」が出していた広告そのままを、縮尺だけを変え

て掲載しています。

これを見ると、多くの人が「今なら『シティバンク』にニュージーランド・ドルでお金を預けると、6・7%も金利がつく」と思うのではないでしょうか。

ただ、よく見ると「%」の上に小さく「1ヵ月もの」とあるので、金利に詳しくて、しかもこの文字に気づいた人は、「この金利が適用されるのは1カ月だけで、1カ月の間は6・7%だけれど、2カ月目からはキャンペーンの対象とならず、上乗せ金利2%を引いた4・7%に下がってしまうんだな」ということくらいは理解できるのではないでしょうか。

ところが、結論から言うと、誰一人として、この6・70%という高い金利では預けられないのです。なぜなら、一番下に、よほど目の良い方でも、よく目を凝らして見なくては見えない、1行の注意書きがあるからです。

ここには、「※上記の金利は、各通貨とも1998年4月24日の1ヵ月もの、または12ヵ月もの定期の表面年利率に、キャンペーン金利2・00％（1000万円相当額以上のお預け入れの場合）を加えた金利です。」と書かれています。

目が良くないと見るのさえ辛い小さな文字ですが、この文字を読むことができたとしても、書いてある内容を理解できるという人は、ほとんどいないのではないかと思います。

この1行を要約すると、「この6・7％の1カ月ものの金利が適用されたのは、1998年4月24日限定で、この日に預けて、2％のキャンペーン金利を上乗せされた人だけが、この金利になります」ということ。

ただ、「1998年4月24日限定で、この日に預けて2％のキャンペーン金利を上乗せされた人」という人は、ひとりもいません。なぜなら、左肩を見るとわかりますが、キャンペーン期間は1998年5月18日から8月15日です。つまり、1998年4月24日はキャンペーン期間中ではないので、2％の上乗せ金利は適用されないのです。

では、キャンペーン期間中に2％の金利を乗せたらどうなるでしょう。

たとえば、7月14日なら、その日のレートは3・9％なので、ここに2％の金利を上乗せすると、5・9％にしかなりません。

7月14日というのは適当に選んだ日ですが、他の日を見ても、この6・7％には遠く及びません。

結局は、少しでも利回りを高く見せるには、1998年4月24日の利率を使うのが、一番都合が良かったのでしょう。ただ、その日はキャンペーン期間中ではないので、2%のキャンペーン金利を上乗せすることはできないけれど、小さな文字で難しく書いておけば、そこまでわかる人間はいないだろうと、タカをくくっていたのでしょう。

やってもいないキャンペーンを、あたかも実現可能であるかのように仮定して、利回りを大きく見せ、その数字を異様なほど大きく掲載するというのは、ミスリードを超えた詐欺的行為ではないでしょうか。

この広告を見た時には、あまりの堂々としたインチキぶりに驚き、そのまま大切に取っておいたのですが、本書を書くにあたって、皆さんに原本をお見せできてよかったと思います。

ちなみに、2007（平成19）年からは、金融商品取引法が改正されたことで、このような広告は、違法ということになっています。

今なら完全に取締りの対象となるこうした広告も、1998年には法の網の目から漏れ落ちていて、取り締まれるようになるまでには、その後、約10年の歳月が必要だったということです。

金融の自由化では、政府の取締りは、すべてが後手に回ってしまいました。法律が実態を追いかけるという状況だったので、当時の日本では、こんなインチキな広告でもデカデカと出せたのです。

当時、日本政府のグローバル化対策が、どれだけ後手後手に回っていたのかは、この広告を見ただけでもわかります。

欲しい時に欲しいだけ、預金が集められるのは「シティバンク」だけ

「シティバンク」は、他の日本の銀行よりも「外貨預金」の金利を低くすることで、金利2％上乗せキャンペーンを可能にしました。

「外貨預金」は為替の影響を受けるので、預ける私たちは、損をしたり得をしたりしますが、預かる銀行は、為替手数料や利息などで必ず儲けが入る、確実に利益になる金融商品です。

この確実に利益になる金融商品のキャンペーンをいつ行うのかは、「シティバンク」が決めます。どれくらいの期間、このキャンペーンを展開するのかも、「シティバンク」が自分たちで決められます。

そして、キャンペーンを打てば、人々は支店の前に列をつくりました。

つまり、「シティバンク」は自分たちが欲しい時に欲しいだけ、「外貨預金」という、必ず手数料が稼げるおいしい金融商品のキャンペーンをし、計画的に収益を上げることができる、日本で唯一の銀行だったということです。

私が、このカラクリに気付いた時にはあまりに驚き、他にも、日本人が思いもしないトリックが隠されているのではないかといろいろと調べてみたら、出てくるわ、出てくるわ。どれもほとんど詐欺まがいの鮮やかな騙しの手口で、それがあまりに衝撃的だったので、これを『シティバンクに気をつけろ！』という一冊の本にまとめ、１９９８年にダイヤモンド社から出版しました。

出版する時点で、たぶんここまでカラクリを暴いたら、「シティバンク」から訴訟を受けるのではないかと予想し、ダイヤモンド社の顧問弁護士に、訴えられそうなところをあらかじめチェックしてもらいました。そして、もし訴えられて裁判になったら、しっかりと根拠を示し、逆に名誉毀損で訴えてやろうと待ち構えていたのです。

ところが、「シティバンク」から来たのは、訴訟ではなく、なんと講演依頼でした。それも、破格の講演料で。

もちろん、「シティバンク」の悪口になってしまうようなことばかりを書いた私が、「シティバンク」の方々を前にして、何を話せばいいのかわからないので、丁重にお断りしました。

ただ、その時、これこそがグローバルな金融の大海で荒稼ぎする、海千山千の金融機関なのだと、妙に感心したことを覚えています。

百戦錬磨で世界を相手に戦う「シティバンク」は、内容が事実だったということもあるでしょうが、手間も費用もかかる面倒な訴訟よりも、相手を抱き込んでしまったほうが早いと考えたのでしょう。

この時、グローバル化した世界金融の、本当の恐ろしさを見た気がしました。

日本の金持ちを「カモ」にし放題で、最後は日本から撤退する

「平成」の幕開けと同時に日本中から注目され、マスコミから「日本の銀行にない素晴らしい銀行」と称賛され、多くの人が店の前に行列をつくった「シティバンク」ですが、２００４（平成16）年に、プライベートバンキング部門の不祥事などを金融庁から摘発され、行政処分を受けました。しっかりとした商品説明もせずに、高齢者を騙して、ハイリスクのデリバティブ商品（金融派生商品）を売りつけていたのです。

金融庁は、丸の内支店、名古屋出張所、大阪出張所および福岡出張所の業務停止に加えて、翌年までに、すでに行われていた取引やこれに関係する業務を除いて、同拠点のプライベートバンキング部門の閉鎖を命じたのです。

カモにされた高齢者の多くは、戦後の経済復興期に、国から徹底した貯蓄教育を受け、汗水たらして働き、爪に火をともすように貯金を蓄えてきた人たちでした。金融商品の知識が乏しい、そういう人たちをカモにして、「シティバンク」は、同行にとって旨味が大きいリスク商

品を売りまくっていたのです。

たまたまバブルの前に家を買い、それが億単位になったので、不動産を担保にお金を借り、「シティバンク」につぎ込んだという人がいました。なけなしの退職金を、大部分投資に回したという人もいました。

「シティバンク」が、前述の「外貨預金」の広告で使った騙しの手口は、この頃になるとさらに洗練されていて、売る商品ももっと複雑で高度な、手数料の高いものになっていました。

そして、あたかも安全に儲かりそうな錯覚を植え付ける説明をして、老人たちからお金を搾《しぼ》り取っていたのです。


しかも、これだけではなく、その後の捜査で、さらに、いろいろなことがわかってきました。

スイスの銀行から数百億円相当のドル資金が振り込まれた「匿名口座」が見つかり、世界中に違法送金されていることがわかりました。

暴力団関係者とみられる口座も見つかり、マネーロンダリング（不正な資金洗浄）目的ではないかとの疑いも出ました。犯罪組織だけでなく、テロ組織との関係も取り沙汰されました。

さらに、違法な株価操作に加担した疑惑が出てきたり、銀行が取り扱えないはずの、美術品や不動産の斡旋や口利きまでしていたことが明るみに出て、数多くの不正に手を染めていた実態が浮かび上がりました。

呆れかえる、3度の業務停止命令

2004年の業務停止命令については、処分が甘すぎると言う声がありました。

仮に、日本の銀行が、このような不正のデパートになっていたなら、金融庁は、業務停止命令などという生ぬるい処分ではなく、銀行の免許を剥奪していたことでしょう。

それなのに、日本の「シティバンク」が銀行の免許を剥奪されなかったのは、グローバル化そのものがアメリカの国家的戦略であり、その先兵でもある「シティバンク」は、アメリカ合衆国で、当時大統領選を展開していた共和党のジョージ・W・ブッシュにも民主党のジョン・ケリーにも、多額な政治献金をしていて、いわばアメリカが背後についていたからではないかと言われています。

「シティバンク」の最終処分は、当時の五味廣文金融庁長官と竹中平蔵金融大臣のラインで決められました。

そこでどんなやりとりがあったのかはわかりませんが、結果だけを見ると、まさに外圧に弱い日本が、アメリカに「なめられた」と言っても過言ではないような甘い処分になりました。

しかも、これで話は終わらなかったのです。

2004年の業務停止命令に続き、「シティバンク」は、09年にも再び一部業務停止命令を受け、さらには、邦銀ではありえないことですが、2011年に、3度目の一部業務停止命令を受けています。

「懲《こ》りない」のか、日本の金融当局を「なめきっている」のか。

それだけしぶとく日本で営業していた「シティバンク」ですが、その後2015年に、約72万人いた個人顧客と約30の店舗を、三井住友銀行の子会社に売り払い、消費者向けの銀行業務は日本から撤退していきました。

撤退の理由はおそらく、日本人も日本の銀行も、「金融の自由化」で知恵がつき騙されにくくなったことと、それまで「シティバンク」が総取りしていた「無知な金持ち」というマーケットに、金融の自由化で雪崩《なだ》を打つように日本の銀行が参入してきて、商売の「旨味」がなくなったからでしょう。

「シティバンク」に代わり、日本の銀行が「金融海賊」になる

「シティバンク」という「黒船」の襲来で、日本人も、日本の金融も、大きく変わりました。

「平成元年」に、「シティバンク」が日本に本格上陸してきた頃の日本では、「大蔵省」の号令のもと、汗水垂らして稼いだお金を一生懸命に貯金し、さらにはバブルでそれを大きく増やした金持ちがたくさんいました。

そんな中で日本の銀行は、「大蔵省」の指示に従い、「シティバンク」のやりたい放題を指を

くわえて見ているばかりでした。

ただ、平成も中頃になって、日本の銀行の様相も一変してきました。「大蔵省」が解体され金融庁が誕生し、「護送船団」が消滅して、日本の銀行は丸裸でグローバル化された荒野に投げ出されました。

そればかりか、バブルの崩壊で山のように抱えることになった「不良債権」という重い荷物を背負いながら、今までとは打って変わった「弱肉強食」の世界に放り込まれたのです。

しかも、「アジア通貨危機」「ITバブル」の崩壊、「リーマンショック」など、次から次へと経営を脅かす危機に直面しました。

そしてついに平成の最後で、「日銀」による「ゼロ金利政策」によって、日本の銀行も、海千山千の「金融海賊」にならなくては生き抜けない時代がやってきました。

「シティバンク」は日本から撤退していきましたが、代わって今度は、日本の銀行が、日本人をカモにするようになりました。日本の銀行も、「刑務所にブチ込まれさえしなければ、なにをやってもいい。騙されたほうがマヌケ」というグローバル金融に変貌したのです。

1998年、銀行の窓口で、投資信託の販売が始まりました。さらに、2001年から段階的に、保険の販売もできるようになりました。

投資信託も保険も、銀行には、売ったら売った分だけノーリスクで手数料が入ります。「日銀」がゼロ金利政策を取ったために、従来の融資で利ざやを稼ぐ商売が難しくなった銀行は、いっせいに投資信託の販売や保険の売買などの手数料商売（フィービジネス）に傾斜していきました。

「大蔵省」が解体され、「護送船団」が消滅しても、多くの人々の中には、「銀行は信頼できる」という意識がまだ強くあったので、「銀行で買うなら大丈夫」という思い込みで、投資信託や保険が飛ぶように売れていきました。

しかも、執拗にカードローンを勧めてローン破綻を激増させたり、中には、スルガ銀行のように組織的に、アパート融資などの個人に対する不動産ローンで、不正融資にのめり込む金融機関も出てきました。

こうした幾多の事件が重なって、「平成時代」の末期には、銀行への信頼は地に落ちた、と言っても過言ではないでしょう。

しかも、「銀行はダメでも、郵便局は大丈夫だろう」と絶対的な信頼が存在したゆうちょ銀行やかんぽ生命でも、不正販売が発覚。「黄金の国ジャパン」の金融知識がない日本人は、今度は日本の銀行や郵便局に騙されるようになったのです。

23年前、１７６ページで紹介した拙著『シティバンクに気をつけろ！』のあとがきに、「シティバンクは、金融ビッグバン後の日本の銀行がたどる道筋を示す銀行」と書きました。日本の金融機関が、「シティバンク」のように平気で顧客を騙す時代が来るのではないか、と危惧したからです。

困ったことに、それは現実となりました。「護送船団」から解き放たれた日本の金融機関は、グローバルな海で鍛えられ、いまや海千山千の「金融海賊」とも互角に戦う強者になりつつあります。

ソニー「盛田昭夫」が見た、モノづくりを忘れたアメリカ

「平成元年」、日米貿易摩擦の現場で戦ってきたソニー会長（当時）の盛田昭夫氏は、M&Aのようなマネーゲームで「海賊のように」世界を食い荒らし、汗水を垂らして商品を産み出す製造業をないがしろにしているアメリカを危ぶみ、石原慎太郎氏とともに、『「NO」と言える日本』（光文社）を上梓し、ベストセラーになりました。

盛田氏はすでに、その後の金融資本主義の黒歴史でもある「アジア通貨危機」や「リーマンショック」を、予見していたようにも思えます。

「平成時代」は、牧歌的だった日本経済に、金融資本主義という「弱肉強食」のルールが持ち込まれ、多くの富が収奪され、貧富の差が広がった時代でした。グローバル化された大海で、金融資本主義の「金融海賊」たちが、我が物顔に跋扈した時代でもありました。

そして、この「金融海賊」たちは、ある時は不安定な相場に付け込み、またある時はインチキな相場そのものをつくりだし、世界を揺るがして、多くの人を不幸のどん底に突き落としま

した。

次は、日本人が「シティバンク」に騙された「平成時代」に、「強欲資本主義」で凶暴化した「金融海賊」たちが、世界で引き起こした4つの世界的な金融事件について見てみましょう。

世界を震撼させた「ブラックマンデー」「アジア通貨危機」「ITバブル」「リーマンショック」

「平成時代」には、それまで例がなかった巨大マネーが、世界中を駆け回りました。経済の「グローバル化」と、進化した「IT（情報技術）」「金融工学」を武器に、「金融海賊」たちが、地球上のあらゆるところに出没し、富の収奪を繰り返しました。

そして、「ブラックマンデー」「アジア通貨危機」「ITバブル」「リーマンショック」という、私たちの暮らしにも大きな影響を与える危機を、次々と引き起こしたのです。

この4つの大きな出来事のほかにも、28歳のトレーダーがひとりで、〝女王陛下の投資銀行〟と言われたイギリスの名門ベアリングス銀行を不正取引で破綻に追い込むという信じられない事件や、日本では、民放の雄フジテレビを相手に、ITベンチャーのライブドアが仕掛けた「ニッポン放送株」買収劇など、それまでの常識を覆すような数々の「金融事件」が起きています。

こうした「平成」の金融事件の原点は、世界が自由化されて1つにつながったことにありました。

その昔、アメリカ大陸が発見され、マゼランが世界一周をした大航海時代から、国境を越えたヒト・モノ・カネの動きが盛んになり始めました。さらに、イギリスの「産業革命」、世界各地の植民地化などにより、「経済のグローバリゼーション」は、本格化したのです。

ところが、現代の1970年代にアメリカで起きた「グローバル化」は、こうした動きと一線を画したものでした。

現代のグローバリゼーションは、国境を越えた往来から、国境そのものがなくなるような「ボーダーレス」へと向かったのです。

さらにインターネットが、「グローバル化」に新しい世界をもたらしました。

みなさんが「グローバル企業」で思い浮かべるのは、アップル、グーグル、アマゾン、フェイスブック、マイクロソフトといったネット企業ではないでしょうか。彼らには、国境そのものがなく、まるで世界中がひとつの国のように、あらゆるところで同じサービスを提供しています。

この「国境がなくなった世界」と「巨大金融資本」が結びつき、「金融のグローバル化」が始まりました。国や地域と結びついたモノを介す「産業」ではなく、金融そのものが世界中を巡って利潤をあげていく。

「金融工学」と結びつき、見境なく世界中のお金を吸い上げ、お金がお金を生む仕組みです。脆弱《ぜいじゃく》だと見れば、国も国境も関係なく、一斉に襲いかかる「金融海賊」たちの世界が広がったのが、「平成」という時代でした。

では、なぜこんな暴力的な金融の世界が生まれたのでしょうか。

アメリカを悩ませた、「財政赤字」と「貿易赤字」

第二次世界大戦が終わると、世界の金融の中心は、イギリスのロンドンからアメリカのニューヨークに移りました。

アメリカは、戦場となったヨーロッパに比べて産業への被害がほとんどなく、さらに、金（ゴールド）をたくさん持っていたので、ドルと金を交換できたからです。

いつでも金に交換できるドルは、世界中から信頼され、ドルを基軸通貨とした固定相場の国際金融体制（ブレトンウッズ体制）ができました。

ドルと金との交換レートは、1オンス（約28グラム）35ドル。いつでも金と交換できるという安心感で、ドルは基軸通貨として、広く世界中に普及しました。

ただ、世界経済の中心となったアメリカですが、１９６０年代から「ベトナム戦争」に本格的に介入して多額の軍事費が必要になったことと、遅れていた社会保障に力を入れたことで「財政赤字」が膨らみ、ドルと金との交換を維持できなくなりました（ニクソンショック・１９７１年）。

日本とは、１ドル３６０円の「固定相場」だったので、このレートでどんどん割安な日本製品が米国内に入り込み、アメリカの製造業はモノが売れなくなって大打撃を受けました。アメリカは「貿易赤字」に陥り、１９７３年、固定相場制は崩壊し、変動相場制へと移行します。

これが、その後に激化していく、日米貿易摩擦の端緒となりました。

ジョン・Ｆ・ケネディー、リンドン・ジョンソン、リチャード・ニクソンと3代の大統領が15年間にわたって介入した「ベトナム戦争」は、１９７５年に首都サイゴンが陥落したことで北ベトナムに統一され、終結しました。この戦争で、アメリカは財政面で大きな痛手を受け、貿易面では日本などに押されて産業が伸びずに失業が増え、景気後退とインフレが同時に進行する最悪の状況（スタグフレーション）に陥りました。

こうした中で登場したのが、ハリウッド俳優だったドナルド・レーガン大統領でした。

失敗した「元祖アベノミクス」？と「プラザ合意」

1981年、レーガン大統領就任当時のアメリカは、インフレ率12％、失業率7・5％、金利（3カ月もの）20・2％という大変な状況になっていました。

そこでレーガン大統領は、「強いアメリカを取り戻す」を掲げ、「レーガノミクス」を始めます。「レーガノミクス」は、減税と規制緩和で景気を回復させながら、政府の支出を削減し、小さな政府を目指しました。さらに、金融引き締めで、インフレから脱却しようとしました。

この「レーガノミクス」で、インフレは抑制され、失業率も下がり、規制緩和で新しい事業も増えました。さらに金融を引き締めたので、ドルの金利が上がり、ドルは通貨としての輝きを取り戻し、アメリカへの投資が進みました。

ただ、その一方で、負の遺産も多く残しました。

減税したことで「財政赤字」が増え、金利高でドルに投資する流れができてドル高になったのはいいのですが、輸出が伸びずに「貿易赤字」はますます拡大しました。安い日本製品がアメリカの業者の利益を圧迫している、ということで、ジャパンバッシングの嵐が吹き荒れ、「円安で日本製品がどんどん国内に入ってくるのはたまらない」と、企業が政府に怒りをぶつけるようになりました。

そこで、ドル高の動きを止めるため、1985年、G5（米・日・英・西独・仏）による「プラザ合意」でドル安（円高）誘導が行われ、1ドル240円前後だった円が、87年末には120円近くにまでなり、日本は大不況になりました。

1ドル240円が120円になるということは、今までアメリカに1万円で売っていたものが5000円でしか売れなくなるということですから、日本経済に激震が走り、輸出不況に襲われました。

その状況をなんとか抜け出すために、日銀は金利を引き下げて、大胆な金融緩和を行いました。その結果、昭和最後のあだ花と言われた「バブル」が発生したのです（日本への影響は、232ページ以下に詳しく書いています）。

「プラザ合意」で、極端なドル安（円高）になって焦ったのは、日本だけではありません。ドル安になると、輸入品が高くなるので、アメリカはふたたび物価が上昇して、インフレに逆戻りしてしまいました。

1987年には行き過ぎたドル安に歯止めをかけようと、G5にカナダとイタリアが加わり、「ルーブル合意」が締結されましたが、ドル安は止まりませんでした。87年末に、G7が緊急声明を出したことで、ようやく円は1ドル250円前後にまで戻り、アメリカはインフレを退治することができました。

けれど、物事は計算通りにはいかないもので、今度はふたたび日本から割安な輸入品が入ってくるようになったため、「貿易赤字」は増えることになりました。

「プラザ合意」「ルーブル合意」と、為替をめぐる悪戦苦闘が続く中で、この為替の乱高下をじっと見ながら、その歪みを突いて儲けていたのが、ヘッジファンドと呼ばれる、一匹オオカミ的な「金融海賊」です。

1979年、鉄の女と呼ばれるマーガレット・サッチャーが首相に就任しました。レーガンとサッチャーは、ともに低福祉低負担の小さな政府を目指し、経済の規制緩和と、競争社会の実現を目指しました。これが「新自由主義」と呼ばれるもので、多くの国が、彼らの「新自由主義」に追従しました。

この「新自由主義」による規制緩和で、「金融海賊」は、水を得た魚のように世界中を駆け巡り、金融の乱高下の隙をついては攻撃を仕掛け、世界の経済を混乱させました。

「昭和」の終わりから「平成」にかけて、世界経済では特筆すべき以下の4つの大変動があり、この主役は、「グローバル化」した世界に解き放たれた「金融海賊」たちでした。

1987年　ブラックマンデー
1997年　アジア通貨危機
2001年　ITバブル崩壊
2008年　リーマンショック

そこでまず、「ブラックマンデー」から見てみましょう。

【ブラックマンデー】

ソロスが負けてダリオが勝った

「ブラックマンデー」とは、1987年10月19日に起きたニューヨークダウの大暴落で、この日ダウは508ポイント、対前週末比で約22・6％下げました。これが月曜日だったので、「ブラックマンデー（暗黒の月曜日）」と呼ばれました。

1929（昭和4）年、世界恐慌の引き金となった「ブラックサーズデー」の下落率が12・8％ですから、それを大きく超える下落率で世界同時株安となり、日経平均も、前日2万5746円だった株価が、いきなり3836円も下落しました。

この暴落は、世界の主要23市場にも広がって、世界で瞬時に1兆7000億ドル、日本円にして約200兆円の資産が消えたと言われています。

「ブラックマンデー」の背景にあったのが、前述したような為替の混乱です。

景気停滞と物価上昇の同時進行（スタグフレーション）で経済が不安定になったアメリカは、何とかこれを解決しようとして「レーガノミクス」を行った結果、極度の「ドル高」となりました。これを「プラザ合意」で是正したと思ったら、今度は「ドル安」になりすぎてしまい、「ルーブル合意」で歯止めをかけようとしたのですが、西ドイツが自国のインフレを懸念して足並みが乱れ、「ドル安」は止まりませんでした。しかも、債券利回りに比べて株価が高くなっている中で、インフレを嫌う西ドイツが利上げをしたので、株式相場がいつ崩れてもおかしくない不安定な状況になりました。

こうした不安定な相場が続く中で、さまざまな噂が乱れ飛びました。たとえば、株価が高くなりすぎたので、政府が企業の合併や買収（M＆A）に高い税金をかけるとか、大口の投資家が売りに回ったとか、果てはレーガン大統領の妻がガンの手術をした、などという噂です。

当時は、今のようにインターネットが発達していませんでしたから、すぐに真偽を確かめることもできず、ヘッジファンドなどがリスク回避のために売りを出した時点で、多くの人が恐怖に駆られて株を売りはじめ、コンピュータのプログラムの自動売買システムも売りに回ったことで、売りが売りを呼ぶ展開になりました。

実は、この「ブラックマンデー」は、ヘッジファンドの2人の巨人の、明暗を分けました。勝ったのは、「ブリッジウォーター」を率いるレイ・ダリオ。それまで様々な失敗をしてきたダリオですが、その失敗を糧とし「ブラックマンデー」前に暴落を予測して、大金を手にしました。ダリオが立ち上げた「ブリッジウォーター」は、その後も勝ち続け、2020年4月時点で約1380億ドル（約15兆円）の運用資産を持つ巨大ヘッジファンドになっています。

負けたのは、「クォンタムファンド」を率いるジョージ・ソロス。相場がまだ上がると踏んで、10億ドルの買いを入れていたのですが、読みが外れて2週間で総額8億4000万ドルを失いました。これは、純資産の32％にあたります。強気だったソロスが、相場の異変に気付いて慌てて売ったことで、相場から買い気配が消え、売りが売りを呼ぶ展開になったとも言われています。

個人的には、この時、日本はバブルの真っ只中だったので、日本の金融機関を取材しても、意外とみんな呑気でした。なぜなら、日本株はすぐに持ち直し、日銀も大規模な金融緩和をしていたからです。また、どこの金融機関も大きな相場は張っていなかったらしく、「日本は大丈夫よ」と意外とみんな楽観的でした。

「アベノミクス」では1000億円を稼ぎ出したジョージ・ソロス

「ジョージ・ソロス」は、個人としては最も有名な「金融海賊」です。

「ブラックマンデー」から5年後の1992年、ソロスはイギリス政府の為替介入の隙をついてポンドの空売りを行い、15億ドルの利益を上げ、「ブラックマンデー」の損失を完全に取り戻しました。

この時、イギリス政府がソロスに負けたことで、彼は「イングランド銀行（イギリスの中央銀行）を潰した男」と呼ばれました。その後に起きた「アジア通貨危機」でも、マレーシアのマハティール首相から、「主犯はジョージ・ソロスだ」と名指しで非難されます。

ところが、その次の「ＩＴバブル崩壊」では失敗し、１００億ドルのファンド規模が、40億ドルにまで目減りしました。その後、再び投資では勝ち続け、ファンド規模は現在、２７０億ドルに達しています。

「アベノミクス」で日銀が行った円安誘導でも、ソロスは10億ドルの利益を得たと言われています。

彼の足跡をたどるだけでも、当時の「金融海賊」たちが住む世界は、巨万の資金が縦横無尽に行き来する鉄火場だったことがわかります。

「ブラックマンデー」は、多くの投資家に多大な被害を与えたので、こうした暴落を防ぐため、翌年には「サーキットブレーカー」という、価格が一定まで下がると市場の売買を止める安全弁のようなものができました。

ただ、「サーキットブレーカー」ができたといっても、「金融技術」は常にこうしたものを超えていきます。現在は、「アルゴリズム取引」という、コンピュータが１秒の間に何千回も自動で株取引をするシステムができているので、以前よりも相場のクラッシュが起きやすくなっています。

2010年5月6日、ニューヨークダウが約1000ドル（約9%）下落し、すぐに戻ったという事件が起きましたが、これは、アメリカの資産運用会社が大口の注文を出した株価指数先物に、「アルゴリズム取引」が反応したものではないかと言われています。

現代は、コンピュータ＝AIが株だけでなく、通貨、商品取引などあらゆる市場に導入されていることから、市場の見通しは、ますます人智の及ぶところではなくなっている、と言えるかもしれません。

「冷戦」が終結し、マネーの大海を「ヘッジファンド」が跋扈する

「ブラックマンデー」から2年後、ちょうどアメリカの株価が「ブラックマンデー」前の価格に戻った頃に、世界のグローバル化を加速する大きな出来事が起きました。

前述のように、マルタ会談によって、40年間続いた米ソの「冷戦」が終わったのです。

1989（平成元）年、当時のソビエト連邦のゴルバチョフ書記長とジョージ・H・W・ブッシュ大統領が会談し、「冷戦」の終結を宣言しました。ジョージ・H・W・ブッシュ大統領は、のちに「テロとの戦い」を旗印に、アフガン侵攻やイラク戦争を始めたジョージ・W・ブッシュ大統領の父親です。

ハンガリー、チェコスロバキア、ブルガリアといった国の共産党の一党独裁体制が崩壊し、ドイツを東西に分けていたベルリンの壁も崩れ、１９９０年には東西ドイツが統一されました。「冷戦」の終結宣言後の91年8月には、書記長だったゴルバチョフが辞任してソ連共産党が解体。同年12月には大統領を辞任して、ソビエト連邦が崩壊しました。

「冷戦」の終結で、それまで鉄のカーテンのかなたにあったソ連や東欧諸国の国境の壁もなくなり、「ヘッジファンド」の活動の場が、全世界に広がりました。

ヘッジファンドは、それ自体で存在しているわけではありません。

冷戦終結後に世界の歪みを突きまくって儲けたヘッジファンド御三家は、ジョージ・ソロス率いる「クォンタムファンド」、ジュリアン・ロバートソン率いる「タイガー・マネジメント」、ルイス・ベーコン率いる「ムーア・キャピタル・マネジメント」でした。

こうしたファンドの後ろには、世界中の銀行や年金、個人の裕福な資産家や国などがついていて、ヘッジファンドはこうしたところからかき集めたお金にレバレッジ（テコの原理のようにお金を何倍にもする金融技法）をかけて、大きく膨らませて相場を仕掛けるので、とてつもない破壊力を持っていました。

ただ、投資の世界は過酷なもので、すでに「タイガー・マネジメント」「ムーア・キャピタル・マネジメント」は破綻して、市場から姿を消しています。

これらの「金融海賊」の武器は、インターネットでした。

米ソの「冷戦」が終わり、アメリカの軍事情報通信技術が、インターネットとして民間用に転用されると、それを武器にアメリカの「金融資本」が世界を駆け回り、荒稼ぎするようになりました。

それまでの、汗水流して働く人が作り上げる実体経済は軽視され、金融によって富を吸い上げる「金融資本主義」が台頭し、ウォール街が世界を支配し、誰もがその餌食となる時代がやって来たのです。

【アジア通貨危機】

「ヘッジファンド」の群れに狙い撃ちにされた、タイのバーツ

1997年に起きた「アジア通貨危機」は、まさに「金融海賊」に襲われ、アジアの国々が次々と財政破綻していった、とんでもない事件でした。

震源地はタイ。当時のタイ政府は、為替リスクを減らしてアメリカの資本を呼び込むために、自国の通貨であるバーツの為替レートを、アメリカ・ドルにほぼ固定する「ドルペッグ制」を採用していました。バーツとドルの相場が固定されていれば、為替を気にせず、安定的な価格でアメリカと貿易できるからです。

ところが、アメリカがドル高政策を取ったために、ドルに固定されていたバーツも通貨高になり、実力以上に高くなってしまったので、この歪みに目をつけたヘッジファンドが、タイ・バーツに集中的に通貨売りを仕掛けました。

一説では、ソロス率いる「クォンタムファンド」と、ジュリアン・ロバートソン率いる「タイガー・マネジメント」、ルイス・ベーコン率いる「ムーア・キャピタル・マネジメント」が連携し、まるで集団で獲物を狙うハイエナのように次々と攻撃をしかけたとも言われています。

「ヘッジファンド」は、タイのバーツをたくさん持っている銀行からバーツを借りるなどしてかき集め、これを売りまくってバーツ安の環境をつくり、他の投資家が慌ててバーツ売りに走り、相場が崩壊したところで、売ったバーツを買い戻すという、通貨の空売りを仕掛けました。

その結果、タイ政府は固定相場に耐えられずに変動相場に移行し、1ドル24・5バーツで固定されていた相場は、半年後には40バーツ以下まで暴落して、タイの経済は壊滅的な打撃を受けました。

しかも、この通貨動乱が、タイと経済関係の深かったフィリピン、マレーシア、インドネシア、韓国などにも伝播したために、これらの国に投資していた海外投資家がこぞって資金を引き上げ、アジア経済は大混乱となりました。

ＩＭＦによる改革で、韓国は「ミニ・アメリカ」になった？

この時、お隣りの韓国は、外貨準備高が約20億ドルと乏しかったので、外国資本の急速な引き上げに対処できず、１９９７年11月に株が大暴落し、国内金融が麻痺状態となりました。

現在の韓国の外貨準備高は、韓国銀行（韓国の中央銀行）によると２０２０年６月３日時点で４０７３億１０００万ドルですから、当時は、この２００分の１程度の外貨準備高しかなかったということです。

１ドル８００ウォン台で推移していた韓国ウォンが、いきなり１ドル２０００ウォンを突破し、金融システムが麻痺する中で、韓国政府はＩＭＦ（国際通貨基金）に救済を求めました。

この要請で韓国に乗り込んできたＩＭＦは、日本と一緒に、資金援助で韓国を支えました。

なぜ、日本がＩＭＦと一緒に資金援助ができたのかといえば、戦後の日本は、幸か不幸か、アメリカから言われるままにアメリカ国債を買わされ続けていて、なんと２０００億ドルを超える外貨準備高があったからです。ちなみに、２０２１年３月現在、日本が保有する米国債の額は約１・４兆ドルで、中国に次いで世界2位です。

さらに、当時の日本は他のアジア諸国と違って、すでにアメリカのドルに対しては変動相場制を採用していたので、「ヘッジファンド」にとっては、狙っても旨味が薄かったということもありました。

そういう意味では、この時ばかりは、日本はアメリカの言いなりになる〝属国〟でよかったと言えます。

韓国の救済に乗り出したＩＭＦは、金を出す代わりに様々な条件を韓国に突きつけ、構造改革と称して金融、貿易の保護政策などを、すべて撤廃させてしまいました。

その影響もあって、この時韓国では、それまであった企業の半分が倒産し、残った半分の企業でも従業員の半分を解雇したので、サラリーマンの4分の3が失業し、街は失業者であふれました。病院も破綻し、社会保障も十分に機能しなかったので、うつ病や自殺者が急増しました。

韓国では、急激なインフレなのに「預金」が強かった⁉

実はこの時、経済破綻後の韓国を取材して驚いたのは、株も土地も暴落する中で、預金をしていた人だけは、国が預金を全額保護したので、目減りしなかっただけでなく、急激なインフレによって利息がいきなり31％に上昇したことでした。

よく、インフレになると貨幣の価値が目減りするので、借金してでも土地や株を買っておいたほうがいい、と言う人がいます。けれど、急激なインフレになると、土地や株は暴落し、借金の金利はべらぼうに上がるのを、私はこの時、目のあたりにしました。

ちなみに、この時の韓国の住宅ローンの延滞金利は60％で、多くの人がローンを返すのを諦めて家を投げ売りし、住宅価格も暴落しました。

実はこの時、一番賢かったのは、預金をしていた人だったのです。そのままお金を置いておいても高い金利がつくのですが、中には、そのお金をおろして暴落した株や土地を買った人がいました。

その後、韓国経済はもとの水準まで戻り、土地も株も大幅に値上がりしたので、こうした人は今、大金持ちになっています。

韓国は、ＩＭＦによって、財政的には立ち直りました。

けれどその代わりに、ＩＭＦは韓国で様々な改革を主導し、韓国は一握りの金持ちと大多数の貧しい人の国になってしまいました。ＩＭＦは、韓国をミニ・アメリカへと改造したのです。

結果、経済面での国際競争力は格段に強まり、サムスン電子やヒュンダイ自動車など、世界に伍していける企業ができましたが、そのいっぽうで雇用が不安定化し、若者は自国を「ヘル朝鮮（地獄のような朝鮮）」と嘆くようになりました。

この時日本は、国としては韓国を助ける余裕がありましたが、民間レベルでは、アジア諸国に工業製品を輸出する企業が多かったので、かなりの打撃を受けました。

さらに、バブル崩壊後の不良債権が、まだ山積みになっていたことで、１９９７年には北海道拓殖銀行が破綻、山一證券が自主廃業し、98年には日本長期信用銀行、日本債券信用銀行などの破綻が相次ぎ、金融危機が勃発しました。

こうした最中に、橋本政権が消費税を3％から5％に引き上げたことで、個人消費も大打撃を受けました。

巨大ヘッジファンドの破綻で、あわや世界恐慌

1999年に、LTCM（ロングターム・キャピタル・マネジメント）という、当時世界最大だったヘッジファンドが経営破綻し、消滅しました。

なぜ破綻したかといえば、97年に起きたアジア通貨危機とその翌98年のロシア財政危機で、状況を見誤ったからです。

LTCMは、運用チームにノーベル経済学賞の受賞者などが名を連ね、高度な「金融工学」を駆使して稼ぐ最新鋭のヘッジファンドで、各国の機関投資家や富裕層から多額の資金を集めて、1994年に運用を開始したばかりでした。

当初は、12・5億ドルでスタートしたのですが、1998年には1000億ドルを運用する巨大ファンドへと急成長していました。

「ドリームチーム」と呼ばれたほど、世界の頭脳の粋を集めた集団ですから、数理への自信は半端ではなく、元金を25倍にも膨らませるレバレッジ取引をしていたのです。

ただ、それだけに自信過剰でリスクの高い相場を張っていたので、小さな見誤りが大誤算となり、「アジア通貨危機」や「ロシア財政危機」という荒波の中で難破してしまったのです。

この巨大ヘッジファンドが破綻したことで、世界は、あわや大恐慌かという大騒ぎになりました。

これを見たFRB（連邦準備制度理事会）のアラン・グリーンスパン議長は、短期金利を1998年9月から矢継ぎ早に3回にわたって引き下げ、金融を緩和して影響を最小限に食い止めました。

ただ、物事には良い面ばかりはないもので、この急激な利下げが、「ITバブル」を加速させることになりました。

【ITバブル崩壊】

「平成元年」は、世界的には「インターネット元年」

1990年から2000年にかけてのアメリカは、「ITバブル」に沸いていました。前述のように、1999年から2000年にかけては、FRBの利下げもあり、アメリカのナスダック総合指数が1年で2倍になるという、とんでもない過熱ぶりでした。

背景には、「アジア通貨危機」で打撃を受けた国々が、アジアやヨーロッパで景気回復のために積極的な金融緩和をしたことがあり、日本もまた、バブル崩壊の後遺症から立ち直るのに、積極的な金融緩和を行っていました。

アメリカも矢継ぎ早に金融緩和をしたので、世界中のマーケットが、じゃぶじゃぶの金余り状態になっていました。

そのお金が、将来最も有望と見られていたＩＴ企業への投資に向かったので、まるで枯れ草に火がついたように、「ＩＴ株」が暴騰しました。

「冷戦」の後に、インターネットという新しい技術が出現したのは、１９８９年。日本の「平成元年」は、世界では、「インターネット元年」として認識されています。

インターネットは、冷戦時代に、ソ連からの核攻撃で中央制御のコンピュータが破断されても対応できるように造られた「ＡＲＰＡＮＥＴ《アーパネット》（世界初のパケット交換ネットワーク）」という技術が元となっています。

ただ、「冷戦」が終わったので、ソ連からの脅威がほぼなくなったと判断したアメリカ政府は、１９８９年、まさに日本の「平成元年」にこれを学術ネットに解放しました。

その後、１９９０年代に、これが商業ネットワークにも解放され、95年、マイクロソフト社のWindows95の発売を機に、一般の人もインターネットを使えるようになりました。

マイクロソフトは1975年に設立されましたが、世界的に脚光を浴びたのは、Windows95を発売してからです。

それまで4ドル前後で推移していたナスダックでのマイクロソフトの株価は、1996年末には10ドルを超え、2000年には50ドルをつけました。

インターネットの登場で、インターネット企業もたくさん生まれました。

アップル（Apple）は、1976年に設立されましたが、世界的に有名になったのは、いったん離れたスティーブ・ジョブズが経営に復帰した97年から。94年にはアマゾン（Amazon）が設立され、98年にはグーグル（Google）ができました。

新しい技術であるインターネットの将来性は明るく、設立されたばかりのIT関連のベンチャー企業の株は、軒並み上がりました。

日本では、ソフトバンクが脚光を浴び、孫正義社長が長者番付のトップになりました。1999年には、光通信の重田康光氏が史上最年少の34歳で光通信を東証第一部に株式上場させ、すでに「IT」時代の寵児となっていました。

ちなみに、ピーク時の光通信の株価は24万1000円でしたが、「ITバブル」が崩壊した2002年7月には、895円まで下がりましたから、なんと370分の1になってしまったのです。

アメリカ同時多発テロで、株価も同時に崩れ落ちる

雨後のタケノコのように出てきたＩＴベンチャーは、アメリカでは「.com」が商用ドメインの末尾につくため、社名にもドットコムをつけ、「ドットコム企業」と呼ばれました。

「ドットコム企業」は、巨額の投資でインフラを整備し、人々もこうした企業の成長性に期待して株を買ったため、「ＩＴバブル」が起きました。

ただ、この熱狂のあまりの異常さに、ＦＲＢが、株価の過熱を冷ますために金利を引き上げたので、株価は急落しました。しかも、株価が急落している最中に、アメリカでは同時多発テロが起きました。


それは、イスラームの過激派がハイジャックした旅客機が、ワールドトレードセンターやアメリカ国防総省の本庁舎に突っ込むという、最悪の事件でした。

この悪夢を前に株は売りまくられ、アメリカの株価指標のＳ＆Ｐ５００は、ピーク時の約半分の49％になり、多くのＩＴベンチャーが倒産しました。

その一方で、当時のブッシュ政権が「テロとの戦い」を宣言したので、軍需産業だけは異常な株高となりました。

この突発的な状況に、ＦＲＢがすかさず4回の金利引き下げをしたので、市場はなんとか持ち直しの兆しを見せました。

GAFAMの時価総額の推移

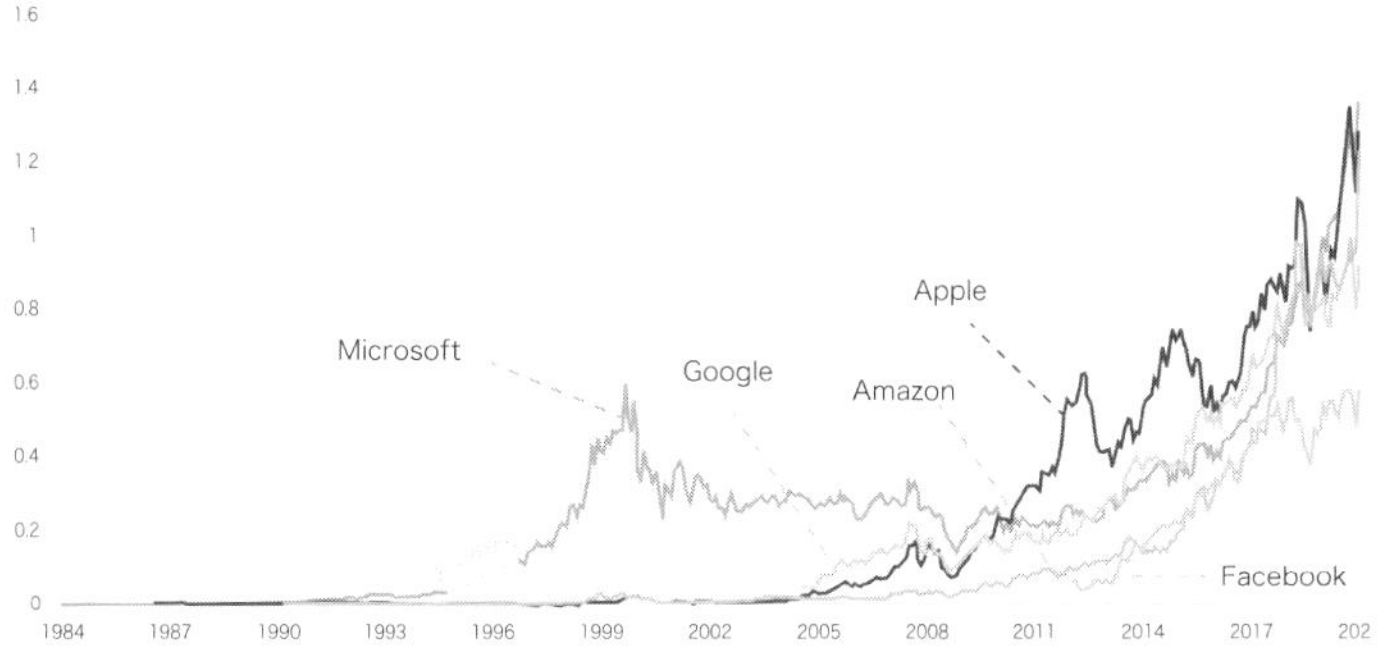

出典：Ycharts「Historical Market Cap Data」より

アメリカの主要なＩＴ銘柄を見ると、ピークからアメリカ同時多発テロ事件の直後までに、約20分の１に減っています。

ただ、こうした危機が去ると、その後もインターネットは、実生活の中で驚異的な役割を果たしました。その牽引《けんいん》役のグーグル（Google）、アマゾン（Amazon）、フェイスブック（Facebook）、アップル（Apple）にマイクロソフト（Microsoft）が加わったＧＡＦＡＭ《ガーファム》は、その後、「世界のグローバル化」を象徴する巨大企業に成長していきます。

【リーマンショック】

金融機関にとって「金の卵」だった、サブプライムローン

ＩＴバブル崩壊の痛手を、軍需産業の活況と金融緩和で乗り切ったアメリカの金融界は、２００３年

頃から再びその勢いを取り戻します。

ただ、それも長くは続かず、2008年9月、アメリカの証券大手のリーマン・ブラザーズが、総額6000億ドル（約64兆円）というアメリカ合衆国史上最悪の負債を抱えて倒産します。

この「リーマンショック」で、世界は再び金融危機に陥り、多くの金融機関が破綻しました。

「リーマンショック」で世界中が経済危機に陥った背景には、「サブプライムローン」という、低所得者層向けの住宅ローンの破綻が、相次いだことがありました。

普通の返済能力がある人に貸し出される住宅ローンは、「プライムローン」であり、返済能力が低い人に貸し出される住宅ローンが、「サブプライムローン」になります。

普通に考えれば、返済能力が低い人に住宅ローンを貸し出すと、焦げ付く確率が高いので危険です。それなのに、なぜ、どんどん貸し出すことができたのかといえば、当時のアメリカでは、住宅価格が右肩上がりに上がっていたからです。

たとえば、10万ドル（約1000万円）の住宅ローンを借りて10万ドルの家を買うと、半年後に12万ドルに値上がりしていたので、それを売れば、10万ドルの住宅ローンを返しても、手元に2万ドルが残るといった状況でした。

つまり、家が、半年間で2万ドル（約200万円）を稼ぐ財テクの手段になったのです。

ですから銀行は、住宅価格が上がる中で、「良い家に住みながら、利殖もできますよ」と低所得者に囁き、「サブプライムローン」をどんどん借りさせたのです。

「サブプライムローン」は、１９８０年初頭から売り出され、２００５年には、全米の住宅ローンの20％を占めるほどになりました。

そして、銀行や証券会社は、この「サブプライムローン」に、「証券化」と「レバレッジ」という、２つの魔法をかけ、「かぼちゃの馬車」を「シンデレラの馬車」に仕立て上げました。

金融工学が編み出した、「証券化」と「レバレッジ」という魔法の杖

「証券化」や「レバレッジ」というのは、１のものを10にも１００にもしてしまう、現代の「金融工学」が編み出した魔法の杖です。

「証券化」とは、あるものの価値を債券にして売り出すことです。

たとえば、みなさんがマイホームを買うために、銀行から３０００万円の住宅ローンを、30年返済で借りたとします。

利息が１５００万円で、返すお金が元金も含めて４５００万円になるとすると、年間約１５０万円ずつ返せば30年で全額返済できます。

ただ、銀行は、30年間も返ってくるお金を、ぼーっと待ち続けられない。

そこで銀行は、30年間で４５００万円が戻ってくる住宅ローンの権利を、１００人に45万円ずつで売ります。そうすると、銀行の手元には４５００万円が入ってくるので、また別の誰か

にそれを貸すことができます。

これは、あくまでイメージで、実際にはもっと複雑な設計ですが、とりあえずこうしてたくさんの人に、権利を商品として売ると思えばいいでしょう。

この場合、「商品」として売るには、出来るだけ利回りが高いものがいいですから、通常のローンより金利が高い「サブプライムローン」が使われたということです。


さらに、この債券化した「サブプライムローン」に、レバレッジをかける人が現れます。

「レバレッジ」とは、1のものを、10にも100にもする技術です。

たとえば、金融商品で言えば、1万円のものを、「これは10万円です」と言っても、「嘘だ、それは1万円の価値しかないだろう」と言われてしまいます。

ただ、「これは本当は1万円の価値なのだけれど、何かあったら銀行が9万円を保証しますから大丈夫ですよ」と言われたら、安心して10万円の価値があるものとして買えます。この場合、銀行は9万円を保証する代わりに、手数料をもらいます。

ただ銀行は、多少の手数料をもらっても、保証している9万円が破綻したのではたまりません。

そこで出てくるのが、格付け会社です。

格付け会社とは、売り出される債券や債券の発行体にどれくらい破綻リスクがあるかを様々な角度から検討し、破綻リスクが少ない「AAA（トリプルエー）」から、破綻同然の「D（シングルディー）」まで、何段階もの信用度でリスクを示します。

もし、格付け会社から「ＡＡＡ」のお墨付きをもらえれば、破綻する可能性はほとんどないということですから、銀行は安心して手数料をもらって9万円を保証できます。

かなり複雑ですが、こうしたことをどんどん繰り返していくうちに、もとの1万円が、どんどん膨れ上がっていくことになります。

実態がわからなくなってしまった「サブプライムローン」という毒

「証券化」も「レバレッジ」も、モトになっている住宅ローンが破綻しない限りは、成り立つはずの仕組みでした。そして、住宅バブルが続く限りは、破綻など起きないはずでした。

ところが、アメリカの住宅市場は２００６年をピークに、停滞・下落に転じてしまいます。住宅価格が下がると、「サブプライムローン」を借りて、物件を人に貸している低所得者は、ローンが払えなくなります。こうして、２００７年のはじめには、「サブプライムローン」の延滞率が16％近くにもなりました。これは、普通の「プライムローン」の5倍以上の延滞率です。

そうなると、前述のスキームは、成り立たなくなります。

ところが、「サブプライムローン」の破綻が出始めたにもかかわらず、銀行などの金融機関は、金利の高い「サブプライムローン」の儲けに目が眩《くら》み、「証券化」し、これに「ＡＡＡ」という最高の格付けをつけて「レバレッジ」をかけて何倍にもして、世界中に売りさばいていたのですから、もはや犯罪的行為です。

しかも、買われた先でまた「証券化」され、「レバレッジ」をかけられるということが繰り返される間に、どの商品に「サブプライムローン」が入っているのか、わからなくなってしまいました。

「リーマンショック」の起きる1年前、フランスの大手銀行・ＢＮＰパリバグループが、「証券化」された住宅ローンで大きく損失を出すなどの事件が起きて、「証券化」への不安が高まったのですが、すでに巨額の投資をしてしまった金融機関は、いずれはババを引くということを薄々感じながらも、引くに引けない状況で突き進んだのです。

破綻した「サブプライムローン」は、金融商品に仕込まれた〝毒〟のようなものです。もし、「ここにはこれだけ、サブプライムローンという〝毒〟が含まれています」ということがわかれば、それを取り除けば、あとは健全ということになります。

ところが、何度も「証券化」を繰り返し、何十倍もの「レバレッジ」かけていたので、どれが〝毒〟入りの金融商品なのかもわからなくなり、慌てふためいた投資家が金融商品を投げ売りしたので、相場は瞬く間に崩れ落ちました。

銀行や保険会社には、「サブプライムローン」を「証券化」したり、「レバレッジ」をかけた時の山のような保証が顕在化し、多額の債務となって押し寄せてきました。

結果、「サブプライム・ショック」で、多くの金融機関が破綻することになったのです。

本家の「シティバンク」は、日本の国家予算の2倍の損失に

2008年9月、アメリカ第4位のリーマン・ブラザーズが「サブプライム・ショック」で経営破綻するという「リーマンショック」が起きました。

それだけでなく、第3位のメリルリンチは米銀大手のバンク・オブ・アメリカに救済合弁され、第2位のモルガン・スタンレーは、三菱UFJに助けを求めました。

さらに、資金繰りに行き詰まった世界最大手の保険会社AIG（アメリカン・インターナショナル・グループ。日本では子会社のアリコジャパンが有名）は、米政府の管理下に置かれることになりました。

この相次ぐ巨大金融機関の破綻の危機に、アメリカ政府はすぐさま7000億ドル、日本円にしておよそ74兆円という巨額の公的資金の投入を発表しましたが、株価の乱高下は止まらない状況でした。

「ワシントン・ミューチュアル銀行」が破綻し、AAAの「証券化」商品に約15倍の「レバレッジ」をかけて投資利回りをあげるSIVという手法を編み出した「シティバンク」も、2兆ドル超の巨額損失を抱え、米財務省によって資本注入されました。2兆ドルといえば、日本の国家予算の約2倍の額です。

しかも、経済のグローバル化によって、アメリカの金融危機はヨーロッパやアジアに飛び火して、世界中が大混乱に陥りました。

ヨーロッパでも、このままでは世界恐慌になるとの判断から、すぐさまドイツ、フランス、オランダの政府が金融安定化策として、合計で1兆ユーロ（約147兆円）の支援を決めました。

日本でも、2008年9月12日に1万2214円だった日経平均株価が10月28日には6000円代（6994円90銭）まで落ち、大和生命が倒産するなど激震が走りました。

ただ、欧米に比べて日本が比較的被害が軽微だったのは、幸か不幸か、金融の自由化が遅れていたために、「サブプライムローン」のような金融商品の扱いが、欧米ほど多くなかったからです。

ただ、「リーマンショック」で世界経済が冷え込む中で、ドルの下落で円高が進み、2007年7月6日には1ドル123円36銭だった円は、その後も値上がりを続け、11年8月12日には76円87銭をつけ、輸出業者には多大なダメージを与えました。

「リーマンショック」で痛手を受けた各国政府は、再発防止に全力を挙げ、金融監督体制を見直し、規制強化に乗り出しました。

「金融海賊」の時代が終わり、GAFAMの時代がやってきた

「リーマンショック」は、グローバル化された金融の海で大暴れしていたヘッジファンドや投資銀行だけでなく、「シティバンク」のような商業銀行や、「ムーディーズ」「スタンダード・アンド・プアーズ」といった格付け会社にまで多大な被害を与えました。

この事件で、アメリカ政府の支援を受けたゴールドマン・サックスやモルガン・スタンレーなどアメリカを代表する投資銀行は、次々とＦＲＢの監督下に入って手足を縛られ、シティバンクなどの商業銀行も、健全性に対しての厳しい審査を受けることになり、それまでのような自由奔放なことはできなくなりました。

そういう意味では、高い代償を払ったことは確かですが、「冷戦」後に解き放たれた、暴力的とも言える「新自由主義」を逆手に取った「金融海賊」は、その後なりを潜め、世界経済は復調しているかのように見えます。

一方で、グローバル化の波は、ますます世界に広まっています。

令和元年に、大阪で主要20カ国・地域首脳が集まった「Ｇ20サミット」が開かれました。ここでの重要な議題の１つが、ＧＡＦＡ課税（グーグル、アップル、フェイスブック、アマゾンへの課税）でした。

グーグルが出来て20年以上経つのに、未だにＧＡＦＡにＭ（マイクロソフト）を加えた世界的なＩＴ企業に対しての税金の定義が明確化されていないのは、こうした企業が、従来の国という枠を超えて活動しているために、国家を基本とした課税の定義が難しいからです。

「平成」は、「金融海賊」たちが世界中を荒らし回り、日本にも大きな影響を与えた時代でした。続く「令和」は、その「金融海賊」がなりを潜め、国という概念を壊す「ＧＡＦＡＭ」が世界を先導する新しい時代になりそうです。

１９７９年、ハーバード大学のエズラ・ヴォーゲル教授の著書『ジャパン・アズ・ナンバーワン』がベストセラーになりました。この中には、「大蔵省」の優秀な官僚たちが日本の戦後の経済を牽引して、素晴らしい国を作り上げてきた様子が描かれています。けれど、「平成」の30年の間に、その世界に冠たる官僚組織だった「大蔵省」は機能不全に陥り、解体され、新たにスタートした「財務省」は、政治家に振り回される主体性のない組織になってしまいました。

そのため、日本経済は成長力を失い、大きく劣化しました。

次章では、「昭和」の日本を世界に押し上げた牽引役だった「大蔵省」が、なぜ「平成」で急速に力を失い、「劣化」していったのかを軸に、「平成時代」に袋小路に陥った日本経済を見てみましょう。

第4章 日本が「劣化」した平成という時代

「平成」は、昭和天皇の崩御と「第二の真珠湾攻撃」で始まった

1989年1月7日、天皇陛下が崩御され、2月24日、朝から氷雨がそぼ降る中で大喪の礼が執り行われました。

164カ国の要人がやって来た葬儀は、テレビで見ていても荘厳さが伝わってきて、「昭和」という一つの時代が終わったことをひしひしと感じさせました。

けれど、国民が悲しみにくれる一方で、それとは別に、この時の日本経済は、絶頂期を迎えていました。

戦後の日本は廃墟の中から立ち上がり、奇跡の復興を遂げました。そして、官民一体となって世界第2位の経済大国にまで、駆け上がっていました。

その勢いが頂点に達したのが、「昭和」が終わり、「平成」が始まったこの時でした。

1989（平成元）年10月は、日本がその経済力でアメリカに「第二の真珠湾攻撃」を仕掛けた年でもありました。

日本の不動産会社大手の三菱地所が、アメリカの魂と言われていたニューヨークのロックフェラーセンターなどを、約1200億円で買収。しかも、その前の月には、ソニーが、アメリカ人の文化の故郷ともいえるコロンビア・ピクチャーを買収しました。

そして、1991年には、アメリカ合衆国国定歴史建造物に指定されていたエンパイア・ステートビルを、日本のホテル王だった横井英樹氏が購入したのです。

日本がアメリカのシンボルを次々と買い漁る状況は、アメリカ人の目には、「ジャパンマネー」による「第二の真珠湾攻撃」に見えたのではないでしょうか。

ニューヨーク・タイムズは、一面で大きく、「日本人がニューヨークの記念碑たるロックフェラーセンターを買収」と、批判的に報じました。

そうでなくても、日本製品の進出で、アメリカの製造業が大打撃を受け、ジャパンバッシングの火が燃え盛っていた時期です。

そんな最中での出来事ですから、アメリカ人が激怒し、対日姿勢を硬化したことはいうまでもありません。

1988年、アメリカは、日本との貿易に対して、一方的に制裁を科すことができるスーパー301条を制定。さらに翌89年には、日本に対して、アメリカが主導権を持つ「日米構造協議」の開始を迫りました。

この「日米構造協議」は、のちに日本に対して、郵政民営化や持ち株会社の解禁など、アメリカの望む政策を迫る「年次改革要望書」へとつながっていきます。

バブル期の日本企業による「アメリカ本土買収」は、「真珠湾攻撃」と同じで、最初は華々しい成果が出たかのように見えました。

しかし、あとが続かず、バブルの崩壊で日本勢は買った物件をことごとく手放すことになってしまっただけでなく、逆に、アメリカ資本に攻め込まれ、多くの日本の富が失われていったのです。

バブル期は大蔵省の絶頂期だった

太平洋戦争に突入したときに、日本が頼りにしたのは、大和、武蔵など、巨大戦艦を中心とする艦隊戦で勝利することでした。

ところが、第二次世界大戦では、小回りの利く航空機が主役となっており、日本の誇る巨大戦艦は、なすすべなく撃沈されてしまいました。

これと同じように、「平成」のバブル期にアメリカに攻撃を仕掛けた日本企業のバックには、「大蔵省」を頂点とする「護送船団」という、日本の巨大金融艦隊が控えていました。

けれど、すでに世界は、ヘッジファンドや投資銀行などの、小回りが利く機動性に優れた「金融海賊」が跋扈する時代になっていて、日本の「護送船団」は、すでに世界には通用しなくなっていました。

結果、日本企業は彼らの餌食となり、散々な思いで海外から撤退せざるをえなくなってしまったのです。

余談ですが、実はバブル期、多くの銀行がニューヨークで資産を買いあさって大損する中で、ほとんど何もせずに無傷だったのが、三菱銀行（現・三菱ＵＦＪ銀行）でした。

なぜかと思い、当時の三菱銀行の調査役だった方に聞きに行ったら、「うちは、１９８９年９月にニューヨーク証券取引所に上場する準備をしていたので、うかつなことはできず手足を縛られた状況だった。みなさんが、派手にやっているのを横目で見ながら、当時はちょっと悔しかったけど、結果的には、それで不良債権を増やさずに済んだんだ」と話してくれました。

一方、「向こう傷を恐れるな」という磯田一郎会長の号令のもと、やりたい放題やっていた住友銀行（現・三井住友銀行）などは、バブル崩壊で山のような負債を抱え、その後、塗炭の苦しみを味わうことになりました。

この様子を、ある雑誌に「バブル時代、住友銀行はやたらに火を噴くゴジラで、三菱銀行は何もできずに繭の中に閉じ込められていたけれど、バブルがはじけて出てきたら綺麗な蝶になっていたモスラ。みずほ銀行は、頭が３つ（第一勧業銀行、富士銀行、日本興業銀行が合併）で統率できないキングギドラ」と書いたら、当時、広報部にいた、現在の三井住友銀行の重役に、「うまいことを言う」と褒められた（？）ことがありました。

日本が、アメリカを買いあさったバブルのピークは、同時に、日本の銀行の「護送船団」の頂点に立つ「大蔵省（現・財務省）」のピークでもありました。

「大蔵省」は、日本の高度成長を牽引してきた霞が関の官僚軍団の中でも、「省庁の中の省庁」と言われていました。この「大蔵省」が「平成」になって衰退し、司令塔の役割を果たせなくなり、ついには解体されたことで、日本の金融行政は大きく後退し、未だかつてないような「30年デフレ」という異常事態に突入していきます。

この「大蔵省」の衰退が、誰の目にもはっきりとわかる事件が、1995（平成7）年、アメリカのニューヨークを舞台に起きました。

銀行が、個人の犯罪を組織ぐるみで隠蔽する

「大蔵省」といえば、1998年に起きた接待汚職事件、いわゆる「大蔵省スキャンダル」が有名ですが、実はその3年前にも、とんでもない事件が起きていました。

大和銀行がニューヨークで現地採用した井口俊英という銀行員が、米国債の投資で失敗し、約11億ドル（約1100億円）の損失を出したのです。後に言う、大和銀行ニューヨーク支店巨額損失事件です。

井口は、1976年に、大和銀行ニューヨーク支店に嘱託社員として採用されましたが、その時すでに、債券の無断取引などで負債を抱えていました。

その負債をなんとかしようと、1984年に5万ドル（約500万円）を着服。さらに、88年には52万ドルを着服するなど、着服額が徐々に増えていきました。

しかも、行内では3度の内部検査を受けたにもかかわらずこれをすり抜け、さらにこの間、

ニューヨーク支店ぐるみの隠蔽やニューヨーク連邦銀行の捜査のすり抜けなどもして、その後も損失を隠すために次々と投資額を膨らませては損害を拡大し、最後は、顧客から預かっていた証券なども無断売却して損失の穴埋めに使った結果、11年前には5万ドルだった着服額が、なんと最終的に約11億ドルまで膨れあがったのです。

ついに隠しきれなくなったと悟った井口は、1995年、大和銀行の藤田彬頭取宛に、犯罪の全貌を明かす告白状を送りました。


日本円で約1100億円というのは、1人の銀行員が出した損失額としては信じがたいほど巨額です。しかし、もしこれだけならば、個人の詐欺・横領として、大和銀行が井口を警察に突き出せば終わったはずの話でした。


ところが、なんと井口の告白状を受け取った藤田頭取は、今の常識では考えられないことですが、この井口の犯罪を、組織ぐるみで隠蔽するように指示したのです。

頭取からの隠蔽指示で、担当の常務と国際資金証券部長が日本からすぐさまニューヨークに飛び、井口に隠蔽に協力するよう要請しました。そして、井口を交えてニューヨークのパークレーンホテルで損失を隠蔽するための具体的な方策を協議したうえで、井口が持っていた、不正の経緯を克明に記録したフロッピーを破棄させたのです。

さらに、井口の損失を隠すため、大和銀行本店の了承のもと、架空取引や違法取引を繰り返すという、前代未聞の犯罪に銀行ぐるみで手を染めていったのです。

大和銀行に対する起訴状の24の訴因

訴因No.	訴因内容
1	FRBを欺くための1995年の謀議
2	重罪の隠匿
3	大和銀行年金信託勘定に対する残高報告書への虚偽記載
4	大和銀行信託勘定に対する残高報告書への虚偽記載
5	バンカーズトラスト社の報告書の偽装
6	損失隠しのための短期米国債6億ドルの移転指示
7	上記短期米国債の移転理由を“流動性確保のため”と偽って報告
8〜18	バンカーズトラスト社の報告書の偽造（1995年7月以前の損失）
19	大和銀行年金信託部門への虚偽の残高報告（1995年7月以前の損失）
20	大和銀行信託部門への虚偽の残高報告（1995年7月以前の損失）
21	大和銀行年金信託部門に対する残高報告への虚偽記載（1995年7月以前の損失）
22	大和銀行信託部門に対する残高報告への虚偽記載（1995年7月以前の損失）
23	FRBを欺くための1993年の謀議
24	1992年11月のFRB検査に対する妨害

※大和銀行に対するニューヨーク地検の起訴状より
※井上泉「ケーススタディ『大和銀行事件』」より

そのため、最初は井口の単独犯行だったこの事件は、銀行の組織ぐるみの犯行に変わり、大和銀行は、ニューヨーク連邦地検から起訴されることになりました。

その大和銀行への訴因は、なんと24にもなりました。

「護送船団」維持のため、犯罪に手を染めた「大蔵省」

日本の大手銀行が個人の犯罪を、組織ぐるみで隠蔽工作する、というのも前代未聞の恥ずかしい話ですが、この事件には、さらに輪をかけて驚くべき顚末《てんまつ》がありました。

この信じがたい銀行の悪質な隠蔽工作を捜査している過程で、「大蔵省」が銀行と共犯関係にあったかもしれないという事実が、浮かび上がってきたのです。

「大蔵省」は1995年8月8日に、この

不祥事について大和銀行の首脳から報告を受けました。

普通ならば、日本とアメリカの2カ国が関わる事件ですから、「大蔵省」はすみやかにアメリカの金融監督当局に事態を報告し、協力して事件の全容を明らかにしなくてはなりません。

ところが「大蔵省」は、大和銀行から8月8日に報告を受けていたにもかかわらず、アメリカの金融当局に対しては、「9月18日に大和銀行から報告を受けた」と、嘘の報告をしていたのです。しかも、これが嘘の報告だったことを認めたのは、さらに遅い10月9日でした。

「大蔵省」が、大和銀行からの不祥事の報告を受けながら、40日も米国金融監督当局への報告を遅らせ、しかもその後20日以上、嘘の報告だったと認めなかったのは、その間に、大和銀行に損失金の後始末をつけさせるための時間稼ぎだったのではないか、と疑われました。

「大蔵省」の虚偽の報告は、事実関係を照合したアメリカの金融当局にバレて、当時のFRB議長だったグリーンスパンは、「迅速な情報開示、相互協力という国際金融システムのルールを破った」と、厳しく「大蔵省」を非難しました。

アメリカの「ビジネス・ウィーク」誌も、「大蔵省は、邦銀の秘密を守ってあげた代わりに、内外の信頼性を失った」と書いています。

米上院銀行委員会のダマト銀行委員長などはもっと辛辣《しんらつ》で、「大和銀行経営陣と共謀し、米当局への通報を阻止した大蔵省は、米政府の信頼をいちじるしく傷つけた」と、怒りをあらわにしています。

アメリカでの免許を剥奪され、追放された大和銀行

この事件について、マリー・J・ホワイト・ニューヨーク連邦地検検事は、記者会見の席で、「金融当局を欺いたり、社員の違法行為を隠蔽する金融機関は、容赦しない」と激しく非難し当事者の井口に200万ドル（2億3000万円）の罰金刑および着服した57万ドルの銀行への返還が命じられたのはもちろんですが、大和銀行は、アメリカでの免許を剥奪され、追放を言い渡されました。さらに、当時のニューヨーク支店長は、共同謀議で禁錮2カ月、保護観察1年に加えて、罰金10万ドル（約1100万円）が科せられました。

この一件で、杉田頭取をはじめとした複数の役員が辞任し、都市銀行の一角だった大和銀行は、その後、2003年にあさひ銀行と合併し、りそな銀行に商号変更していきます。

なぜ、戦後日本の経済復興の立役者だった銀行が、一個人の犯罪を組織ぐるみで隠蔽しようとしたのか。なぜ、その銀行を束ねていた「官庁の中の官庁」と言われた超エリート集団である「大蔵省」が、一介の銀行員の不祥事を隠蔽するための犯罪に、手を貸したのか。

その謎を解く鍵は、戦後の日本を世界第2の経済大国にまで押し上げた、「大蔵省」を頂点とする「護送船団」にありました。

加藤亮太郎氏の論文「大和銀行ニューヨーク支店損失事件　株主代表訴訟第一審判決─内部

統制と取締役の責任について」は、当時の「大蔵省」と「大蔵省」が率いる日本の銀行の「護送船団」について、以下のように記します。

大和銀行は、大蔵省銀行局長に事件の報告とともに、これをいつ公表すればいいのかという指示を仰いでいて、「9月は最悪なタイミングである。情報管理を徹底して、情報が漏れないように」との発言を得て、10月の初めに公表することで合意していたというのです。その後、どこから情報が漏れたのか、この時期は少し早まりましたが、護送船団方式の下にあっては、「大蔵省」の発言は絶対的な命令に等しかった、と指摘しています。

当時の「大蔵省」が、銀行にとって絶対的な存在であったのは、大蔵省が自らを頂点とした「護送船団」を築いていたからです。「護送船団」は、日本経済が一枚岩となって戦うための巨大艦隊で、その強大な力が、「大蔵省」に絶対的な権力を与えていたと言えます。だからこそ、「大蔵省」は、その絶対的な権力に傷がつくことを望まなかった。それを銀行が「忖度」し、組織ぐるみの隠蔽体質につながったのではないか、とアメリカ当局は見ていました。

では、この、世にもまれな鉄の結束を持った「護送船団」は、いつ、どのようにできたのでしょうか。

「預金封鎖」という、驚天動地の政策をひねり出した「大蔵省」

「大蔵省」は、その名が、大化の改新の後にできた律令制度から続くという古い歴史を持った官庁で、日本の国家財政を一手に握ることから、「官庁の中の官庁」と言われ、長い間、日本の金融界に君臨してきました。

ただ、「護送船団」ができたのは、第二次世界大戦後のことです。

日本は、戦争中に戦費調達のために大量に国債を発行し、この国債を直接日銀に引き受けさせていたために、終戦で国家財政は破綻状態になりました。

けれど敗戦後も、「大蔵省」の業務の柱である主計局機能はそのまま残りました。この生き残ったエリート集団が、一糸乱れず死に物狂いでＧＨＱと一緒に戦後の経済の立て直しに邁進し、インフレ退治に果敢に対応し、ＧＨＱに対しても様々な発案・提案をしている記録が現在でも残されています。

中でも凄いのが、新円への切り替えを口実に、金融機関にお金を預けさせ、その預金を下ろせなくする「預金封鎖」を行い、国民から財産税を徴収するという、驚天動地の政策を実行したことでした。

当時の「大蔵省」の内部文書を見ると、「どうせ1億戦死と言っていたんだから、みんないっぺん死んだと思って、相続税を納めてもらったらどうか」と、真剣に議論しているのです。「預金封鎖」には、銀行に吸い上げた財産に最高9割の財産税を課して、国の税収を増やすというだけではなく、市場からお金を吸い上げてインフレを止める、という狙いもありました。ところが、預けた預金が封鎖され、これに財産税がかけられるということを朝日新聞（1946年2月17日）がすっぱ抜いたために大騒ぎとなり、預金が引き出せなくなる前に使ってしまおうということで、ますますモノが買われて貨幣の価値が下がり、狙いとは反対に、さらにインフレが加速しました。

「預金封鎖」は、表向きは日本を占領していたGHQの指令で出されたということになっていますが、日銀の内部資料を見ると、すでに実施の1年ほど前から「大蔵省」の内部で、敗戦と財政破綻を予想して議論されていて、最終的には当時の大蔵大臣の渋沢敬三がGHQに要請したとあります。

平時の今だと、個人の預金を「封鎖」して出せなくして高い税金をかけるなどというのはとんでもない政策ですが、当時、国家破綻の瀬戸際に追い詰められていた「大蔵省」は、日本の財政を立て直すために、こうした奇策もやむなしと腹をくくっていたようです。

「預金封鎖」のあと、大蔵大臣だった渋沢は、内閣総辞職によって大臣の職を辞し、自らが「預金封鎖」とセットで創設した「財産税」の範たるべく、三田の自宅を政府に物納しています。

国民にとっては青天の霹靂《へきれき》ですが、ただ、この件を調べていくと、私利私欲ではなく、心から「国」を大切に思う当時の大蔵大臣や大蔵官僚の「矜持《きょうじ》」が見えてきます。

その「大蔵省」の流れを汲む「財務省」ですが、「平成」の末期には、こうした「矜持」はほとんど消えて、居直る大臣と忖度官僚が出世する組織になってしまったことは残念です。

「護送船団方式」で、間接金融を支える

戦後の経済の大混乱の中で、国を立て直すために優秀な大蔵官僚が考え出したのが、日本独自の「護送船団」でした。

戦後の日本を復興させるためには、銀行に預金させ、そのお金を銀行が企業に貸し出し、企業がそのお金で設備投資や雇用を増やすという、「間接金融」を徹底させることが必要でした（161ページ以下参照）。

この経済の循環をつくりだすためには、戦前のように銀行が潰れたのでは、お金を預ける人から信用が得られません。

そこで、銀行を1行も潰さないために、「大蔵省」が頂点に立って、上位下達のトップダウン方式を徹底するための日本独自の金融秩序「護送船団」が誕生しました。

戦後の日本経済は、それまで失ったものを取り返すかのように急拡大し、資金需要も強く、その資金需要に対応するために、「大蔵省」は、1円でも多くの預金を銀行に集めさせ、これを貸し出しに回させました。

いまでこそ、銀行経営は「量より質」などと言われていますが、このころはとにかく「質より量」で、預金集めが銀行の最大の使命でもありました。

そして、大きな銀行は大企業相手にお金を貸し、中小の金融機関は地場の商店や企業にお金を貸すという役割分担もはっきりしていました。

その指示は、すべて「大蔵省」が出していて、「大蔵省」の指示さえしっかり守っていれば、銀行は何の心配もなく儲かるようになっていました。

今の銀行では考えられないかもしれませんが、当時の日本の銀行は、どこでも同じ「金利」、同じ「金融商品」、同じ「サービス」で、金融機関というよりも、「大蔵省」の出張所でした。すべてを「大蔵省」が考案し、差配していたのです。

この「大蔵省」を頂点とした巨大な金融の「護送船団」は、混乱した国の経済を建て直すのに大きな役割を果たしました。

なにしろ、どこの銀行に行っても、扱いが同じで、商品も金利も同じ。しかも「大蔵省」が銀行を絶対に潰さないのですから、みんな安心してお金を預けました。

ですから、当時の日本人は、たぶん世界中で一番銀行を信頼していたことでしょう。

代々の大蔵官僚にその関係性が引き継がれていく過程で、「大蔵省」に対して銀行は、まるで代官様に仕える出入りの商人のようにヘイコラし、ご機嫌を取ることで精一杯になっていきました。大蔵官僚も、手足となって働く銀行を守ることで、自らの権力を維持し続けてきました。

実は、この強力な上下関係が、「大和銀行事件」の傷を深くしたと言っても過言ではないでしょう。

「プラザ合意」の円高に、「大蔵省」が防波堤

戦後日本の復興の中で、鉄の絆を築いてきた「大蔵省」と「護送船団」は、その結束で、幾多の試練をくぐり抜けてきました。

戦後、日本の経済は、アメリカへの輸出に依存することで、急速に発展しました。

1ドル360円という固定相場で国力をつけ、その後、変動相場に移行したことで何度も「円高不況」に見舞われましたが、その荒波の中でも、「大蔵省」が主導する「護送船団」は、一糸乱れず落ちこぼれを出さず、企業に必要な資金を供給し続けてきました。

最大のピンチは、1985年の「プラザ合意」でした。

当時、アメリカは、「財政赤字」と「貿易赤字」という、双子の赤字に悩まされていました。その原因は、日本からの製品輸出が多いからだということになり、日本の為替レートをなんとかしようということで、１９８４年に数回、「日米円ドル委員会」が開かれました。
そこでアメリカは、「鎖国状態」だった日本の金融市場に対して、制度の自由化や金利の自由化を迫りました。

これに対して、日本がぬらりくらりとアメリカの要求を回避しようとしたために、業を煮やしたアメリカ政府は、１９８５年9月、アメリカのプラザホテルに、アメリカ、日本、西ドイツ、イギリス、フランスの先進5カ国の大蔵省・中央銀行の総裁を集め、ドルの切り下げの合意を取り付けました。
円高・ドル安にすれば、日本製品がアメリカに入りにくくなるだけでなく、アメリカ製品が日本に入りやすい環境ができると考えたのです。

結果、この「プラザ合意」で、1ドル２４１円だった為替相場が、翌年1月には２００円を大きく下回り、１９８7年の年末には１２０円台を割り込むという強烈な円高となり、日本は未曾有の円高不況に突入しました。

この急激な円高で、日本経済が壊滅的な打撃を受けることを予想した「大蔵省」は、「日銀」と協力して、円高不況に備えて官制金利の「公定歩合」を5％から２・5％まで段階的に下げ、さらに「護送船団」に号令をかけて、どんどんお金を貸し出させる強力な金融緩和を行い、円高の防波堤を築きました。

「公定歩合」とは、政府が決める金利で、当時はその威力は絶大なものがありました。銀行への貸し出しはもちろん、預金金利なども「公定歩合」に連動していました。政府が「公定歩合」を下げると、他の金利も一斉に下がり、上げると一斉に上がるようになっていたのです。「公定歩合」は、1994年に金利が自由化されたことでそれまでの役割を終え、現在は「基準貸付利率」と呼ばれてほとんど使われていません。

円高不況を、急激な金利引き下げで乗り越える

「公定歩合」の設定は、中央銀行である「日銀」の専管事項ですが、当時の旧日銀法（1998年に改正）では、「日銀」は「大蔵省」の管轄下で、独立性が今ほど担保されていませんでした。ですから、政策は双方の合意で進められていました。双方とも、「国のため」という方向性が同じなので、政策のほとんどは合致していました。

「日銀」が「公定歩合」を引き下げると、市中にたくさんお金が回ってインフレ気味になって景気が良くなり、「公定歩合」を引き上げると市中からお金が吸い上げられて景気の加熱に歯止めがかかるという、政府主導の景気調節ですから、狙った効果がおもしろいほどはっきり出

ました。

しかも、今と大きく違うのは、「日銀」が金融緩和をすれば、これを受けて「大蔵省」が「護送船団」に号令をかけ、銀行が一斉にそれを貸し出しに回すので、瞬く間に、ちまたにお金があふれたことです。

我が国の公定歩合の推移

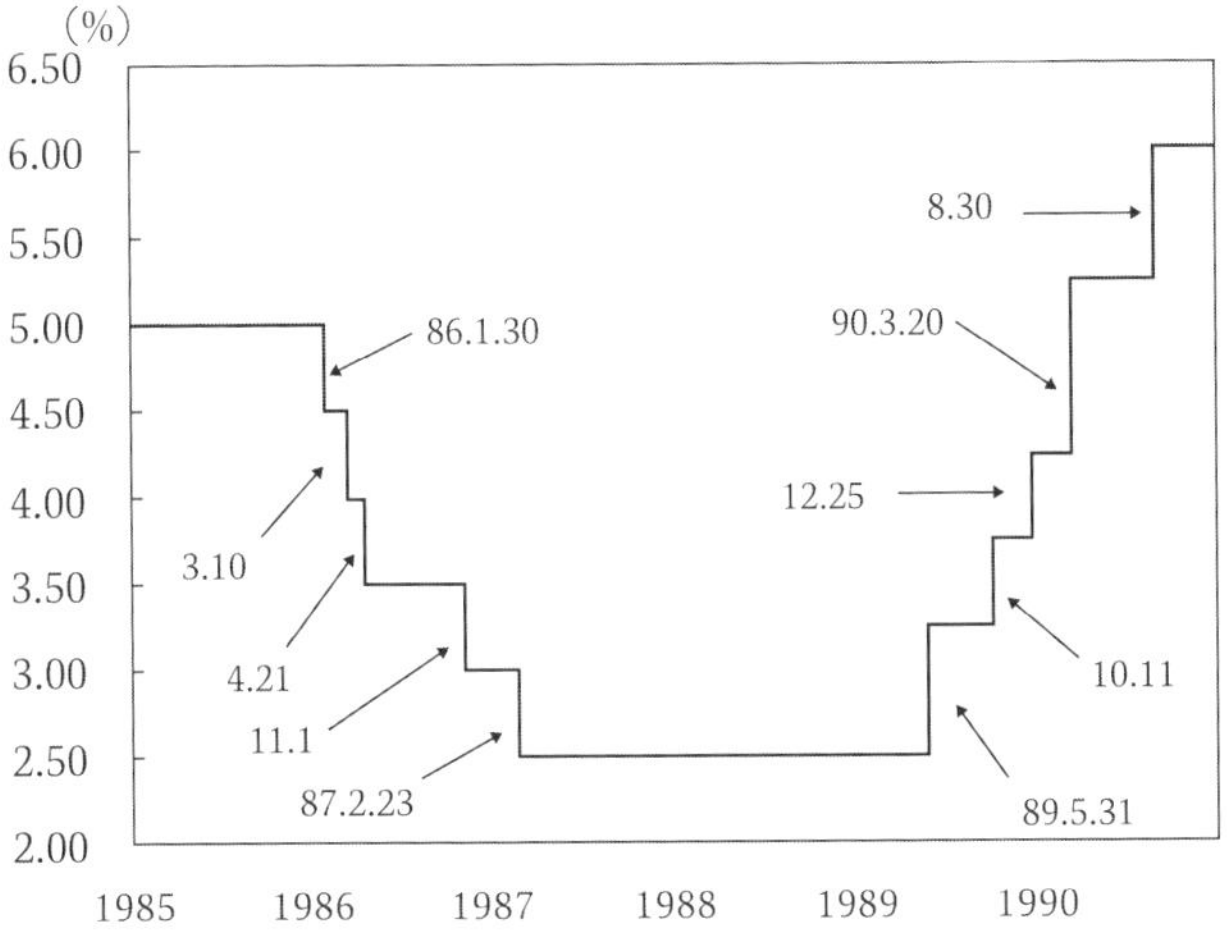

※日本銀行資料より作成

ちなみに、「平成時代」の「アベノミクス」の金融政策でデフレを脱却できなかったのは、「日銀」から金融緩和で大量のお金が銀行に流れたにもかかわらず、このお金のほとんどが銀行から外に出ていかなかったからです（285ページ以下参照）。「護送船団」の時代と違って、すでに銀行は「笛吹けど踊らず」状態になっています。それを、「護送船団」の時代を目の当たりにしてきた「日銀」の黒田東彦《はるひこ》総裁は、見誤ったのではないでしょうか。

「プラザ合意」後の急激な円高による不況は、この「日銀」と「大蔵省」の連携プレーによる「公定歩合」の引き下げと、大胆な金融緩和が防波堤となって、食い止められました。

それで、円高不況は防げたのですが、ただそれがあまりに効きすぎたので、副作用として景気が急激に過熱し、バブルが発生しました。

1億円の土地を1億円の借金で買うと、1年後に値上がりして2億円になるので、みんな借金してでも土地を買い、株価もどんどん上がるので、借金してでも株を買うという状況で、金融緩和でじゃぶじゃぶになったお金が投機にまわり、一般の人までもが、凄まじいバブル経済に巻き込まれていきました。

ルイ・ヴィトンのバッグは、OLのランドセル

この頃、銀座にあったマガジンハウスという雑誌社から、「Hanako」という女性誌が発刊され、一世を風靡しました。

私は、この「Hanako」に、創刊から10年ほど、マネー記事を連載していました。

ある日、編集部に行くと、椎根和編集長が、「年収1000万円あれば、楽に暮らせるという特集をやりたいんだが、どう思う」と聞くので、「いまどき、若い女性で、年収1000万円以上のOLなんていませんよ」と反対すると、「じゃあ、年収800万円にしよう」。編集長

がそう言うので、しかたなく、取材させてくれそうな企業の知り合いに電話をしまくりました。あるカード会社に電話したら、広報課長が、「バカ言うんじゃないよ、俺だって、まだ年収700万円だよ」と、怒られました。

それでも編集長命令なので、何とか年収800万円以上の女性を探して取材したのですが、ほとんどが銀行、証券会社、保険会社などで働く女性。それも、年齢が平均42歳と、30歳前後の「Hanako」の読者とはちょっと遠くなってしまいました。

なぜ、椎根編集長が、「1000万円」などというとんでもない金額を引き出してきたのかと言えば、当時、テレビ局や大手の出版社、広告代理店などに勤めるOLの中には、30代で年収1000万円以上もらっている人がザラにいたからです。

年収が1000万円に届かなくても、30万円以上するようなルイ・ヴィトンのバッグを持ち、ブランドの服に身を固めたOLが、山のようにいました。

ヴィトンのバッグは、当時のOLのランドセルのようなもので、それほど収入がなさそうな若い女性に聞いたら、「これくらい持ってないと、恥ずかしい」とのこと。しかも、「これ、もらったんです」。

会社の経費で、何十万円もするバッグを、ポンポン買ってあげる、下心いっぱいのおじさんもたくさんいた時代でした。

当時は出版業界も景気が良く、タクシー券は、マガジンハウスから束でもらって乗り放題。

食事も、領収書さえ持っていけばいくらでも経費で落ちる。こんな状況なので、年間1億円もかけていたというマガジンハウスの社食には、いつも人がいなくて、閑古鳥が鳴いていました。ただ当時、月に200万円もタクシー代を使っていた重役は、さすがに会社でも問題になっていました。

絶頂期のマガジンハウスは、特に金遣いが荒かったのですが、この会社でなくても、多かれ少なかれ、日本中がバブルで沸き返っていました。

そして、バブルで膨れ上がった「ジャパンマネー」は日本国内に止《とど》まらずに、前述のように、円高で安く買い物ができるようになった、海外へと向かったのです。

このバブルのピークといわれる1989年12月29日の東証大納会の日経平均株価は、史上最高の3万8957円44銭（場中最高値）で、4万円に届く勢いでした。

ところが、翌90年1月4日から株価は下落に転じます。公定歩合の急速な引き上げや湾岸危機、原油価格の高騰などが一気に押し寄せ、その年の10月1日には、一時2万円を割り込むという大変な暴落になりました。

自由化に舵を切りきれなかった「大蔵省」

日本がバブルに浮かれていた「昭和」から「平成」の初めには、すでに世界は、金融を縛っていた規制が取り払われつつあり、「新自由主義」の嵐が吹き荒れ、「金融海賊」たちが跋扈するグローバルな海が広がっていました。

これに対して、「大蔵省」も、世界の趨勢に遅れないように、日本の金融の自由化に舵を切りました。

1994（平成6）年2月8日、朝刊を広げて、びっくり仰天しました。

そこには、三和銀行（現・三菱UFJ銀行）が新たに、スワップという新しい金融技術を使った、新型の住宅ローンを取り扱うという記事が出ていたのです。

それまでの住宅ローンは、大蔵省が決めたものしかなく、銀行が独自で住宅ローンを開発するなどということは、ありえないことでした。たぶん私だけでなく、日本中の住宅ローン担当者が、みんな、びっくりしたことでしょう。

今では、住宅ローンを借りる時には、どこの銀行でどんなタイプのローンを借りれば一番おトクかを、インターネットを使って調べることが当たり前になっています。

けれど、当時の住宅ローンは、大蔵省が決めた「固定ローン」と「変動ローン」の2種類しかなく、金利も商品性も、どこの銀行で借りても同じでした。もちろん、今のような金利優遇などのサービスもなかったので、そもそも住宅ローンを比べてみる必要もありませんでした。

この、完全に官制商品だったはずの住宅ローンを、銀行が独自でつくれるようになったというのですから、これはもう大ニュースでした。

朝一番に、親しかった三和銀行の広報担当者に電話を入れ、住宅ローンを開発した行員に取材させてもらったのですが、担当者いわく、「実は僕も、新しい住宅ローンの開発なんて無理だと思っていたんですが、ダメモトで大蔵省に打診したら、金融自由化時代にマッチしていていいだろうと、あっさり認められちゃったんです。あまりにスンナリ通っちゃったので、逆にこちらがあわてるほどでした」。

もちろん、銀行がこれだけのことをする以上は、事前に「大蔵省」と綿密な打ち合わせをしてのことでしょうから、開発担当者の「あっさりと認められた」という言葉を鵜呑みにはできません。

けれど、ともかくもこの一件で、住宅ローンを銀行自身が開発できるようになり、金融商品の自由化が一歩進んだことは間違いありません。

ちなみに、それまで横並びだった普通預金の金利が自由化され、「大蔵省」「日銀」のコントロール下から解放されたのも、同じ1994年でした。

他行への競争心から、無意味な「最速ATM」に無駄金を使う

戦後日本は、政・官・民の強力なタッグで、復興を果たしてきました。それを背後から強力にバックアップしていたのが、「大蔵省」率いる金融機関の「護送船団」でした。

この頃になると、「大蔵省」にも、このまま銀行が「護送船団」の中で競争意識もなくのほほんとしていては、世界の趨勢に取り残されてしまうという危機感が生まれてきました。

そこで「平成」になって、銀行間の競争を促進させることになったのですが、恐ろしいことに、日本の銀行は、40年の長きにわたって競争にさらされることなくきたので、その意味がよくわからなかったようです。

ある日、某大手都市銀行の広報担当者から連絡が来ました。日本で最速のATMを開発したので、見に来てほしいというのです。

行くと、ATM開発専門部門の担当者が待っていて、「このATMは、他行のものよりも1・3倍速いんです。これならば、混雑時の行列がかなり緩和できます」と自慢げに言い、「試しに、操作してみてください」と、私をATMの前に立たせました。

担当者に言われるままにATMの操作を始めたのですが、大切なお金を引き出すのですから、それなりに慎重に数字を確認しながら金額ボタンを押さなくてはなりません。

それが担当者には、私がもたもたしていると見えたのか、隣でやきもきしているのが伝わってきました。

結局、私のもたもたのせいで、お金を引き出す時間を計ると、ほとんど他行のATMと変わらないくらいかかりました。

ATMが1・3倍速く作動しても、ATMを操作する人間の行動が最速にならない限り、

「速い」という結果は出にくいということが証明されたのです。

もし、ＡＴＭの混雑を緩和するのが目的なら、多額の開発経費と人を使って最速のＡＴＭを開発するよりも、そのお金でＡＴＭの台数を増やしたほうが、よっぽど合理的ではないかというのが、私の感想でした。

ただ、当時の銀行には、「採算」という意識がなかったので、こんな無駄だと思えるような競争を一生懸命にしていたのです。

銀行が、「どんぶり勘定」だった⁉

もう１つ、かつての銀行が、いかに「採算」を考えていなかったのかを象徴するような出来事がありました。

２００１年、さくら銀行（１９９０年に三井銀行・太陽神戸銀行が合併）を合併して誕生した三井住友銀行の頭取に、西川善文氏が就任しました。

その直後、私を含めた５人のジャーナリストや新聞記者、大学の教授などが西川氏に呼ばれ、意見交換をしたことがありました。

その席で西川氏が、「これからの銀行経営は、採算を重視していかなくてはいけない」とおっしゃったのです。

商業や工業に携わっている会社の社長なら、「採算」を考えるということはごく普通のことでしたが、銀行が「採算を考える」という言葉を、私はこの時にはじめて、西川氏から聞きました。

「日本の銀行は、〝どんぶり勘定〟で経営されていた」と言うと、誰もが「銀行といえば、1円でも帳簿と合わなければ、行員を残業させて金額が合うまで計算させるようなきっちりしたところだから、〝どんぶり勘定〟なんて、あり得ないでしょう」と言います。

けれど、「採算」度外視で、1円のために行員を残業させて高い残業代を払うことこそ、「どんぶり勘定」以外のなにものでもないでしょう。

そもそも、戦後40年間、銀行には、住宅ローンひとつとっても、どんな属性の人が借りていて、延滞率はどれくらいなのかというデータさえありませんでした。なぜなら、「延滞」を心配するよりも、貸し出しを増やすことのほうが大切だったからです。

「護送船団」の中では、貸し出しを増やしてシェアを上げさえすれば、「大蔵省」から褒められました。「採算」というのは、貸出量についてくるものだと考えられていたのです。

これを「どんぶり勘定」と言わず、なんと言えばいいのでしょうか。

たぶん、銀行のトップで、住宅ローンを借りている人の属性や延滞率などのデータを重視したのは、西川頭取が初めてではないかと思います。

その時、初めて銀行マンらしい銀行マンに出会ったという気がしました。

情報公開の法定化は、なんと平成10年！

「護送船団」の中で、銀行は「利益」が保証されていたので、「採算」より「占有率」、融資の「質」より「量」を確保することに邁進していました。

日本の銀行の主たる目標は、40年間ずっと、企業に1円でも多くの金を貸し出して設備投資や雇用を拡大させることでした。

しかも、日本はその後、高度成長の波に乗ったので、資金需要も強く、銀行は、融資額を増やせば増やすほど、利ざやを稼げるようになりました。ですから、とにかく誰でもいいから「お金を借りてください」という方向になっていったのです。

さらに、それを加速させたのが、情報開示（ディスクロージャー）の甘さでした。

情報公開の規定ができたのは、銀行法が改正された1981年ですが（現行銀行法）、具体的な開示項目などが規定されていなかったためにかなり曖昧で、87年に、全国銀行協会が統一開示基準をつくりました。

その後、1998年に、現行銀行法が改正され、情報開示の開示項目が法定化されました。

つまり、金融機関が本格的に情報公開に取り組まざるをえなくなったのは、バブル崩壊で金融機関が破綻し始めた頃ということです。

こんな状況ですから、バブルが崩壊してからもまだ銀行は、貸し付けを増やして、危ない債権は先送りするということから、抜け出せませんでした。

そして、気がついたら、銀行は不良債権まみれになっていました。

1996（平成8）年に阪和銀行が破綻し、97年に北海道拓殖銀行が大手銀行としては初めて倒産し、山一證券が自主廃業に追い込まれ、98年には日本長期信用銀行（長銀）や日本債券信用銀行（日債銀）が、続々と破綻しました。

1991年から2001年にかけて、なんと181件の金融機関の破綻が表面化しました。全国銀行協会によれば、公的資金の注入も含めた金融機関の不良債権処理に費やした金額は約140兆円で、当時約740兆円あった国内銀行の総資産の約2割にあたりました。

まさに、「護送船団」総崩れという状況です。

なぜ、こんなことになってしまったのかといえば、私は、当時の「護送船団」の中では貸し出しが最優先され、欧米の銀行のような目利きの「バンカー」が育たなかったからではないかと思っています。

「土地」という「物差し」から、脱しきれなかった日本の銀行

欧米の「バンカー」と呼ばれる銀行員たちは、将来伸びそうな企業を見極め、その企業に投

資して育成し、企業が見込み通りに成長して大きくなったら、その果実を分けてもらうのが銀行の役割だと教え込まれています。

そのため、お金を貸す時には、企業の財務内容はもちろん、経営者の経営哲学や経営方針までよく聞いて、総合的な判断の上で融資をします。

マイクロソフトもアップルも、こうしたバンカーたちの手を借りて大きくなりました。


ところが、日本の銀行員は、経営者の経営哲学や経営内容は二の次で、とにかくお金を貸すことが最優先と教えられてきました。

その際の融資の基準は、たった1つ。それは、「持っている土地の価格の7~8割まで」なら融資できるというもの。

つまり、「土地」というたった1本の「物差し」だけで、融資を決めていたのです。

日本の銀行マンは、みんなこの「物差し」を持たされ、土地を持っていそうな工場や企業をまわっては、お金を借りてくれと頼み込むのが仕事だと思い込んでいたのです。


最初は、営業マンに渡された「物差し」の目盛りは、土地価格の7割までだったのですが、バブルが始まって8割になり、9割になり、ついには10割のオーバーローンでもOKということになりました。土地が融資の基準だったので、土地がなければお金が借りられないとばかりに企業も個人もどんどん不動産を買ったので、戦後からバブル崩壊まで、日本の地価は右肩上がりに上がっていきました。

2002年、HIS（エイチ・アイ・エス）が東証二部に上場したのですが、その時に澤田秀雄社長にお会いしたら、「上場するので土地を買わなければ」と、おっしゃっていました。この時、すでに土地バブルは崩壊していたのに、まだ銀行は、土地を融資の「物差し」にしているのかと、驚いたことがありました。

バブル崩壊の後に、山のように不良債権が積み上がったのは、この土地という「物差し」のせいでした。

1億円の土地に対して、「物差し」に照らし合わせて8000万円を融資したら、その土地がバブル崩壊で4000万円になってしまった。そして、売るに売れなくなってしまったこうした土地が、大量に積み上がったのが、バブル崩壊後の「不良債権」の正体でした。

「時価会計」が、資産や土地下落に拍車をかける

238ページで説明したように、バブル崩壊の直接の原因は、日銀による金利の引き上げでした。けれど、その後に不況を長引かせたのには、2つの大きな原因がありました。

1つは、会計制度が変わり、土地や株の評価が一八〇度変わったこと。そして、もう1つは、小泉内閣が金融機関を締め上げた「不良債権処理」にありました。

そこでまず、「会計制度」が変わったことが、どういう影響を与えたのか、から見ていきましょう。

日本の会計制度は、従来は「簿価会計」という、買った時の資産の価格がそのまま帳簿に反映されるものでした。

「簿価会計」では、1億円で買った土地が3億円に値上がりしても、「帳簿上」は1億円ですから、実際に値上がりしている2億円の差額は、企業の「含み資産」となり、会社の虎の子、秘密の積立金となって、いざという時に活用できました。

バブルで株や土地が値上がりする中では、帳簿の上では赤字会社で税金を払わなくてもいい会社でも、実際には「含み資産」がたっぷりあって、「隠れリッチ」という会社がたくさんありました。

そこに、2001年から、買った時の価格ではなく、リアルタイムの価格で評価する「時価会計」が全面導入されたのです。

世界では1980年代から、国際化に備え、会計制度上の資産の透明化がはじまり、統一の会計制度を導入しようという動きが出てきました。これが、資産をその時々で評価する「時価会計」です。

「時価会計」では、1億円の土地を買って3億円となったら、3億円で計上しなくてはなりませんから、企業の実態がよくわかり、透明性も高まります。

反面、1億円で買った土地が5000万円になってしまったら、企業はこの損の穴埋めを迫られます。

「時価会計」で企業の透明性を増すことは大切で、それは世界的な潮流でもありました。ですから、日本もいずれ「時価会計」に移行しなくてはならなかったのですが、これを導入したタイミングが最悪でした。

バブル崩壊で、資産価値がどんどん下がっている最中に「時価会計」を導入したので、資産の値下がりがダイレクトに会社の財政に反映され、本業は儲かっているのに会社の経営を圧迫するようになりました。

そのため、値下がりしそうな資産は早く処分してしまおうということになり、株が売られ、土地が売られ、資産崩壊が加速しました。

特に、株の場合には、「株式持ち合い」の解消で、結果的に日本の企業が海外勢に買われていくことになりました。

「株式持ち合い」の崩壊で、日本企業が買いまくられる

「株式持ち合い」とは、2つ以上の企業が相互に相手の株を持つことです。これによって、戦後、日本の会社の経営は安定してきました。

例えば、信頼が深いA社とB社が、自社の株を40％保有し、お互いに30％ずつ相手の株を持ち合えば、それぞれ70％の安定株主を確保したことになります。ですから、A社とB社が強い絆で結ばれている限り、知らないうちに第三者に株を買われ、会社を乗っ取られてしまうという心配はありません。

「簿価会計」の時代ならば、相手の株価が上がれば上がるほど、自分の会社の「含み資産」も増えますから、仕事でも強い協力関係が生まれるのです。

中でも、金融機関と企業の「株式持ち合い」は、企業にとっては大切なものでした。

戦後、日本では、GHQによって大きな資本を持つ財閥が解体され、さほど大きくない企業が、それぞれに成長してきました。

この成長の過程では、銀行や保険会社などの金融機関からの援助は欠かせないものでしたから、金融機関との関係を深めるために、相互に株を持つ「株式持ち合い」が進められてきました。

企業は、金融機関と「株式持ち合い」をしていれば、不本意な買収を避けることができるし、金融機関は企業の価値が上がれば、「簿価会計」の中では「含み資産」が増えることになり、ウィン・ウィンの関係を築けたのです。

ところが、「バブル崩壊」と「時価会計」への転換が一緒にきたことで、歯車が逆に回り始めました。

「株式持ち合い」をしていた会社の株価が下がってくると、金融機関の資産内容も劣化することになりますから、一刻も早く持っている株を処分したほうがいいということになり、株が売られました。これが「株式持ち合い」の解消です。

「株式持ち合い」の解消で、外資系企業は大喜び

実はこの時、日本と同じように企業経営の安定のために企業間の「株式持ち合い」を奨励していたドイツやフランスでは、「持ち合い株式」に関しては「時価会計」の導入を見送っています。「企業の持ち合い株は短期売買にはそぐわないので、長期保有目的の持ち合い株に時価会計を導入するのは間違い」という判断からです。

日本にも、そうした視点があれば、バブル崩壊の痛手も少しは和らいだかもしれません。けれど、日本は、そういう融通が利く国ではないので、スケジュール通りに「時価会計」を導入したのでした。

結果、バブル崩壊後2000年度までに売られた土地と株は、総額で1500兆円とされ、この中には「時価会計」への移行を危惧し、先回りして売られたものがかなりあったと言われています。

では、「株式持ち合い」が解消される中で、売られた株はどうなったのでしょうか。

実は、これを安い値段で買った企業の中には、外資系企業がかなりありました。

長谷工、三井不動産、武田薬品、日立製作所などは、日本を代表する企業ですが、株主構成を見ると、半分近い株主が外国人です。

左の図表でわかるように、日本の金融機関はずっと株を売り続け、その株をずっと買い続けて来たのは、外国企業でした。

外国人投資家による国内株式売買の推移

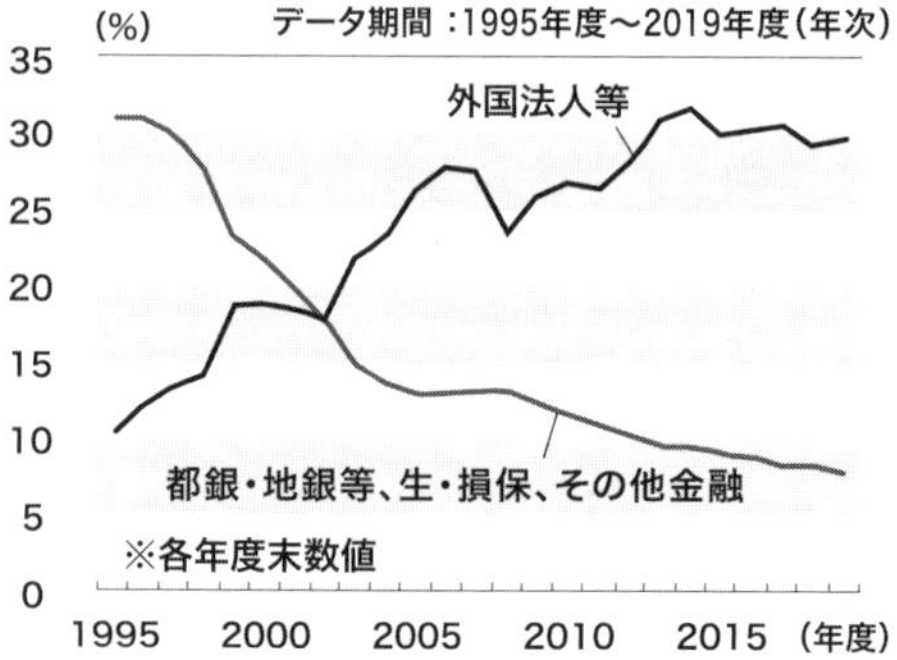

注）金額ベース

※ 東証及びニッセイ基礎研究所データをもとにニッセイアセットマネジメントが作成

それまで日本では、企業そのものを売り買いする（M&A）ということは、それほどなかったのですが、「株式持ち合い」が解消されることで、企業買収、特に対象企業の役員や親会社に事前の同意なく、株を買い集めて企業を買収する「敵対的買収」が増えました。

外国企業は、魅力的な日本企業を買いたいと考えていました。

特に、ロックフェラーセンターまで日本に買収されたアメリカは、バブル崩壊後の日本に「年次改革要望書」を突きつけ、日本にある外資系企業の子会社が、親会社の株を使って日本の企業を買える「三角合併」を解禁しろと、何度も迫りました。この要望に日本も屈し、２００７年からは「三角合併」で、日本企業の買収がさらにしやすくなりました。

そのため会社は、株の配当金を増やしたり、自社株買いなど株主が喜ぶ政策を取らなくてはならなくなり、そのぶん社員の給料に回すお金が減っていきました。

また、外国企業が株主になったことで、日本の企業風土も変わりました。それまでの日本の「沈黙する株主」が、外国人の「物言う株主」に変わったからです。

「物言う株主」は、高配当を要求するだけでなく、経営に口を挟み、経営陣の進退にまで言及します。

「昭和」の時代、「会社は誰のものか」と聞かれたら、迷わず誰もが「社長と従業員のもの」と答えました。ところが「平成」になって、会社は誰のものかといえば、「株主のもの」ということが会社法でも定められ、広く認識されるようになりました。

「ノーパンしゃぶしゃぶ」で息の根を止められた「大蔵省」と「護送船団」

戦後約40年、「大蔵省」は、日本の金融ムラの中で絶対的な権力を握り、絶大な裁量権を維持し、銀行の上に君臨し続けてきました。

ところが、１９９８年、「日本長期信用銀行」や「日本債券信用銀行」が破綻したその年に、「大蔵省」からとんでもないスキャンダルが飛び出しました。

大蔵官僚が銀行の接待を受け、内部の極秘情報を漏らしていたという「大蔵省接待汚職疑惑」が浮上したのです。

その接待場所のひとつに、「ノーパンしゃぶしゃぶ」という、ミニスカートの下に下着をつけない女性が接待する風俗店があったことから、センセーショナルな報道が相次ぎ、「大蔵省」は、社会的にも大きな批判を浴びました。

バブル崩壊で巨大な銀行が次々と破綻したこの非常時に、本来なら寝ずの奔走をしているはずの大蔵官僚たちが、向島あたりで銀行の接待を受けて浮かれていたのですから、袋叩きにあうのは当然でしょう。

大蔵大臣、次官が辞任したほか、１００人を超える職員が停職などの処分を受けました。

残念なのは、その時「大蔵省」が、世界の金融のグローバル化に乗り遅れまいと、必死で金融自由化へと舵を切っている最中だったということです。

スキャンダルが出たタイミングが、あまりに絶妙だったので、関係者の中には、バブル期にアメリカ本土を攻めた日本への「アメリカ報復説」もあったほどです。

実は、当時のワシントンには、「大蔵省」を潰せば日本が弱体化し、アメリカの金融機関が日本のマーケットで稼げると主張する人たちがたくさんいて、実際に、「大蔵省」がスキャンダルで弱体化した隙を突いて、米国投資銀行が日本に乗り込んできました。

そして、破綻処理に約8兆円の公的資金をつぎ込んだ「日本長期信用銀行」を、10億円という破格の値段で買い取り、しかも政府に理不尽な契約（瑕疵《かし》担保条項）を押し付けてボロ儲けしました。

相次ぐ金融機関の破綻と降って湧いたスキャンダルで「大蔵省」は弱体化し、2001（平成13）年に、約1300年続いたその歴史を「大蔵省解体」というかたちで閉じることになりました。

そして、財政は新しくできた「財務省」へ、金融行政は「金融庁」へと分離され、再出発することになります。

世界にその名を轟《とどろ》かせた日本の「護送船団」も、「大蔵省」とともに瓦解し、日本の金融は世界のグローバル化に乗りきれず、その後、国際金融の中でさらに後退していくことになります。

「不良債権処理」という罠

いきなり4割に目減りした「ノムラ1兆円ファンド」

「平成元（1989）年」から10年余り、日本はバブル崩壊と金融機関の破綻で、重苦しい空気に包まれていました。

ただ、21世紀を迎えるにあたっては、「IT革命」や「郵政民営化」などへの期待もあって、株価も上がりました。

2001年から始まる「ミレニアム（21世紀）」は、「大蔵省」の解体と「護送船団」の消滅で始まりました。そして、それまで堅持されてきた「投資より貯蓄」という流れが一八〇度変わり、国は金融自由化の中で、「貯蓄から投資へ」という新しい流れを前面に押し出しました。

その先駆けとも言えるのが、野村證券が2000年2月に100周年を記念して売り出した、「ノムラ日本株戦略ファンド」という投資信託でした。

募集規模が1兆円という、それまでになかった大規模ファンドだったことから、「ノムラ1兆円ファンド」とも呼ばれました。

プロは、手数料が高かったので見向きもしなかった投資信託ですが、まだ投資に慣れていなかった一般の人は違いました。「すごいファンドが出た」という前評判に乗せられて、虎の子の貯金を注ぎ込んだので、野村證券は瞬く間に1兆円を売りきりました。

実はこの時、野村證券の広報部でお世話になっていた方が、営業に配置転換になり、「ノルマがきつくて大変なんです」というので、私も義理で10万円だけこのファンドを買いました。ところが、「ITバブル」の絶頂期に設定されたために、このバブルの崩壊で瞬く間に値下がりをして、買った当初の10万円は、あっという間に4万円に目減りしてしまったのです。

私はこの程度の被害で済んだので大したことはなかったのですが、中には退職金を1000万円、2000万円とつぎ込んでいる人もいて、販売担当者には、そうした人たちの恨みの電話が殺到したようです。

こうした状況なので解約が相次ぎ、1兆円も集めた純資産は、10年後には1000億円を割り込んでしまいました。そして、なんと、この「ノムラ1兆円ファンド」が、売り出した時の基準価格に戻るまでに、17年かかりました。

17年といえば、物価の上昇を考えたら、実質目減りです。

しかも、投資信託の場合、株と違って持っているあいだは、ずっと信託報酬という手数料を払わなくてはなりません。

信託報酬の高さを考えると、多くの人が初めての「投資」で、ずいぶん高い授業料を支払ったということです。

この、「ノムラ1兆円ファンド」の値下がりでもわかるように、「ミレニアム」の日本は、景気の悪化の中で始まりました。

そして、この悪化する景気を、さらに押し下げたのが、小泉政権が性急に進めた「不良債権処理」でした。

小泉旋風で、自民党の危機を救う

2000年の新語・流行語大賞は「IT革命」だったのですが、2001年のミレニアムになった途端に「ITバブル」が崩壊し、アメリカ同時多発テロで「テロとの戦い」がはじまり、世界中が騒然としました。

そんな中、「自民党をぶっ壊す!」と言って登場してきたのが小泉純一郎でした。

1989年の官房長官時代に「平成」という新元号をテレビで掲げ、「平成おじさん」と呼ばれた小渕恵三首相は、「ミレニアム」直前の2000年5月、脳梗塞で死去しました。

急遽首相となった森喜朗は、一部の自民党幹部の〝密室人事〟で首相になったことや、就任後の数々の失言、「えひめ丸」の事故対応への悪さで批判を浴び、内閣支持率が7％という空前絶後の不人気でレイムダック化しました。

小泉純一郎は、こうした中で総裁選に出馬し、小泉旋風を巻き起こし、２００1年4月26日に、第87代内閣総理大臣に就任しました。

その小泉首相が直面したのが、「護送船団」が残した、山のような「不良債権」だったのです。

この時の経済財政政策担当大臣が、現在、人材派遣会社のパソナグループ会長となっている竹中平蔵です。

竹中大臣が強力に推し進めたのが「不良債権処理」で、そのために日本中に「貸し渋り」「貸し剝がし」の嵐が吹き荒れ、黒字企業までもがバタバタ倒産しました。

竹中大臣は、景気が回復しない原因は、「不良債権」という銀行のゴミが目詰まりを起こして銀行の融資が増えないからで、これを一掃すれば銀行の貸し出しが増え、景気が回復すると言いました。

竹中大臣の言葉を受け、小泉首相も「不良債権を2、3年で減らしてみせる」と豪語したのですが、小泉政権が「不良債権処理」に取り組めば取り組むほど、増えるはずの銀行の融資は、横ばいどころかどんどん減っていきました。

銀行・信金の貸出残高

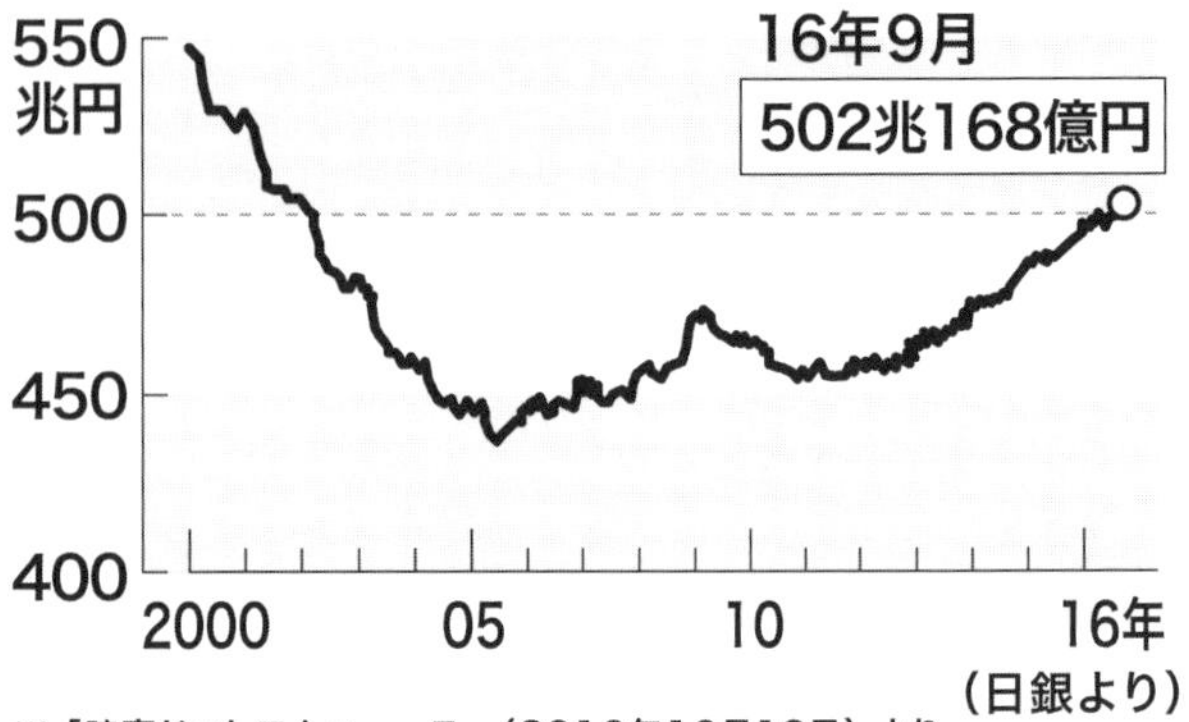

※「時事ドットコムニュース」（2016年10月13日）より

上の図表を見ていただければわかるように、２０００年から05年にかけて、銀行からの融資額は、なんと１００兆円以上減っています。

しかも、この時期の企業倒産数は、未曾有の不況と言われたリーマンショック時を超えています（２０７ページ以下参照）。

その後、銀行の貸し出しが増加し始めたのは、小泉氏が首相を辞め、竹中氏が政界を去った２００６年からでした。

なぜ、「不良債権処理」を急ぐと、銀行の貸し出しが減って、企業倒産が増えるのでしょうか。

「不良債権処理」で、「貸し渋り」「貸し剥がし」が増える理由

銀行は、現金や受取手形、土地、有価証券など様々な「資産」を持っていますが、「資産」には、銀行が借りているお金、また貸し付けている融資も入ります。

この中で、返済義務がないお金（資本金や利益など）を、「自己資本」といいます。

この「自己資本」を、「資産」で割ったものが、「自己資本比率」です。

国内で営業する銀行は、この「自己資本比率」が4%以上、海外で営業するなら8%あることが義務づけられています。

たとえば、「自己資本」が80億円で「資産」が1000億円の銀行なら、80億円を1000億円で割れば「自己資本比率」は8%になり、海外でも営業できます。

では、この銀行が、10億円の回収できない債権、つまり「不良債権」を処理したらどうなるのでしょうか。

次ページの図表は、10億円を処理する前と処理したあと。「資産」からも「自己資本」からも10億円を引いて処理すると、矢印のように、「資産」は990億円、「自己資本」は70億円になります。

問題は、この状態で「自己資本」を「資産」で割って「自己資本比率」を出すと、7・07%にしかならなくなってしまうこと。

もし、海外でも営業できる「自己資本比率」の8%に戻そうとすれば、「自己資本」を増やすか「資産」を減らすしかありません。

ただ、不況の中では、利益を上げて「自己資本」を増やすというのは難しい。だとすれば、融資額を減らすことで「資産」を削れ、ということになります。

では、どこまで融資を減らせば、「自己資本比率」は8%になるのでしょうか。

なんと990億円ある資産を875億円まで減らさなくては、「自己資本比率」は8%にならないのです。つまり、115億円の貸出金を、不良債権でないにもかかわらず「貸し渋り」や「貸し剝がし」で回収しなくては、この銀行は海外で営業できなくなってしまうということです。

たしかに、「不良債権」の処理は必要なのですが、10億円の「不良債権」を処理しても、それで銀行に儲けが出るわけではありません。それどころか、「不良債権」を処理するために、「正常債権」を115億円も「貸し渋り」、「貸し剝がし」しなくてはならなくなるのです。

だとしたら、「不良債権」の処理は、儲けが増えて「自己資本」が増えた時に、体力に合わせて進めればいいと思うのですが、竹中大臣はそう考えなかったらしく、「とにかくすぐに不良債権をなくせ」と号令をかけたものですから、結果、5年間で100兆円もの融資が市場から引き上げられ、多くの企業が倒産しました。

銀行の貸借対照表

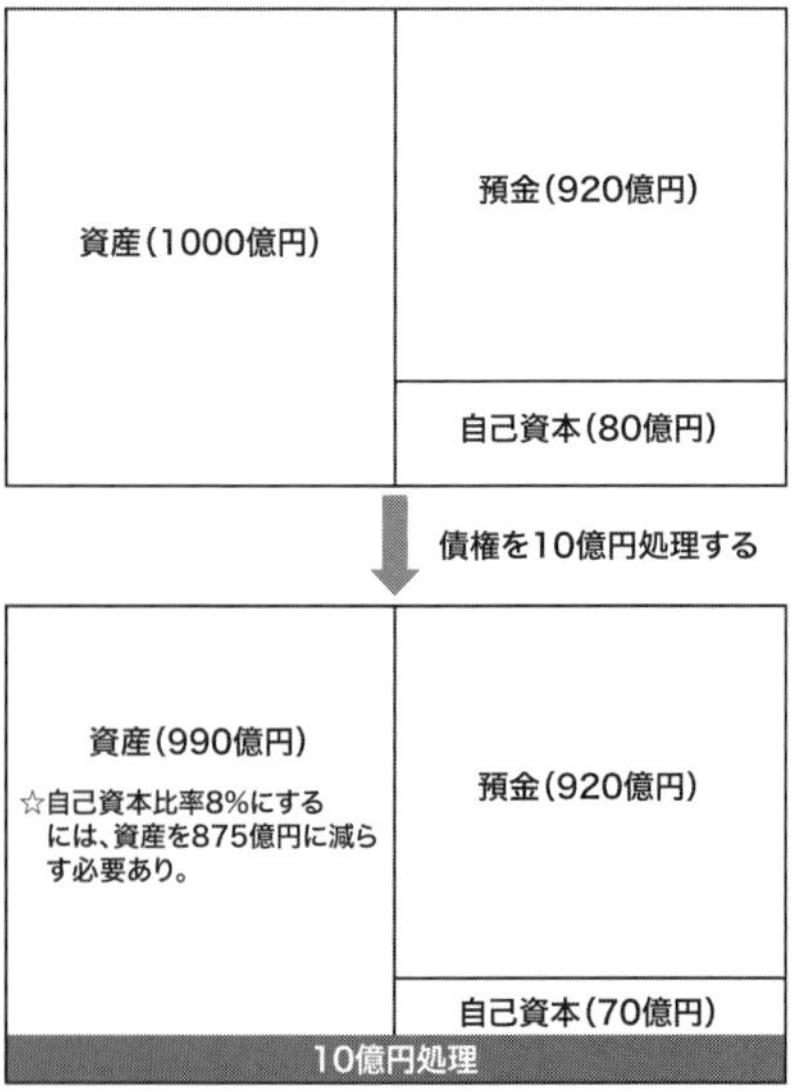

しかし、中小零細企業を破綻に追い詰めたのは、不良債権の処理だけではありませんでした。

金融庁の「金融検査マニュアル」の

厳格な適用が、銀行を震え上がらせ、中小零細企業にお金を貸せなくしてしまったのです。

「金融検査マニュアル」を中小零細企業にも適用

「金融検査マニュアル」とは、金融庁の検査官が金融機関を検査する際に用いる手引書ですが、金融機関はこの「金融検査マニュアル」のチェックリストをクリアできるように、業務の見直しを進めました。この本来、上場している大企業の財務内容を精査するための「金融検査マニュアル」を、金融庁は、中小零細企業相手に商売をしている地方銀行や信用金庫、信用組合などの金融機関にまで厳格に適用したのです。

その結果、何が起こったのか。
各金融機関は、「金融検査マニュアル」に沿って、融資先の財務内容や経営状況を、「正常先」「要注意先・要管理先」「破綻懸念先」「実質破綻先」「破綻先」に分けていました。「正常先」はほとんど問題がないのですが、「要注意先・要管理先」以降は、融資した企業が破綻した時に備えて、「引当金」を用意しておかなくてはなりません。「要注意先」なら、この「引当金」は数%でいいのですが、「破綻懸念先」以降に分類されると、70%から100%の「引当金」が必要になります。

たとえば、A信用金庫が、B社に1億円を貸したとします。

その際、A信用金庫はB社を、すぐにではないけれど、先々に問題が出るかもしれない「要注意先」と判断。貸し出した1億円に対して5％の500万円を、破綻に備えて「引当金」として積もうと、決めました。

ところが、金融庁の検査が入って検査官に、「これは、『要注意先』ではなく『破綻懸念先』なので、『引当金』は70％必要」と言われたら、500万円の「引当金」を7000万円に積み増さなくてはなりません。差し引きすると6500万円が足りなくなります。

この足りない6500万円は、「自己資本」から出さなくてはならないので、そうなると前項で書いたように、「自己資本」が減って、「自己資本比率」が下がってしまいます。ですからここでも、「貸し渋り」や「貸し剝がし」をせざるを得なくなるのです。

なぜ、黒字倒産が多発したのか

注目すべきは、この時期の倒産企業の3分の1が、「黒字倒産」だったということです。「黒字」なのに、なぜ倒産するのかといえば、たとえ「黒字」であっても、予定の返済額が減ったりすると、「経営難に陥っている」と判断されるケースが多かったからです。

たとえば、月に利益が150万円あって、銀行に毎月100万円ずつ返済している企業があったとします。

この企業が、不況で100万円の利益しか上がらなくなったので、「100万円の返済を、少しの間50万円に減額してくれないか」と、銀行に頼んだとします。

それでも１００万円の利益があるのですから、立派な黒字企業です。普通なら銀行も、50万円でも返してくれるのなら、景気が回復するまで少しの間は待ちましょう、となるはずです。

ところが、「金融検査マニュアル」を厳格に当てはめると、当初のスケジュールを変えれば「資金難」に陥っている可能性があると見られて、黒字企業でも、多額の「引当金」が必要なケースが続出したのです。

この頃取材した信用金庫の理事長が、「こんな理不尽なことがありますか。竹中大臣は、中小企業なんか、潰してしまえばいいとでも思ってるんでしょうか。地域を支えているのは、中小企業とそれを支えている私たち信用金庫なのに」と涙目で訴え、私も「ずいぶんひどいことをするものだ」と思ったことを覚えています。

この信用金庫の理事長が言うように、「政府の意に沿わない企業は、市場から退場していただく」という竹中路線は、中小企業の現場を全く見ていないものでした。


中小零細企業は昔から、大企業と違って、地域の信用金庫と様々なことを融通し合いながらやってきました。

地域の企業と信用金庫は顔の見える関係なので、信用金庫に、「○月にはお金が入るので、ちょっと支払いを待ってくれないか」と言えば、「いいですよ。あなたのところは、お父さんの代からのお付き合いですから」と、待ってくれることはしばしばありました。

ところが、「すぐ返済できないのは貸し出しに問題がある」と「金融検査マニュアル」で判

企業倒産年次推移

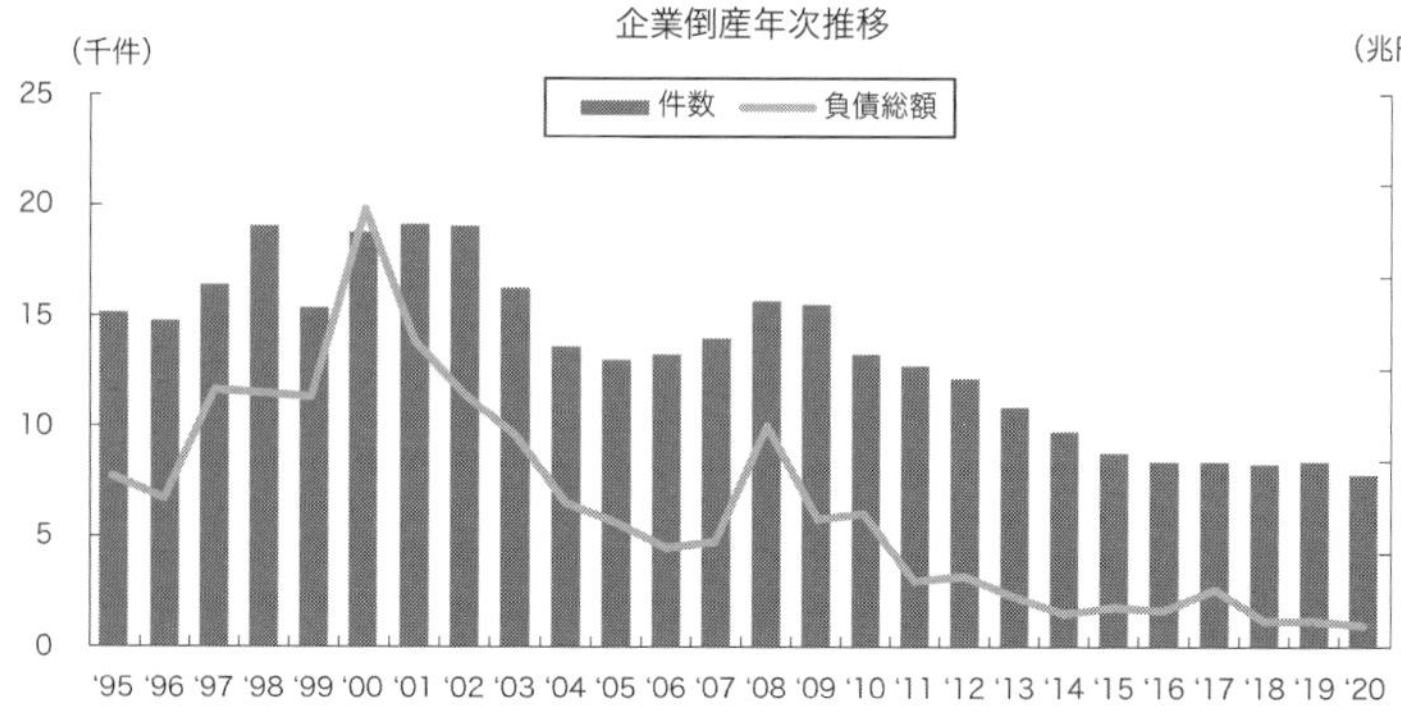

※東京商工リサーチ「年間全国企業倒産状況」より

断されてしまえば、信用金庫はお金を貸せないだけでなく、やりたくもない「貸し渋り」「貸し剥がし」に走らざるを得なくなってしまうのです。

ちなみに、地域の金融機関を縛り上げ、黒字なのに倒産せざるを得ない企業を数多く出した「金融検査マニュアル」は、その後規制が緩められ、2019年12月には廃止されました。

中小零細企業を追い詰めた「貸し渋り」、「貸し剥がし」

小泉政権の錦の御旗の「不良債権処理」のもとで、大企業は「公的資金注入」というカンフル剤を打ってもらって復活しましたが、中小零細企業は、「貸し渋り」「貸し剥がし」の嵐の中に投げ込まれ、死屍《しし》累々たるありさまになりました。

東京商工リサーチによれば、小泉改革での企業倒産数は、リーマンショック時をはるかに超えています。

中小零細企業は、蓄えに当たる内部留保が、大企業のようにはありません。

けれど、たとえ儲けの出ない小さな会社であっても、そこで働いている10人の社員に給料が払えれば、その家族も含めて50人くらいがそこで生きていけるのです。

その中小零細企業に「退場」のレッドカードを出せば、50人が生活の糧を失って路頭に迷うことになります。そうなれば、国の負担で彼ら、彼女らの生活を保障することになるかもしれません。

年齢階級別完全失業者数（労働力調査ベース）
男女計　1970年～2019年　年平均

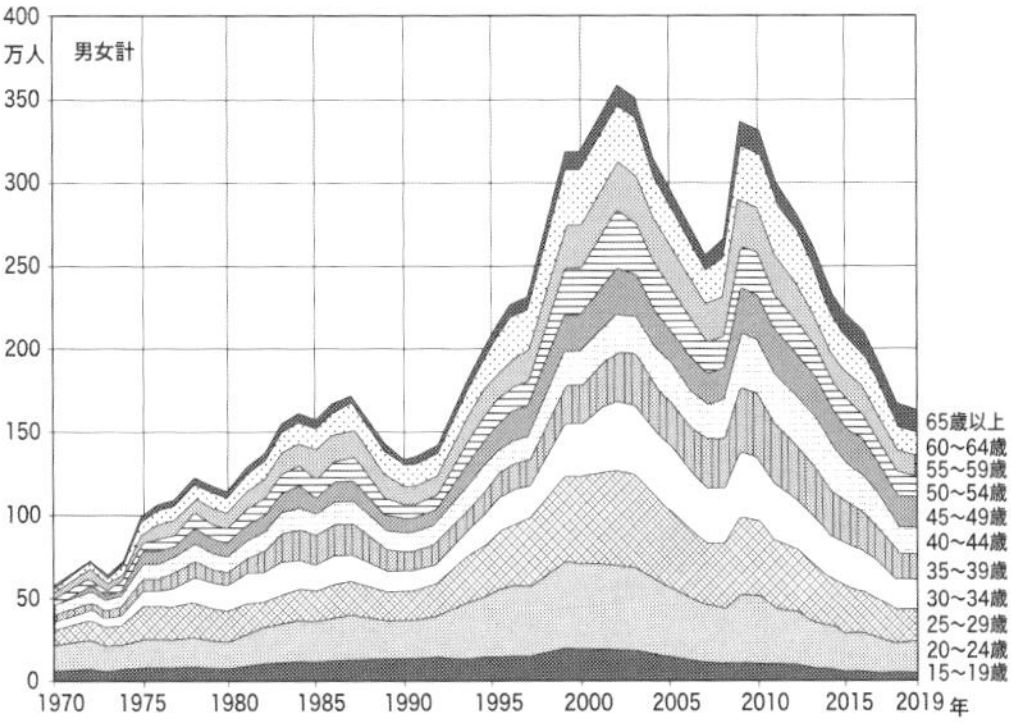

※独立行政法人労働政策研究・研修機構作成

ですから、利益はカツカツであってもこうした会社を残して、不況の中で少しでも頑張ってもらった方が、国の財政負担も少なくなります。

ただ、「不良債権を処理する！」「生産性が低い企業は退場させる！」と拳を振り上げた小泉・竹中路線は、国民に大見得を切った手前、その路線変更が出来なかったのでしょう。

結果、完全失業者数も、３５９万人となり、こちらもリーマンショックを上回る過去最悪の状況になりました。

こうした中で、庶民生活の意識も変わってきました。

「〝痛み〟に耐えたら、明るい未来がやってくる」と言われたのですが、小泉改革の嵐が過ぎ去っても、「生活が苦しい」と思う人の割合は、減るどころか増えていきました。

「国民生活基礎調査」を見ると、「普通の生活ができている」と思っている人はその後も減り続け、「生活が苦しい」という人が増え続けています。

生活意識別世帯数の構成割合の年次推移

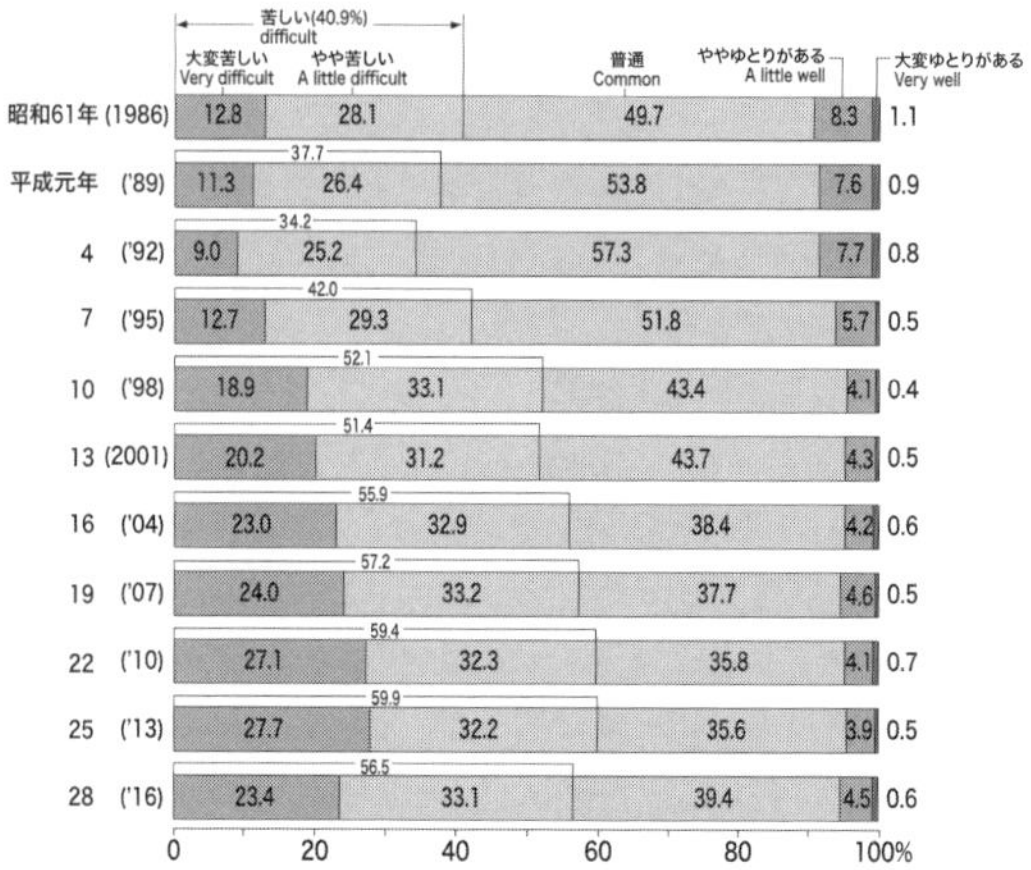

※「国民生活基礎調査」より

小泉内閣での〝痛み〟は、中小零細企業や、収入が少ない家庭などの弱者が背負うことになりました。非正規社員の増加、貧困家庭の増加など、さまざまな課題を残しています。

ここを起点に、日本は「強者」と「弱者」、「勝ち組」と「負け組」に二極化し、急速に国としての活力を失っていくことになります。

そして、この二極化は政治的混乱を経て、長期政権となった第2次安倍政権に引き継がれていきました。


ちなみに、令和になって「菅《すが》政権」が発足しましたが、驚いたのは、今もなお「中小零細企業の淘汰」や「地方銀行の淘汰」などと、時代遅れな「蹴落とす政治」「切り捨ての政治」を標榜していることです。

福祉国家でありながら、ＩＭＤの世界競争力ランキング（１２５ページ参照）では日本のはるか上をいっている北欧の国々は、資源が乏しい中で人材を最も大きな資源と考え、落ちこぼれを出さない政治で、高い国際競争力を維持しているというのに。

内向きになってしまった「財務省」

話はふたたび「大蔵省」に戻ります。「ジャパン・アズ・ナンバーワン」とまで讃えられた、戦後の日本経済を支えた「大蔵省」という経済の司令塔が解体されたことで、「ミレニアム」以降の日本は、世界的にも急速に経済的な優位性を失っていきます。

「大蔵省」が解体されて、２００１年１月６日に発足した「財務省」に、またまた不祥事が続出しました。

２００５年には、出張費の水増しなどで、「財務省」「国税庁」の約１１０人が処分され、08年には、深夜に特定のタクシーで帰る職員が、運転手から商品券やビール券をもらっていた「居酒屋タクシー事件」で、６００人を超える職員が処分されました。

こうした不祥事が起こったことで、「財務省」内に密かに、外部の人間との「接触禁止命令」が出されました。

不祥事の再発を防ぐには、外部との接触をしないことが一番だ、ということらしいのですが、これは常識的な組織なら、とうてい考えられないような内向きな対処法です。

ある日、マスコミで活躍していた財務省出身のMさんから、電話がきました。

「実は、財務省内に出された外部との接触禁止令で、後輩たちが世の中と遮断されて、どんどん世間知らずになって困っている。荻原さん、彼らと一緒に飲んでいろいろと話をしてくれないかな」

彼の誘いで、私でお役に立つならと、何度か飲み会に行きました。

彼が、1回に5人くらいの「財務省」の後輩を連れてきて、居酒屋で飲みながら世間話をしたのですが、確かに話は聞いているけれど、聞いているだけであまり自分からは喋らない。

1度だけ、「低金利だけど、まさか金利がマイナスになることはないでしょう」と言ったら、1人の若い財務官僚が、「いや、スイスでは、マイナス金利にしたことがあって……」と、滔々とマイナス金利について説明してくれました。

それで、けっこう話は盛り上がったのですが、聞いていて、財務官僚というのは、本来はすごく優秀な人たちなんだと感心すると同時に、いずれは日本を背負って立つはずのこうした若い人たちを、外部に対して自由にモノが言えないような状況に追い込んでいる「財務省」の内向きさに、危惧を覚えました。

その後も「財務省」は内向きに終始し、まさに「死んだふり」を続けていたのですが、平成も終わろうとする2017年に、それまでのものとは比べ物にならない、とんでもない不祥事が飛び出してきました。

それは、「森友学園問題」で、公文書を改ざんした事件です。

政権に忖度し、「公文書偽造」で出世する

「森友学園問題」とは、2016年、豊中市にある鑑定価格9億5600万円の土地を、小学校を建てようとしていた森友学園に、8億1900万円もの巨額な値引きをして、「財務省」が、1億3400万円で売却した問題で、86％引きの根拠が問われました。

当時、売却を担当した理財局の佐川宣寿《のぶひさ》局長は、記録の提出を求められて、「破棄した」と国会で言い続けたのですが、「破棄した」はずの決裁文書が、実は改ざんされて、「財務省」内にあったことが発覚します。

「財務省」は14の公文書を書き換えていただけでなく、一連の交渉に安倍首相の昭恵夫人や複数の政治家が登場する箇所を、佐川局長の答弁に合わせて「公文書」からカットしていたことがわかりました。

「公文書」は国民の財産であり、国の決定が正しかったかどうかを検証するためにも必要なものなので、これを官僚が勝手に改ざんするなどということは、絶対にあってはならないことです。しかも、一度決裁された文書を、その後に意図的に書き換えたのですから、これは虚偽文書作成罪や公文書偽造罪という犯罪にあたるのではないかと、誰もが思いました。

証人喚問では、嘘の証言をすると3カ月以上10年以下の懲役に科せられるとあります。佐川氏も逮捕されると思いましたが、逮捕どころか、なんと国税庁長官に栄転したのでした。

職員が自責の念で自殺しても、大臣は居座り、局長は昇進

「森友学園問題」では、当時、財務省近畿財務局の上席国有財産管理官で改ざんを命じられた赤木俊夫さんが、財務官僚としてやってはいけない「改ざん」に手を染めたという自責の念にかられて、自殺しました。

赤木さんが残した手記には、今の財務省の状況が垣間見える、こんなことが書かれていました。

「平成30年1月28日から始まった通常国会では、太田理財局長が、前任の佐川局長の答弁を踏襲することに終始し、国民の誰もが納得できないような詭弁《きべん》を通り越した虚偽答弁が続けられているのです。

現在、近畿財務局内で本件事案に携わる職員の誰もが虚偽答弁を承知し、違和感を持ち続け

ています。

しかしながら、近畿財務局の幹部をはじめ、誰一人として本省に対して、事実に反するなどと反論（異論）を示すこともしないし、それができないのが本省と地方（現場）である財務局との関係であり、キャリア制度を中心とした組織体制のそのもの（実態）なのです」

「抵抗したとはいえ関わった者としての責任をどう取るか、ずっと考えてきました。家族（もっとも大切な家内）を泣かせ、彼女の人生を破壊させたのは本省理財局です。みんなに迷惑をおかけしました。さようなら」

このような遺書が出てきたにもかかわらず、麻生太郎財務大臣はまるで他人事のように大臣の座に居座ったまま。

さらに、赤木さんの遺書で名指しされた、当時主計局長の太田充氏は、佐川氏の虚偽答弁を引き継いで国会で嘘の答弁を繰り返したにもかかわらず、２０２０年7月20日に、財務省の事務方のトップである財務事務次官に、昇進したのです。

平成元年、アメリカ本土に「第二の真珠湾攻撃」を仕掛けた「護送船団」を束ね、霞が関の権力の頂点に君臨した、世界に名だたる「大蔵省」は、30年の間に栄光の坂を転げ落ち、「平成」の終わりには牙を抜かれた「財務省」となって、無責任な麻生太郎大臣と、国会で嘘に嘘を重ねた太田充事務次官が率いる、世界でも恥ずかしい組織になり下がってしまいました。

そして、この「省庁の中の省庁」と言われた財務省の劣化は、そのまま、「平成日本」の劣化の縮図ともなっています。

「アベノミクス」の成果には、多くのマスコミが口をつぐんだ

「平成」になって、日本の経済を牽引し、戦後の日本を世界第2位の経済大国に押し上げた「大蔵省」が解体され、政府の意のままに忖度する「財務省」へと変貌する中で、経済政策も、過去にない禍根を残すものとなりました。

その筆頭が、「やる気感」だけで終わってしまった「アベノミクス」です。

なぜ、「やる気感」だけで終わってしまったのでしょうか。

「アベノミクス」は当初、「金融」「財政」「成長戦略」の3本の矢で展開されるはずでした。ところが結局、「財政」も「成長戦略」もほとんどないまま、「金融」の1本足打法となり、これが経済に大きな副作用を残したからです。

掛け声は勇ましかったですが、成長戦略の目玉だったはずのTPP（環太平洋パートナーシップ協定）からはアメリカが抜け、稼ぎ頭だったはずの原発輸出は頓挫し、頼みのインバウンドは新型コロナでほぼゼロになり、最後に残ったカジノ構想も暗礁に乗り上げました。

2020年8月28日、安倍首相は、持病の再発を理由に辞任を表明しました。

安倍首相の退陣に際して、首相の政策を賛美してきた産経新聞と読売新聞は、社説で「アベノミクス」についてはほとんど取り上げず、批判的だった朝日新聞は、「経済政策で行き詰まり」と書いています。

では、海外のメディアはどう報じたでしょうか。

アメリカの金融メディア、ブルームバーグは、アベノミクスは「途中までは成功」としながらも、2016年の「日銀」によるマイナス金利導入以降、金融の影響も弱まり、2度目の消費税増税で、日本の経済は振り出しに戻ったと、述べています。

英国のフィナンシャルタイムズは、アベノミクスは2％のインフレ率を目指したが、実際には1％程度にしかならず、失敗に終わったという評価です。特に、消費税の増税については、日本を不況に陥れたと批判的でした。

ニューヨーク・タイムズは、アベノミクスに一定の評価をしながらも、2度の消費税増税で景気を再び悪化させたことや、女性の地位向上が進まなかった点など、多くの課題を残したと評しています。さらに、パンデミックが起きたにもかかわらず何の変化も起きていないことで、この現状維持は危険を招くと警告しています。

フランスのフランス24はもっと辛辣で、企業と金持ち優先の政策で、実を結ばなかったと評しています。

「金持ち優遇」の声は、国内にも多くあります。

安倍政権下で、企業は170兆円という国家予算の2倍近い内部留保を溜め込みましたが、いっぽうで働く人の給料は上がりませんでした。さらに、全労働者に対する非正規社員の割合が約4割となり、雇用の不安定化が進みました。

経済成長率も、約8年で平均実質0・9%、名目1・6%で、目標とした名目3%には、遠く及びませんでした。

加えて、2年で達成するはずだったインフレ目標2%も、約8年かけても達成できないままで、令和になっても、「アベノミクス」の一丁目一番地だったはずの「デフレ脱却」には、程遠い状況です。

「アベノミクス」は、実は「アベのラック」だった？

「アベノミクス」について評価は様々に分かれますが、私は少し違う見方をしています。よく「運」も実力のうちと言いますが、私は、安倍晋三という首相は、他の首相にはない「強運」「幸運」に恵まれていた首相だったのではないかと思います。

歴代政権が「違憲」としてきた「集団的自衛権」の行使を「合憲」にしたことで非難を受ければ、北朝鮮からミサイルが飛んでくる。

「安倍は横暴だ」と言われ始めると、より横暴なトランプがアメリカ大統領になってボス感が霞む。

森友・加計問題で前原誠司率いる民進党が追及の手を強めようとすると、山尾志桜里議員の不倫が発覚して民進党がグダグダになる。それを見て、衆議院解散後の総選挙に打って出た強敵小池百合子が、新党を立ち上げて政権にダメージを与えると思いきや、「排除発言」でオウンゴールして自滅する。

しかも、この選挙では自民党に投票した有権者は、投票しなかった人を含む全有権者に占める割合（絶対得票率）では、選挙区で4人に1人であるにもかかわらず、小選挙区制のため自民党が7割の議席を占める圧勝でした。比例区でも自民党への投票は6人に1人でしたが、全体として465議席の6割を占めるに至っています。

さらに、選挙当日には奇跡的に台風まで来て、組織票が強い自公を掩護《えんご》射撃するというおまけ付き。

その後も、政権にとって数えきれないほどの不祥事が発覚したにもかかわらず、その不祥事が、検証する間もないほど続々と出てくるので、国民が次々に振り回されている間に、前の不祥事が忘れ去られ、逃げ切れてしまうというラッキーさも……。

個人的には、安倍政権がこれだけ長期政権になったのは、「アベノミクス」ではなく、「アベのラック（幸運）」という側面が大きかったのではないかと思っています。

たとえば、「アベノミクス」で、誰もが認める最大の成果が「雇用の改善」です。自民党も、党のサイトや広報のツイッターで発信した「データで見る！　アベノミクス6年の実績」の筆

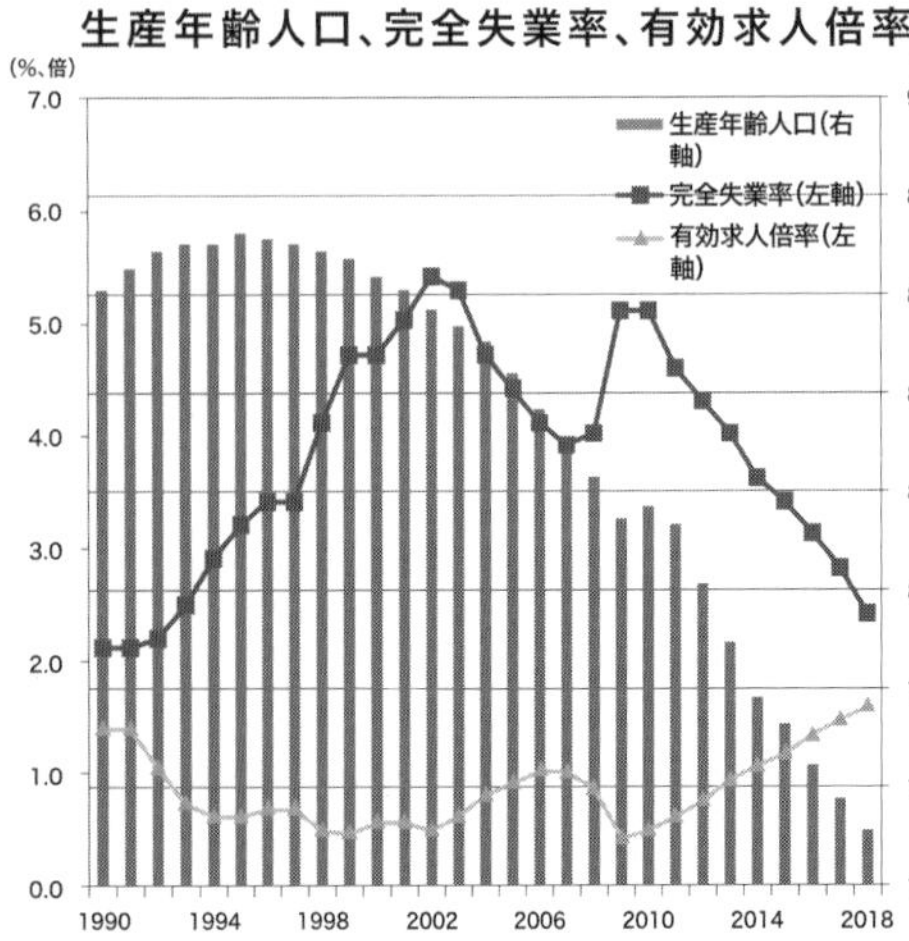

※日本経済新聞「生産年齢人口とは」より

頭に、「若者の就職内定率　過去最高水準」を掲げています。

しかしこれも、政策の成功というよりは、大きかったのは「アベのラック」だったのではないかと、私は考えています。

そして、最後の大きな「アベのラック」は、新型コロナの大流行で政権批判がうず巻く前に、さっさと辞めてしまったことでしょう。

雇用は、なぜ改善したのか

２０００年代に入って起きた、日本の最大の変化は、生産年齢人口（15歳から64歳の働く人の数）が急激に減ってきたことです。

少子化が進んで若い働き手が減少する中で、今まで大きな労働力だった団塊の世代が次々と大量にリタイアし、働く人の数が著しく減り始めたのです。

その結果、「人手不足」という現象が起き

ました。

日本の生産年齢人口は、右の図表のように、１９９５年を境に急速に下がりはじめています。95年には、８７１６万人いた働き手が、なんと２０２０年には、７６１２万人と、約１１００万人も減っています。

第２次安倍内閣の間だけで見ても、８０１８万人（２０１２年）だった生産年齢人口が、約４００万人も減っています。

安倍政権は、「アベノミクス」で、雇用が約４００万人増えたと言いますが、生産年齢人口が同じくらい減っています。「人手不足」が起き、働き手の需要が増えて失業者が減ったということでしょう。たまたま「人手不足」のこういう時期にぶつかった、「アベのラック」の効用という要素が大きかったのだと思います。

こうして増えた人の約55％はパートやアルバイトなどの非正規でした。総務省が5年ごとに公表している「就業構造基本調査」によれば、非正規で働く人の75％が年収２００万円以下。この層に「ワーキングプア」と呼ばれる、働いても貧しいという人も含まれていて、貧富の差は拡大しています。

特に、主婦のパートが増えましたが、こうした人たちの中には、積極的に働くというよりは、夫の給料が伸びず家計が苦しくなったので、働きに出ざるを得なかったというケースも多く、安倍政権がスローガンとして掲げた「女性が輝く社会」とは、実際には様相はかなり異なって

1 世帯当たり年間の消費支出額の推移

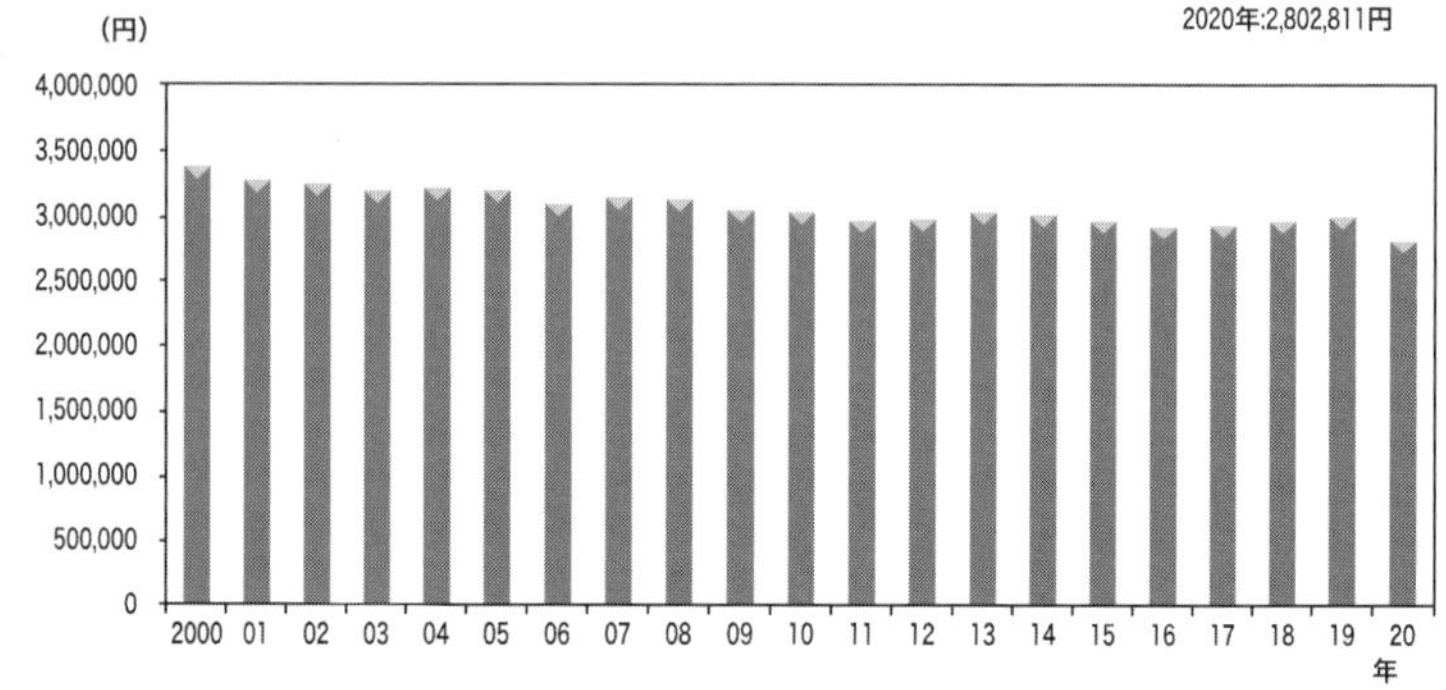

※『家計調査』(総務省) からGDFreak作成
※このグラフの世帯には２人以上世帯と単身世帯が含まれる。

いるようです。

消費がそれほど回復しないのもそのためで、デフレ脱却には失敗しています。

余談ですが、こうして働きに出た女性たちは、令和の新型コロナ蔓延のあおりを受け、真っ先に解雇や雇い止めにあっています。

２０２０年の10月には、新型コロナの影響もあって自殺者が前年よりも約40％多い２１５３人となりましたが、特徴的なのは、女性の自殺が82・6％も増加していること。背景には、女性が真っ先にリストラの標的になったことがあったのではないでしょうか。

「令和」に大きな禍根を残す「移民問題」

安倍政権は、女性やシルバーの労働力だけではなく、「人手不足」を解消するために、「移民政策」にも大きく舵を切りました。

２０１８年10月29日、安倍首相は衆議院本会議で「政府としては、いわゆる移民政策をとることは考えていない」と述べましたが、17年10月の時点で、日本は過去最多の約１２８万人の外国人労働者を受け入れていて、ＯＥＣＤ（経済協力開発機構）35カ国中第４位（15年）の移民大国となっています。

国際移住機関（ＩＯＭ）の移民の定義は、本人の法的地位や移動の自発性、理由、滞在期間にかかわらず「本来の居住地を離れて、国境を越えるか、一国内で移動している、または移動したあらゆる人」ということになっていて、３カ月以上12カ月未満は「短期的（一時的）移住」、1年以上は「長期的（恒久的）移住」としています。

この、国際的な定義に当てはめると、日本は、世界第４番目の移民大国ということになるのです。

それにもかかわらず、「移民政策はとっていない」と誤魔化しながら、「平成最後」の２０１９年４月に改正出入国管理法を施行して、新しい「在留資格」を創設し、さらに多くの移民の受け入れを可能にしました。日本での外国人人口は、19年末現在で２９３万人を超えています。

すでに「移民問題」は、アメリカやヨーロッパでは社会の分断を進めるということで、国を揺るがす大問題となっています。

2017年に刊行された、ダグラス・マレー『西洋の自死――移民・アイデンティティ・イスラム』では、一度移民を受け入れたらどういうことになるのか、テロとの関わりも含めて欧州の問題を深く掘り下げ考察していますが、日本は、世界第4位の移民大国でありながら、「移民を受け入れていない」と強弁しています。当然のことながら、移民問題の本質を深く考える政治家が見当たらないことは、問題でしょう。

たまたま新型コロナが発生し、移民は、受け入れたくても受け入れできない状況になっています。

ただ、単なる目先の労働力確保ということで法案を通してしまったことで、「令和」の日本に、禍根を残さないことを祈るのみです。

「異次元」から帰ってこられなくなった「金融政策」

「アベノミクス」の目玉政策は、なんといっても「異次元の金融緩和」です。

財務官僚だった黒田東彦氏が日銀総裁となり、「マネタリーベースを2倍に増やして、2%の物価上昇目標を、2年程度で実現する」と豪語しました。「デフレ脱却」こそが、「アベノミクス」の「一丁目一番地」ということで、この「日銀」の政策に期待が集まりました。

目指したのは「円安・株高」。日銀が大量にお金を流せば、リスク回避のために流したお金でドルが買われ、円安になり、輸出で儲かり、輸入品の値段は上がって物価が上昇するというシナリオでした。

ところが、「円安」になっても、すでに日本の企業は現地生産が多くなっているので、車の出荷台数が増えるというようなことはありません。しかも、輸入品は高くなっても、これを買う庶民の給料が上がらないので、高くなったら買い控えるということになって、デフレは進むばかり。

また、株高にすれば、景気が良くなってインフレ気味になるので、これも物価の押し上げ要因になるというシナリオでしたが、株高にはなっても給料は上がらないので、庶民には投資に回すお金もなく、またお金はあっても、これまで投資で散々痛い目にあってきた人は様子見状態。

バブルの頃の大きな買い手だった企業は、時価会計（247ページ以下参照）になっているので株には手を出さない。

結局、株式市場に参加しているのは外国人が多い、投機的相場になりました。

株については、安倍政権は「株価連動内閣」と言われるほど、株価を気にしていたので、これを押し上げることが「日銀」にも期待されました。そのため、「日銀」は「ETF（上場投資信託）」を大量に買い、「GPIF（年金積立金管理運用独立行政法人）」とともに株価を支えました。

当初は「日銀」の株買いは年間3兆円ほどでしたが、これが6兆円になり、新型コロナ下では年間12兆円にまで買い入れベースを拡大。すでに持っている株の額は40兆円にも上ります。結果、「日銀」が、ユニクロ、TDKなどの企業の筆頭株主になり、公的年金を上回って、日本最大の大株主となっています。

ちなみに、新型コロナで株価が急落した2020年の1月から7月まで、誰が株を売って誰が株を買ったのかを調べてみると、「外国人」の売り越しが4・8兆円だったのに対して、「日銀」の買い越しは5・5兆円でした。

つまり、新型コロナで急落した日本株が急回復したのは、経済が好転したからではなく、「日銀」の買い支えが効いたということです。

それで困るのは、日銀もGPIFも、買った株を売れないことです。

株式市場は、1日の取引がたかだか2兆円程度なので、保有する株をすべて売ろうと思ったら1カ月以上かかるし、その前に、「日銀」や「GPIF」ような大株主が「売りに回った」という噂が出ただけで、マーケットは大暴落してしまいます。

ですから、買うのは簡単だけれど、売ることができないのです。

つまり、日本の株を支えるには、「日銀」が株を買い続けるしかなく、すでに、「日銀」の「異次元政策」は、「異次元」から帰ってこられなくなっているのです。

「黒田バズーカ」は「時限爆弾」となるのか

「異次元の金融緩和」で、日銀は銀行の国債を約500兆円も買って、それだけのお金を銀行に流しました。

日銀が大量のお金を市場に流して貨幣の流通量が増えれば、お金よりも物の価値が上がってインフレになるという、リフレ派の経済学者の主張を取り入れたためでした。

ところが、期待したインフレは、いつまでたっても起きませんでした。

なぜ、「日銀」の政策ではインフレにならないのかということは、2016年に出版した拙著『10年後破綻する人、幸福な人』（新潮新書）の中で、「日銀は、何を見誤っているのか」という見出しで詳しく書きました。

要は、「日銀」は、自分で市場にお金を大量に流すのではなく、銀行にお金を流し、銀行が社会にお金を流す仕組みになっています。ですから、「日銀」がどんなに銀行にお金を流しても、銀行からお金を借りる人がいなければ、お金は流れていきません。

それでなくても、銀行がお金を貸したい大手企業は、「アベノミクス」で内部留保が170兆円も増え、約500兆円もの貯金を持っているので、銀行からはお金を借りる必要はありません。個人も、給料が増えないので、積極的にお金を借りようとは思いません。

ですから、銀行にお金を借りに来るのは中小零細企業になりますが、金融機関は、「不良債権処理」と「金融検査マニュアル」でさんざん虐《いじ》められてきたトラウマがありますから、簡単に積極的な貸し出しはできません。

黒田総裁が「大蔵省」の財務官だった頃は、「大蔵省」の命令一下で融資に走った銀行も、「護送船団」が消滅してからは、自分の身は自分で守らなくてはならないので、言うことを聞かない。

では、「日銀」がどんどん銀行に流しているお金は、どうなっているのでしょう。

実は、各銀行が日銀の中に持っている当座預金（準備預金）の預金口座に、ブタ積みされたままになっています。

黒田氏が総裁に就任する前は、この当座預金の残高は60兆円ほどでしたが、２０２１年6月3日現在では、５２１兆円にもなっています。

つまり、「日銀」が銀行から買い取った５００兆円の国債の代金のほとんどが、当座預金口座に入ったままになっているということです。

ちなみに、「日銀」が銀行から買った国債は、２０２０年3月現在で４９９兆円になっています。

よく、日本には１０００兆円の借金があると言われますが、その借金の約半分を、政府の子会社である日銀が持っているという、前代未聞の異常な状況になっています。

財政法の第5条では、「すべて、公債の発行については、日本銀行はこれを引き受けさせ、又、借入金の借入については、日本銀行からこれを借り入れてはならない」と定められています。

これは戦前に、軍部が「日銀」に国債を引き受けさせて際限なくお金を引き出した結果、戦後に強烈なインフレが起きた教訓からできたものです。ただ、同条には抜け道になる但し書きがあり、そこには「特別の事由がある場合において、国会の議決を経た金額の範囲内では、この限りでない」とあるので、これを名目に「国債」を買い続けているのです。


2020年の4月、「日銀」は金融政策決定会合で、これまでの年間80兆円の国債の買い入れ制限を撤廃し、「政府の緊急経済対策で国債発行が増加する影響を踏まえ、さらに積極的な買い入れを行う」としました。

ただ、これに対しては、現実にはさらに積極的に買い上げるほどの国債はなくなっているので、「結局、インフレ目標が達成できないので、80兆円の縛りを外してずるずる後退していくのではないか」と見る人もいます。

どうなるのかは、もっと後の世になってみなければわからないのですが、「黒田バズーカ」が「時限爆弾」にならないことを祈るのみです。

第5章

日本の未来は、どうなるのか

「昭和」は輝いていたのか

「平成」は、経済的に見ると、右肩上がりだった「昭和」の成功モデルが通用しなくなり、スタート時点からずっとデフレが続いて、不況の中で多くの人たちが自信を喪失していった時代でした。

これは、庶民生活でも言えることでした。

庶民生活で見ると、一言で言えば、「昭和」のツケを、「平成」で払わされたということでしょう。

「昭和」も前半は戦争のあった暗い時代でした。けれど、戦争ですべてを失いながら、命がけで復興し、わずか40年でこの国を世界第2の経済大国にまで押し上げたことで、多くの日本人が、自信と誇りを取り戻しました。

しかも、庶民生活は、その間に、格段に豊かになりました。

私が物心ついた時には、まだ我が家には竈《かまど》があり、薪《まき》割りは祖父の仕事で、祖母や母が、朝早く起きて竈に火をおこし、米を炊いていました。

米が、ガス炊飯器で炊けるようになったのは、私が小学生になってから。母が「これで少し朝寝坊できる」と言っていました。

ガス炊飯器の次に来たのが、電気洗濯機。洗濯機といっても中で洗濯物がぐるぐる回っているだけのもので、脱水機能も乾燥機能もなく、洗濯された衣類は、ローラーとローラーの間に挟まれ手回しで絞られ、のしイカのようにぺったんこになって出てきました。

それを、バサッバサッと両手で振ってシワを伸ばして干すのですが、その洗濯機が来た時に、母が、「今年の冬は、手のアカギレが少なくてすむ」と喜んだのを覚えています。

我が家は、父親が新し物好きだったので、テレビも割合早く家にやってきました。

まだテレビが珍しく、近所の子供達がみんな我が家にやって来て、夕方になるとテレビの前は子供達に占拠されました。このころ、NHKで「ひょっこりひょうたん島」という人形劇が放送され、テレビの前に座る子供達がみんなで主題歌を歌うものですから、その声が、近所中に響きました。

当時のテレビはブラウン管で奥行があり、今の電子レンジの4倍くらい大きさのある重いものでした。しかも、チャンネルは、テレビについているつまみをカチャカチャと回して変えるので、そのつまみが時々取れて、それを突っ込んでは、またカチャカチャと回していました。

1965年には、白黒テレビは9割の家庭に普及し、75年になると、カラーテレビ全盛時代になります。

我が家は、白黒テレビは比較的早くきたのですが、カラーテレビは隣の家のほうが早く、そのカラーテレビではじめて手塚治虫の「ジャングル大帝」のオープニングを見た時には、その映像の美しさと冨田勲の音楽のダイナミックさに、集まった子供達の中から、歓声が湧きました。

その後、「平成元年」に衛星放送が始まり、テレビも薄型になり、4K、8Kと進化してきましたが、最初にテレビを見た時の驚きや興奮に比べると、その後の進化のインパクトは小さかった気がします。

これは「昭和」を生きた誰にも共通する感覚なのですが、家に炊飯器がきて、電気洗濯機がきてテレビがきて、給料も右肩上がりに上がっていたので、一段ずつ文明の階段を登っていくような実感があり、それだけで何となく誇らしい気がしました。

実は、戦後から「昭和」の末期までは、実に多くの幸運に恵まれた時代でもありました。

「朝鮮戦争」で、日本は高度成長のきっかけをつかんだ

アメリカとソ連が睨み合う戦後の「冷戦」は、日本の平和と繁栄をもたらしました。

戦後、日本を占領したGHQは二度と日本に戦争を起こさせないように、民主主義を植え付け、戦争をしないことを誓う「日本国憲法」をつくり、「財閥解体」や「農地解放」で、富の偏りをなくしました。

加えて、国も預金封鎖で、金持ちの財産に最高9割の「資産課税（財産税）」をする、といっ

た極端な政策を行ったので、金持ちが激減し、戦前にあった貧富の差は一気に縮小して、日本は「一億総中流」の社会になりました。

そんな中、敗戦直後の物資不足とインフレで、多くの人の生活が疲弊してもうダメかと思った1950年に、米ソの代理戦争とも言える「朝鮮戦争」が勃発しました。

この戦争で日本は、アメリカの最前線基地の役割を担い、銃弾の補給はもとより、アメリカ兵が使う歯ブラシから毛布、果ては米軍相手に商売する女性まで提供して、アメリカの兵站《へいたん》の補給地として、あれよあれよという間に好景気になりました。

しかも、すでに日本には戦争を禁止する「日本国憲法」があったので、後方支援はするけれど、参戦はしなくてよかったのです。

当時、首相だった吉田茂は、「朝鮮戦争勃発」の第一報を聞いて「これぞ天の恵み」と言ったそうです。

戦争を禁止した「日本国憲法」を発布した吉田内閣は、この憲法を盾にお金のかかる戦争はせず、儲かる兵站だけを担って経済成長するという巧みな国家戦略をとり、停滞していた経済を立て直し、戦後の不況を一気に脱出して、その後の日本の経済大国への足がかりをつくったのです。

特に日本の企業にとって、「朝鮮戦争」は大きな飛躍のチャンスとなりました。

終戦の年に日本橋で産声をあげた東京通信研究所（現・ソニー）は、技術者7人ほどの小さな会社でしたが、「朝鮮戦争」で通信関係の機械が飛ぶように売れたために、この時エレクトロニクス産業の礎を築きました。

また、その後の日本の産業を支えるトヨタ、ホンダといった自動車メーカーも、この「特需」で生産が追いつかないほど注文が殺到し、大きく飛躍しました。

敗戦で、海外に持っていた工場などすべてを放棄せざるを得ず、軍需産業としてGHQから規制を受けていた松下電器産業（現・パナソニック）も、「朝鮮戦争」をきっかけに、経営再建されて、国内では「ナショナル」、世界では「パナソニック」のブランドで大きくはばたいていきます。

ここから、神武景気に突入し、日本は高度成長の波に乗って急成長し始めたのです。

「昭和」の日本は、世界で最も成功した社会主義国だった

1991年4月、「冷戦」の終結宣言をした旧ソ連の最高指導者だったゴルバチョフが、はじめて日本を訪れました。

その時、彼は、「この国は世界で最も成功した社会主義国だ」と言ったと伝えられています。

彼が本当にそう言ったのかどうかについては公式な記録が見当たらないのですが、10年ほど

前に、日本共産党の不破哲三元議長が、「ゴルバチョフ時代に日本の資本主義を調べに来た調査団が『日本はソ連よりも社会主義的だ』と述べていた」と言っているので、この調査団の報告を受けたゴルバチョフが、日本に来てそう思ったとしても、不思議ではありません。

なぜ「昭和」の日本が、「世界で最も成功した社会主義国」と言われたのか。

それは、前述したようにお金持ちが激減したので貧富の差が小さくなり、額に汗して働くことが尊ばれる国になっていたからです。

しかも、国が経済を統制し、働く人により多くの富が回るように配慮していたので、みんなが国を信頼し、国の方針に従って懸命に働き、貯金をして、その貯金が企業の設備投資に回され、従業員の給料が増えるという、「計画経済」の見本のような国になっていたからです。

さらに、社会保障が充実して、国民皆保険、国民皆年金で、病気になっても年老いても、生活が守られるようになっていました。

加えて、当時の社会主義国から消えつつあった言論の自由も、日本ではしっかりと保障されていました。

崩壊寸前のソ連で、権力闘争に明け暮れる官僚や政府、権利ばかりを主張して働かない国民を前にしたゴルバチョフの目には、社長も社員も一丸となって身を粉にして働く日本人の姿は、うらやましい理想的な労働者の姿に見えたのではないでしょうか。

戦後の日本は、自由主義国の中にありながら、中央集権的な政治体制の中で、経済をすべて市場のメカニズムに任せるのではなく、国が統制し、資源配分し、国の計画に基づいて物事が進んでいく「計画経済」を実践していました。

その典型が、大蔵省主導の「護送船団」方式だったのですが、この「計画経済」が破綻し、いきなり自由主義経済に巻き込まれたのが、「平成」という時代でした。

全員が、上を目指せた「昭和」の時代

日本が敗戦した直後は、多くの人が「国に騙された」と思ったことでしょう。

私の父も、学徒出陣で戦地に送られ、命を的に戦い、敵を殺し、多くの戦友が死んでいく中で、命からがら中国大陸から逃げ帰ってきました。

ですから国への不信感は、大きかったようです。

戦地では、本当に苦しい思いをしたのでしょう。随分と長いあいだ苦しんでいて、子供心に、夜中に父が呻《うめ》く声を聞いて、怖くなったことを覚えています。

ただ、経済が軌道にのると、こうした国への不信感も、徐々に払拭されていきました。

１９５６年の経済白書「日本経済の成長と近代化」の結びでは、「もはや『戦後』ではない」と書かれています。

なぜなら、１９５５年には、国民１人あたりの稼ぎを示すＧＮＰ（国民総生産）が、戦前を上

回ったからです。

実は、終戦から10年経った１９５５年には、瓦礫《がれき》の中で住むところもなく食べるものもなくて餓死するというような人は、かなり減っていました。

１９５４年生まれの私などは、丸々と太っていて、村の身体検査で「健康優良児」として表彰されました。

このへんの時代を起点として、日本は高度成長に突入していきます。


今の高齢者は、戦後の大変な時代を生きたと言いますが、本当に大変だったのは現在80歳以上の人で、戦争が終わった後に生まれたベビーブーマー（１９４７年から49年生まれ）以降の人は、実は、それほど大変ではなかったのではないかと思います。

なぜなら、「朝鮮戦争」が始まった１９５０年からは経済が上向いて、誰もが幸運の「エスカレーター」に乗り、「計画経済」の中でトントン拍子に上へ上へと上がっていったからです。


こう言ったら、団塊の世代の方達からはお叱りを受けるかもしれませんが、今の高齢者は、今の50歳以降に比べれば、意外と楽な人生を歩んできたのではないかという気がします。

なぜなら、貧富の差が小さい「一億総中流」で、みんなが高度成長という「上りエスカレーター」に乗っていたので、努力が報われやすかったからです。

「昭和」の会社は、「カンパニー」ではなく「コミュニティー」だった

日本は、高度成長の中でも、円高やオイルショックなど、山のように大変なことに遭遇しました。

けれど、基本的には国の「計画経済」に守られ、「上りエスカレーター」に乗っていたので、様々なことを乗り越えながら屋上まで行き、素晴らしい景色を眺めることができたのが団塊の世代と呼ばれる人たちでした。

しかも、この時代は、冷戦の中で「資本主義」が最も優しくなった時代でした。

もともと「資本主義」というのは、資本家が労働者から収奪する仕組みですから、労働者にとって過酷なはずです。

ところが、冷戦の続く中では、労働者をあまり搾取しすぎると、「やはり社会主義のほうがいい」とばかりに社会主義陣営に取り込まれてしまう恐れがあったので、剝き出しの「資本主義」はなりを潜め、「資本主義」が優しくなりました。

しかも日本は、戦後に金持ちの資本家が激減し、「世界で最も成功した社会主義国」と言われるような国になっていたのです。

ところが、「平成」になって冷戦が終わり、いきなりそれまで「計画経済」だった政府が、

「自由競争が大切」「国を頼るな！」などと言いだし、国民も剝き出しの資本主義の中に投げ込まれたのです。

そこで、どれだけ混乱したかは、容易に想像できるでしょう。

今の若い方には信じられないかもしれませんが、高度成長時代の日本の「会社」では、社員旅行はもちろんのこと、正月には新年会があり、2月には節分の豆まき大会があり、お花見や花火大会、運動会、盆踊り、クリスマス会、餅つき大会など、毎月のように「会社主催」のイベントがありました。

しかも、こうしたイベントには、社員だけでなく社員の家族までもが全員招待されました。

私の父も、小さな町工場を経営していたのですが、いつも我が家に「会社」の人を連れてきて、まるで社員と家族のような付き合いをしていたことを思い出します。

当時の「会社」は、剝き出しの資本主義を構成している「カンパニー」ではなく、運命共同体であり「コミュニティー（共同体）」でした。

昭和の日本では、働く人にとって「会社」は、生活の糧を得るだけでなく、第二の家であり、そこに所属する人間は家族同然と考えられていました。

「カンパニー」と呼ばれる欧米の「会社」は、不景気になれば容赦なく社員の給与をカットしたりクビにします。なぜなら、「会社」の使命は、資本家を儲けさせることだからです。

ところが、「昭和」の日本の「会社」は、「カンパニー」ではなく「コミュニティー」でしたから、「会社」は社員を大切にしました。

なぜ、「カンパニー」ではなく「コミュニティー」だったのかといえば、国全体が「計画経済」で統制されていたこともありますが、もうひとつの大きな要因は、日本の「会社」を構成していた人の多くが、農家出身だったことにあります。

日本の「企業戦士」は、なぜ24時間働けたのか

「昭和」の日本の会社は、「年功序列」であり、「終身雇用」でした。

「年功序列」という制度については、アメリカの経営学者のジェイムス・アベグレンが『日本の経営』（１９５８年刊）の中で、長く働くことによって技術やノウハウが会社に蓄積され、これが日本企業の強みになっていると評価しています。

欧米ではあまりない「年功序列」や「終身雇用」という制度を、日本の会社がなぜ取り入れたのかと言えば、それが当時としては最も合理的な制度だったからです。

戦後、働き手の多くが戦死し、日本の「会社」は人手不足に見舞われ、農村から多くの人が都会に流出しました。

結果、日本の企業は、こうした人が働きやすいように、古来から農村で育まれてきた「コミ

ュニティー」の文化を取り入れました。

日本独自の「年功序列」や「終身雇用」も、もとはと言えば、村長《むらおさ》を中心として農業を営む農村の発想です。

農作物を育てるには、それぞれがしっかりと役割を負い、その技術を継承しながら共同で農作業に従事していくことが必要です。そのため、農村の「コミュニティー」の子供たちは、ものの心つくと青年団などで、村という共同体で生きていくためのルールを、徹底的に叩きこまれました。

こうして、「コミュニティー」で「共同体」としての訓練を受けた働き手が、戦後の人手不足の中で即戦力として「会社」を担う人材となったのです。

当時は、「競争社会」ではなく「計画経済」だったので、農村で培われた「コミュニティー」の常識や人間関係が、そのまま戦後の日本の「会社」では有効な生産手段となりました。

前述したように、餅つき大会からクリスマス会まで、今だったら無駄だと思われることでも、一種のお祭りですから、家族全員を招くことで従業員の結束を固め、きつい仕事でも家族の理解のもとで続けてもらうためには必要だったのです。

実は、「会社」が「カンパニー」ではなく、共同体である「コミュニティー」だったことが、「昭和」の日本の「会社」の最大の強みでもありました。

１９８９年、「24時間戦えますか。」というＣＭが、流行語大賞の銅賞に選ばれました。

俳優の時任三郎が扮したビジネスマンが、栄養ドリンクを片手に世界中を駆け回るというCMでした。

欧米の人なら、愛社精神はあっても、会社のために「24時間戦えますか」などと聞かれたら、迷わず「NO」と言うでしょう。今の日本でも、そんな「会社」は超ブラック企業と言われて、ネットで炎上しそうです。

けれど、「平成」になるまでは、社員は会社を守る「企業戦士」で、会社のために尽くすことこそが自分が生きる道という風潮がありました。

それは、「会社」が、欧米流の「カンパニー」ではなく、日本独自の「コミュニティー」で、社員がその「コミュニティー」の重要な構成員だったからです。

その「コミュニティー」が壊れ、多くの人が、剝き出しの資本主義にさらされたのが、「平成」という時代でした。

方向転換できなかった日本社会

1989年、「平成元年」、米ソ両首脳が、冷戦の終結を宣言しました。

1991年末には、アメリカと世界を二分していたソ連が崩壊し、経済のグローバル化が一気に進みました。

実は、グローバル化の動きは1980年代には顕在化していましたが、分厚い壁で社会主義体制を維持していた国々には届いていませんでした。

ところが、「冷戦」の終結でその壁が壊れ、こうした国にまで資本主義が流れ込み、しかも、東欧などの社会主義国が自由主義経済の仲間入りをしたために、物価や労働コストなどが押し下げられ、日本もデフレに突入しました。

さらに時を同じくして、「平成元年」に中国で天安門事件が起き、軍部が武力で民主化を弾圧するとともに、経済政策では積極的な開放路線を敷いたので、中国という巨大なマーケットもグローバル化され、人件費の安さなどもあって、中国が世界の工場としての存在感を増しました。

ここから、日本経済に対しての中国の猛烈な追い上げが始まり、ついには経済では日本を抜き去ることになります。

中国が大々的な市場開放をしたために日本から工場が移転し、日本の産業は空洞化しました。多くの製造業が、中国だけでなく人件費の安いアジアに移転し、その結果、国内で働く人の給料が下がっていくという、これまで経験したことのない事態が起きたのです。

しかも、激烈に世界の枠組みが変わる中で、日本ではバブルの崩壊も起きたのですから、たまりません。日本経済は一気に不景気となり、その後「令和」に至るまで、デフレが続くことになります。

さらに、不幸なことは重なるもので、こうした経済の激変を前にして、日本経済はまだ「昭和」の成功体験から抜け出せず、大蔵省中心の「護送船団」体制を続けていたので、世界の大変動に出遅れてしまうことになりました。

絶対に沈まないと思っていたタイタニック号に乗って、実は氷山にぶつかって沈み始めているのに気づかず、船内でダンスを踊っていたようなもの。船が沈み始めても、絶対に沈まないと思い込んでいたので、沈むのを止めるノウハウが用意されていなかったのです。

「昭和」の末期の日本では、官僚は、自分のポジションを守ることで精一杯になり、政治家は、選挙で勝つことしか考えなくなり、沈みゆく日本丸の舵取りをしようという人がいなくなってしまった。

そんな、なんとも無責任な状況で始まったのが、「平成」という時代でした。

「平成」で、「上りエスカレーター」が「下り」に転じた

「平成」になると、破綻しないはずの銀行や保険会社、証券会社が、バブルの後遺症の不良債権を抱えて次々と破綻しました。

建築確認・検査の民間開放を逆手に取った耐震偽装マンションが乱立したり、東京電力の原子力発電所の事故で原発の安全神話が崩れただけでなく、産・官・学の癒着で出来上がっていた原子力ムラの実態が明らかになりました。

さらに、絶対的な信頼を集めていた「郵便局」が組織的に客を騙す詐欺事件を引き起こし、

日産、神戸製鋼、東芝、三菱マテリアルなど、一流と言われた企業で、「不正」や「改ざん」が横行しました。

その激変のしわ寄せは、働いている人にツケとして回されました。

グローバル化で青い目の株主が大量に出現し、「年功序列」「終身雇用」が崩壊しただけでなく、ボーナスカット、給料カット、リストラが横行しました。

それまであった「コミュニティー」としての「会社」は、欧米式の「カンパニー」となり、「コミュニティー」の構成要員として大切にされてきた社員は、「会社」のコストとなって、不況時にはコストカットの対象となりました。

戦後の日本では、「会社」は社長と社員のものだったのですが、2006年に施行された会社法では、「会社」は株主のものであり、「カンパニー」であることが明記されました。

こうした激変に、政府も「会社」も素早い対応ができなかったのは、それまでずっと「上りエスカレーター」に乗り続けていたので、「エスカレーター」が下りに転ずるなどとは思いもしなかったからです。しかも、終戦直後は国を立て直すという気概に燃えていた官僚も国民も、「昭和」の末にはすっかりその気概が抜けたサラリーマンになっていたので、危機対応のノウハウもありませんでした。

つまり、「エスカレーター」がどんどん下がっていくのに、「上りエスカレーター」の成功体験しか蓄積してこなかったために、向きを変えることはもちろん、止めることさえできなかったのです。

「下りエカレーター」を止めることができない政府と、社員を大切にする余裕を失った「会社」、いつクビになるか怯えて何もできなくなった社員によって、「平成」の日本はますます「劣化」していくことになります。

いかに「平成」の日本が劣化したかは、政権が変わるたびに出されてくる成長戦略を見るとよくわかります。

官僚から出されてくる政策は、「それって、前の政権の時も、その前の政権の時もありましたよね」と言いたくなる、手垢《てあか》のついたものばかりです。

アメリカ経済が「ＩＴ革命」でよみがえったと聞けば、「ＩＴ」を「イット」と読み間違えるような首相が、デジタルに乗り遅れまいと官僚の尻を叩きますが、時すでに遅く、中国や韓国の後塵《こうじん》を拝す状況。

世界中のカジノが経営不振で喘《あえ》いでいる中で「カジノ」を成長戦略の目玉に据えたり、世界中が移民政策で失敗して方向転換しようという中で「移民政策」を拡大したり、福島の惨事を見て他国が自然エネルギーに転換していこうとしている中で、再び「原発政策」を掲げてみたり。

とんでもない政策ばかりが打ち出されるようになりました。

さらに、「平成」の末期には官僚が組織ぐるみで公文書を改ざんしたり、国会で嘘の答弁がくり返されたり、政治家が税金を私物化するなど、思いもしないような国の綻《ほころ》びが、次々と露呈してきます。

「平成」に、一気に増えた国の借金

「平成時代」には、それまでにないほど、日本の負の遺産も増えました。

「平成元年度」には、国の公債残高（普通国債残高）は161兆円でしたが、「令和元年度」には、約5・5倍の898兆円にまで膨張しています。

平成になって国も貧乏になりましたが、貧乏になったのは国だけではありません。家計も、貧乏になりました。

給料を見ると、1990年から99年までの10年間の平均が約455万円に対して、2009年から18年の10年間の平均は418万円と、約37万円も減っています。退職金を見ると、厚生労働省の調べでは、20年以上勤続かつ45歳以上の大卒男子は、1997年の平均が2871万円ですが、2018年の大学・大学院卒は1983万円と、なんと900万円近く減っています。

この減っている収入の中から、出ていくものは大幅に増えています。

たとえば社会保険料を見ると、年収600万円のサラリーマンの場合、厚生年金保険料と健康保険料だけでも1990年から2019年の30年間で、約26万円も負担が増えています。しかも、2000年からは介護保険がスタートし、年間約5万円の保険料を支払わなくてはならなくなっていますから、合わせて30万円以上、社会保険料負担が増えているということに。

その間に、消費税は3%から10%に上がり、平均的な世帯では37万円の負担増になっています。


個人の社会保険料負担や税負担がこれだけ多くなったということは、そのぶん国の収入が増えたということですが、それでも平成の間に約900億円もの国債を発行しなくてはいけなかったのは、なぜでしょう。


会計検査院の調べによると、不適切に国税を使った「年度」の歴代ワーストスリーは、どれも「平成時代」で、1位は2009年度の1兆7904億円、2位は2015年度の1兆2189億円、3位は2012年度の4907億円となっています。

身内の会計検査院に指摘された、明らかに不正な税金の使われ方ですから、これは氷山の一角と思ったほうがいいでしょう。

これ以外にも、当初7000億円の予定だったのにいつのまにか3兆円に膨れ上がった東京オリンピックの予算や、維持・管理費も含めて総額6兆2000億円といわれるF35戦闘機。

同機についても、太平洋で、墜落事故も起きています。

国民全員にあまり喜ばれないマスクを配ったり、新型コロナ対策費よりも大きなＧｏＴｏキャンペーンの費用を確保して余らせたり。

何だか、わけのわからないところで私たちの血税が使われていることに憤っている国民は、多いのではないでしょうか。

「上り」と「下り」の世代間ギャップ

「エスカレーター」の向きが変わったことで、方向性を失って劣化していったのは、政治や経済だけではありません。庶民生活も大混乱しました。

そこで最も手痛い打撃を受けたのが、60歳より下の人たちでしょう。

「昭和」の「上りエスカレーター」に乗れた60歳以上の人たちは、前向きに生き、成功体験を満喫してきました。「会社」のために身を粉にして働き、辛いこともいろいろあったでしょうが、みんなで励ましあい、頑張ったから苦労が報われたと感じている人が多いでしょう。

確かに、60歳以上は、いろんな苦労を経験している世代です。

ただ、苦労はしたけれど、それ以上に報われているのも、この世代です。

なぜなら、高度成長で給料は右肩上がり。しかも、バブルの前の地価が安い時に家を買って、バブルで資産価値が上がっています。

加えて、バブルの頃は、ちょうど子供の進学にお金がかかる時期だったので浮かれてお金を使うこともなく、その教育費も今の３分の１ほどで済んでしまっています。

さらに、「年功序列」でそこそこに出世し、「終身雇用」で定年まできっちり勤められ、バブルが弾けても10年くらいは給料が下がらなかったために、高い給料を基準として退職金をもらい、年金も高かった給料に応じて給付されています。

ですから、今のシニア層の約2割は、貯金だけで４０００万円以上あり、おまけに家などの資産もあるので、２０１９年の「高齢社会白書」を見ると、60歳以上の約65％が、暮らし向きは心配ないと答えています。


けれど、そのシニア層の子供世代を見ると、状況は様変わりしています。

「平成」の「下りエスカレーター」に乗った子供たちは、すでに人が余って就職氷河期に突入していたので望む仕事にはつけず、バブルがはじけていたので給料は上がらず、「年功序列」から「能力主義」に移行したので出世できず、そこそこに出世しても50歳を過ぎれば役職定年で給料がぐんと下がり、その下がった給料を基準に、退職金や年金をもらう。

しかも、景気が悪いと給与カット、ボーナスカットだけでなくリストラに怯え、早期退職しても再就職は難しいという状況。


この、全く違った環境で生きることになった親子ですが、問題は、世の中が変わったのだということを認識できていない親が多く、「根性さえあればなんでもできる」と思い込んでいることです。

「昭和」を生きた父親は、「お父さんは、一生懸命頑張ったから、家も買えたし、お前たちを大学にも行かせることができた。だから、お前も一生懸命頑張って、家を買い、子供は大学まで行かせなさい」などと子供にハッパをかけました。

そう言われて育てられた「平成」に社会人となった子供は、「父親のように頑張れば、良い人生が送れる」と思い込み、無理をして家を買って大きな住宅ローンを抱え、子供を大学に行かせるために馬鹿高い教育費で借金を抱えることになります。

今は「昭和」の時代と違って、子供を幼稚園から高校、大学まで行かせようと思ったら、それだけで1人1000万円（大学のみ私立）かかり、2人なら2000万円かかります。

しかも、「年功序列」も「終身雇用」も壊れているので、いつリストラされるかわからない。リストラされたら最後、住宅ローンを払えなくなるし、子供の学校も辞めさせなくてはならなくなる。

こうした状況にある子供を見て、「昭和」の父親は、「お前の頑張りが足りない」と思うのですが、本人の頑張りなどとは関係なく、すでに「下りエスカレーター」に乗せられているのですから、上に行くのは至難の業。

なんとか頑張って上に行こうとするのですが、「下りエスカレーター」の下がる速度の方が、必死で上がろうとする速度よりも速く、あがき続けて途中で力尽き、うつを患い会社に行けなくなる。

そんな悲しい40代、50代が増えたのが「平成」という時代でした。

50代は、7世帯に1世帯が貯蓄ゼロ

「平成」になって、老後破綻への恐怖が広がっています。

中でも、こうした状況が最も顕著に出てきそうなのが、今の50代です。

1991年、東京の芝浦にジュリアナ東京という巨大ディスコがオープンしました。友人がここの幹部だったので、オープンの日に招待されて行きました。当時流行りのワンレン・ボディコンのセクシーな女性が、大きな羽根つき扇子（ジュリ扇）を振りながら、お立ち台と呼ばれるステージで踊るのを見て、そのド派手な演出に圧倒され、自分が場違いなところに来てしまったと感じたことを思い出します。

実は、この頃に社会人になった今の50代は、入社して最初に目にしたのが、先輩に連れられて行ったネオンがチカチカするカラオケや、ミラーボールがキラキラ回るディスコ。証券会社に勤めた人などは、新人なのにいきなり1万円札でボーナス袋が〝立った〟という、夢のような時代でした。

その直後にバブルがはじけて、「下りエスカレーター」に乗ることになるのですが、「三つ子の魂百まで」という言葉があるように、社会に出たばかりの華々しい経験が忘れられず、ちょっと金銭感覚がゆるい人が多いのです。

特に、この年代の男性は、親から「男は、家族を食わせて一人前」などと教えられているので、妻は寿退社で専業主婦になっています。この妻がまた、バブル崩壊後の世間の冷たい風にあたっていないので、いまだに「ワンランク上」や「自分にご褒美」が大好き。中には、「年に1度はハワイに行きたい」というバブル妻もいます。

貯蓄率の推移

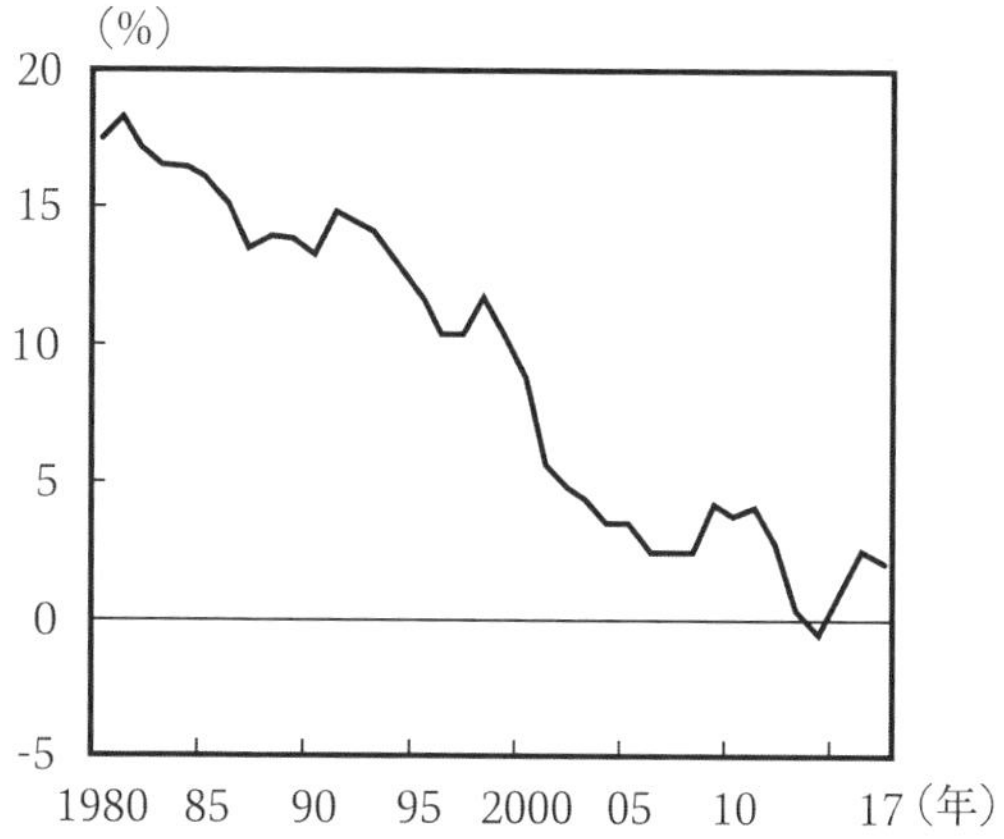

※ 内閣府「家計の消費行動の変化」より

親から、「男は、自分の家を持ってこそ一人前」などと言われていたので、バブルで上がった地価が落ち切る前に多額の住宅ローンを組んでマイホームを購入し、教育費が高騰する中で子供を大学に行かせ、バブル妻には海外旅行をせがまれて、家計は火の車。

厚生労働省の「国民生活基礎調査」によると、50代が世帯主の7世帯に1世帯が、貯蓄ゼロという、悲惨な状況になっています。

50代に限らず、日本の家庭の貯蓄率は、1980年代前半には15％を超えていましたが、所得の伸びが鈍化したことで下がりはじめ、90年代後半以降は急速に下がって、今はほとんど貯蓄ができない状況になっています。

現実的で、リスクを避ける今の20代

「上りエスカレーター」に乗って、自分の努力以上のものを手に入れたのが「昭和世代」なら、その子供たちは「下りエスカレーター」に乗って、努力したのに報われない「平成世代」。だとしたら、さらにその子供の「令和世代」は、どんな世代なのでしょうか。

ここでいう「令和世代」とは、「平成」の末から「令和」にかけて社会人になった、今の30歳以下の世代を言います。

「令和」世代は、上の世代から見ると、「覇気がない」とか「社会常識がない」とよく言われます。

ただ私は、「令和世代」には、上の世代にはない大きな可能性があると思っています。なぜなら、彼らはとても「現実的」で、損得勘定がしっかりしているので、物事を的確に判断して迅速に処理していくことに長《た》けているからです。

「令和世代」は、親が住宅ローンで苦しんでいるのを見ているので、はなから家を買おうとは思わない人が多いし、「家を持てば一人前」などというのは、ナンセンスだとわかっている。そもそも一人っ子が多く、一人っ子と一人っ子が結婚したら家が1軒余るという状況なので、焦って家を買う必要もないという人が多いです。

車は、田舎などで不便さを補う必要に迫られれば持つけれど、そうでなければなくてもかまわない。海外旅行に、高いお金を出してまで行こうとは思わない。たいていの場所は、ネットで見られるので、それでいいと思う。

また、生まれた時から不況なので、無駄遣いをせず、大学生でもアルバイトしたお金をしっかり貯金している。

非正規雇用が多く収入も少ないし、将来は年金などもどうせもらえないと思っているし、女性も一生働かないといけないと思っているので、できればそれなりのスキルは身につけておこうと頑張る。

結婚は、男性はしたいと思う人が多いようですが、女性は、よほど好きな人に巡り合わない限り、苦労を背負い込むことになりそうなのでやめておこう、と考える人が多いようです。

母親がバブルの頃に「3高男性」(高学歴、高収入、高身長)だった父親と結婚し、その後に、給与カットやリストラで生活レベルが落ちたのを嘆いている姿を見て、「結婚には、不確定要素が多すぎる」と二の足を踏む人も多いようです。

「上りエスカレーター」の「昭和世代」には夢があり、「下りエスカレーター」の「平成世代」は不満を抱えていますが、「令和世代」の多くは、すでに「下りエスカレーター」から飛び降りています。

バブル後の不況の中でずっと育っているので、将来に過大な夢も抱かないし、現状に大きな不満も持っていない、とても現実的な世代です。

しかも、インターネットという「オン」か「オフ」、別の言い方をすれば「1」か「0」の2進数に慣れている世代で、情報処理のスピードが早い「デジタルネイティブ」。

「昭和世代」や「平成世代」のように、みんなが同じ「エスカレーター」に乗るのではなく、インターネットで多種多様な人と繋がっているので、その人生観や価値観も多種多様で、ひとくくりにはできないのです。

自宅に引きこもってゲームばかりしている人もいれば、災害があるとボランティアで駆けつけて、誰かのために一生懸命に働くという人もいます。

親よりも情報量は格段に多いので、「真面目に勉強しなくては、いい大学には入れないよ」などと親に言われても、「親の言うとおりにやっていても、よくてせいぜい親止まり」と思っていますから、親の意見には基本的にあまり重きを置いていない人も多い。

よく言えば、過去のしがらみから解き放たれている世代、そのために、自己中心的だとか、わがままとも見られがちです。

ただ、今のような混沌とした時代の中で、インターネットによって情報が本格的にグローバル化して繋がり合う中で必要とされるのは、多種多様な価値観を持つ子供たち。彼らは、これまでとはまったく違った世界をつくっていくのではないでしょうか。

「5G」と「IoT」で、生活は様変わりする

いま、地球上に広がりつつあるのは、国境なき世界です。

そこには、GAFA（グーグル、アマゾン、フェイスブック、アップル）をはじめとしたインターネット企業がひしめいています。

世界的な大問題となっているのは、こうした企業に、どうやって税金をかけていくかということ。

インターネットという国境のない世界で稼いで、その利益を、税率の低いタックスヘイブンに合法的に持っていってしまう企業が多いからです。

OECDの試算によれば、世界の法人税の4〜10％に相当する1000億〜2400億ドル、日本円にして10兆〜24兆円（1ドル100円として）が、租税回避されているといわれています（2015年公表）。それをどう回収していくのかが、最近のG20の大きな課題の1つともなっています。

いま、世界のあちこちで「分断」という問題が表面化していますが、世界が「分断」された

ままでは、この租税回避はどんどん拡大するばかりです。何とか税の世界だけでもみんなで協調していかなくてはということで、何度も話し合いの場が持たれています。

ところが、なかなか合意に至らないのは、世界中で単一の税制にすると、ＧＡＦＡに税制の網がかかるだけでなく、これから各国が産業の目玉として育てていこうとしている「ＩｏＴ産業」にまで、この税制の網がかかってしまうからなのです。

「ＩｏＴ」(Internet of Things)とは、モノをインターネットにつなぐ技術です。

たとえば、これからの自動車は、今までのように人間が運転するのではなく、機械が運転する自動運転に徐々にシフトしていきます。

そのためにはネットの「ＩｏＴ技術」が必要で、「ＩｏＴ」が十分な技術力を発揮するには、これまでのインターネットの速度や容量では追いつかないので、複雑な情報を瞬時に伝えることができる「５Ｇ」という新時代の技術が必要となってきます。

日本でも、２０２０年から「５Ｇ」が実用化され、「高速・大容量」「低遅延」「多種接続」の通信が可能となりつつあります。

「５Ｇ」のネット網が構築され、「ＩｏＴ技術」が生活の隅々にまでいき渡ると、自動運転だけでなく、あらゆる電化製品や家具などにもインターネットがつながり、家庭の中に、さらにインターネットが浸透してくることになります。

たとえば、カーテンの開け閉めからコーヒーを煎《い》れることまで、スマホ１つで外から操作できるので、夜、家に帰ったらすぐに煎れたてのコーヒーが飲めて、風呂も沸いている。

もちろん、今でも私は、家に帰る前にルンバ（お掃除ロボット）にスマホから指示を出し、掃除をさせていますが、そんなレベルではなく、もっと様々なことを、「5G」と「IoT技術」は可能にしてくれるので、生活そのものが様変わりしていくのです。

それは、けっして夢物語ではありません。もう始まっています。

1995年、Windows95が発売され、多くの人がインターネットというものを初めて見た26年前には誰も、20年も経たないうちに、そのインターネットがスマートフォンとリンクして手のひらに乗り、ネットや電話ができるだけでなく、1台で写真も録音も通訳もでき、ラジオや音楽も聞けるし映像も見られ、銀行口座のチェックからネットゲームまでできるようになるとは、想像もできなかったことでしょう。

それが、テクノロジーの進歩の時間軸で、たぶんあと20年経てば、今のテレビ電話がホログラムになり、まるでそこに相手がいるかのように、話ができるようになっていることでしょう。

20年後に、そんな社会を中枢で担っていくのが、今の20代です。

いま必要なのは、「ガラパゴス政府」「ガラパゴス企業」が淘汰されること

実は、世界で最も大きな仕事場は、インターネットの中にあります。

クラウドソーシングと呼ばれる、企業が仕事を依頼し、それをやりたい人が手を上げる、マッチングサイトです。

例えば、仕事を発注したい企業と仕事をしたい人の出会いの場である世界最大のクラウドソーシングサイトは、Ｕｐｗｏｒｋ（アップワーク）という企業で、世界中で約１０００万人が登録し、約５００万社が仕事の依頼をしています。

日本にも、クラウドワークスやランサーズなどのクラウドソーシングの会社が急成長していて、たとえばクラウドワークスの登録ユーザー数は２００万人を超え、仕事を依頼する企業は25万社を超えています。

最近、ギグ・エコノミーという言葉もよく聞くようになりました。

クラウドソーシングに似てはいますが、ギグ・エコノミーは、会社に縛られないフレシキブルな働き方を目指すもので、２００９年にアメリカで立ち上がって、あっという間に世界に広がったウーバー（Uber）などがその例です。日本では食品を配送するウーバーイーツが有名かもしれませんが、中心の事業は、スマートフォンを使った、自分の車で客を移送するビジネスで、本業の隙間を縫ってできるビジネスとして、注目されています。

『マネジメント』の著書で有名な経営学者のピーター・フェルディナンド・ドラッカーは、「階層をなす組織に潜む最大の危険は、よく考えもしないで上司の言っていることを、そのまま実行してしまうことだ」と言っています。しかも、インターネットの発達で、上の命令を下にリレーするだけのミドル・マネージャーは不要になり、仕事が簡単にアウトソーシング（外部委託）できるようになりました。

ドラッカーは、「なるべく階層のない組織の方が機能的に働く」と言っていますが、ネット社会では、それが可能。つまり、ネットを活用し、少数先鋭で機動的に稼いでいく企業が、これからは伸びるということです。

平成の日本の活力が失われた要因の1つに、「縦社会」の弊害がありました。本書で紹介した、大蔵省を中心とした「護送船団」はまさにその典型で、優秀なはずの霞が関の頭脳が、その力を発揮できずに撃沈されてしまったのは、旧態依然とした「護送船団」から抜け出すことができなかったからです。

私は、こうした愚かな過ちからすでに脱しているのが、「上りエスカレーター」にも「下りエスカレーター」にも乗らず、多種多様な価値観を持ってネットの中を泳ぎまわる、「デジタルネイティブ」である今の20代以降ではないかと思います。

彼らが日本経済の中枢に座る20年後に、日本からビジョンのない「ガラパゴス政府」が消え、恐竜のような「縦型ガラパゴス企業」が姿を消していれば、日本は再び活力がある国として蘇るのではないでしょうか。

あとがき

２０２１年１月12日、作家の半藤一利さんが、90歳で他界しました。半藤さんと言えば、映画「日本のいちばん長い日」の原作を書いたことで有名で、大作『昭和史』（平凡社）の飾りっ気のない語り口は、より多くの方を近代・現代史好きにさせたのではないでしょうか。

私も、その１人です。

半藤さんは生前、「日本の現代史は40年サイクル」と言っていました。

１８６７年の大政奉還があり、明治政府ができました。新政府は、列強の植民地政策から逃れて日本を強い国にするために、爪に火をともすようにして富国強兵政策を推し進めました。その結果、約40年後の１９０５年、日本は当時の世界の大国ロシアと戦い、世界にその名を轟かせたバルチック艦隊を撃破し、日露戦争に勝って欧米列強の仲間入りをしました。

けれど、そこで勝ったために驕《おご》ってしまい、その後の40年は、研鑽を積まずに行き当たりばったりでやっていたので、国民が政治に不信感を持ち、軍部が台頭して戦争を起こし、40年後の1945年には太平洋戦争に負けて壊滅的な打撃を受け、奈落の底に沈みました。

そこからしばらくは、GHQのマッカーサーの占領下で混乱の時代を迎え、占領が終わった1952年から再び国の再建をはじめて40年間、どん底から這い上がり、急激な勢いで経済力を取り戻していきます。

アメリカの社会学者エズラ・ヴォーゲルの世界的なベストセラー『ジャパン・アズ・ナンバーワン：アメリカへの教訓』が刊行されたのは、敗戦の34年後でした。

そして、その上り坂に終止符を打ったのが、1990年にはじまったバブル崩壊でした。


そこからまたも日本は下り坂の「平成」に突入するのですが、そこで半藤さんは、「近代日本が経験した過去3度の40年は、いずれも国家に目標が、国民に機軸があった。……真ん中の40年も、間違ってはいたが、アジアに冠たる帝国を建設するという目標と、『現人神《あらひとがみ》』の天皇という機軸があった。しかし、今の日本は国家に目標がない。憲法改正を叫ぶ声が高まり、国民の機軸も失われつつある」と、ロイター通信のインタビューで「平成」を振り返っています。


別のところでは、目標がなくなっただけでなく、苦労を知らない2世、3世が、形ばかりを先代に真似て、実態に合わないことをやるちぐはぐさがだんだん大きくなって、戦後から40年で築き上げてきたものを、再び放棄する道を辿るとも言っています。

先代が、血の滲むような努力と工夫で命がけで坂を上っていった過程は忘れ、過去の栄光だけに酔うリーダーの時代が、「平成」だったということでしょう。

そう言われてみると、「平成」は、政治家や財界人が2世、3世になって、どんどん国力を落とした時代でもありました。

スイスのビジネススクールＩＭＤ（国際経営開発研究所）が毎年発表している「ＩＭＤ世界競争力ランキング」で、日本は、「平成」が始まった１９８９年には1位でしたが、「平成」が終わろうとする２０１９年には、34位まで転落しました。

半藤さんが言うように、「平成」の下り坂が40年間続くとするなら、日本はあと10年は、下り坂の中でもがき苦しむことになります。

そこから、日本を立て直していくのは、今の20代。

多様な価値観を持ち、インターネットの海を泳ぎまわる「デジタルネイティブ」な世代に、どん底から出発する新しい日本を託したいと思います。

２０２１年7月15日

経済ジャーナリスト　荻原　博子

本書は書き下ろしです。
文中の敬称は一部略しました。

荻原博子（おぎわら・ひろこ）

一九五四年、長野県生まれ。経済ジャーナリスト。大学卒業後、経済事務所勤務を経て独立。生活者の視点から経済の仕組みを解説する第一人者として活躍。『「郵便局」が破綻する』（朝日新書）、『最強の相続』（文春新書）、『10年後破綻する人、幸福な人』『投資なんか、おやめなさい』（共に新潮新書）など著書多数。

私《わたし》たちはなぜこんなに貧《まず》しくなったのか

二〇二一年八月二十五日　第一刷発行

著　者　荻原博子
発行者　大松芳男
発行所　株式会社　文藝春秋
〒一〇二－八〇〇八
東京都千代田区紀尾井町三－二三
☎〇三－三二六五－一二一一
印刷所　大日本印刷
製本所　大日本印刷
組　版　言語社

ISBN978-4-16-391420-6